グループ通算申告システム

e-TAXグループ通算

かんたん 操作ガイド

グループ通算制度の
法人税・地方税申告は
これでバッチリ！

TKC

電子版
付

株式会社TKC　システム開発研究所 ｜編　　TKC全国会　システム委員会 ｜監修
企業グループ税務システム小委員会

税務研究会出版局

まえがき

　グループ通算制度は、令和2年度の税制改正により、連結納税制度に代わり新たに創設された企業グループに対する課税制度です。当制度は令和4年度から施行され、従来連結納税制度を採用されていた多くの企業グループが採用している制度です。

　税務部門の方々からすると、単体申告と比較して、グループ全体で申告業務を進める必要があるため、税額計算そのものもさることながらグループ会社全体の申告業務の進捗管理にも心配りが必要になり業務が大変であるとの声もお聞きします。その一方で、当制度を採用することで、グループ法人間における「損益通算」が可能になり、グループ全体の税負担軽減の可能性が高まります。また、近年ではコーポレートガバナンスの観点から当制度を採用し、税務ガバナンスの強化を図ることで、潜在的な税務リスクの低減につなげるといったお話も伺います。

　当社が提供する『グループ通算申告システム（e-TAXグループ通算）』は、そのようなニーズをお持ちになるグループ企業の皆様のご期待に応えるべく誕生した製品です。当システムでは、業務プロセスを標準化しメニュー設計することで、業務経験が浅い方でもメニューに従って業務を行うことで、法令に準拠した法人税・地方税の申告業務を終えられるようにしています。また、グループ通算申告計算を行う上で必要になる、グループ全体の欠損金の通算状況や通算税効果額等の計算結果を一覧で確認できる各種資料も用意しています。さらに、グループ通算制度では、電子申告が義務化されていますので、当システムでは電子申告にも対応しています。加えて電子納税にも対応しています。本書を一とおりご覧いただければ、業務処理の全体を俯瞰できると思いますので、ぜひご活用ください。

　もし、実際にシステムを利用する際に疑問点が生じたとしてもご安心ください。当システムの利用に際しては、税務と会計の実務に精通した専門家（TKC全国会に加盟する税理士・公認会計士）が、その導入から運用までサポートします。

　最後になりましたが、本書の執筆にあたり、企画にご協力いただいた税務研究会出版局の中村隆広局長に深く感謝いたしますとともに、入稿後短時間での編集・刊行にご尽力いただいた税務研究会出版局の鈴木雅人氏には厚く御礼申し上げます。

株式会社TKC　取締役常務執行役員　システム開発研究所
システム企画本部　本部長　伊藤　義久

本書の企画・刊行にあたって

　本書で解説を行う株式会社TKCの提供する『グループ通算申告システム（e-TAX グループ通算）』は、申告システムで圧倒的なシェアを誇る『連結納税システム（eConsoliTax®）』の後継システムとして多くの注目を集めています。

　連結納税制度は企業グループを一体の法人として課税する仕組みとして、平成14年8月1日から施行され、法人の平成15年3月31日以後に終了する連結事業年度からスタートしました。しかし、令和2年度税制改正において、連結納税制度からグループ通算制度へ移行することが決まり、令和4年4月1日以後に開始する事業年度から適用されました。

　グループ通算制度は各法人が個別に法人税額等の計算及び申告を行ったり、企業グループ加入前の欠損金の制限が異なったりするなど連結納税制度から大幅に見直されています。さらに、グループ通算制度では電子申告が義務化されましたので、これに対応するシステムの活用は実務上必須といえるでしょう。

　そのため、グループ通算制度に対応した申告書の作成をはじめ、電子申告への対応や各種届出書類の作成など、同制度に関連する機能をオールインワンでパッケージ化した同システムの操作方法について、ユーザーの皆さまに書籍という形で周知することが有用ではないかと考えました。この思いについて同社より共感、理解をいただき、前作『税効果会計システム（eTaxEffect®）かんたん操作ガイド』（税務研究会出版局）に引き続き、非常に前向きなご協力をいただけることとなったことが、本書制作の背景です。

　本書は二色刷りとし、豊富な操作画面を見やすいレイアウトで配置し、操作画面の画質にも気を配ったことで、どなたにもわかりやすく活用いただける解説書に仕上がりました。ユーザーの皆さまのシステム操作のお供として、お役に立てば幸いです。

　最後に、本書の企画、関係各所との調整、執筆にご尽力いただいた富永倫教様、伊藤義久様、井下雅文様をはじめとする株式会社TKCの皆さま方に厚く御礼申し上げます。

　令和5年3月

株式会社税務研究会　取締役　刊行事業担当役員　中村隆広

目　次

■本書籍の前提

- 本書籍は、「令和４年度グループ通算申告システム（e-TAXグループ通算）［2023年02月版］」に基づいて解説しています。
- 本書籍は、令和４年12月1日現在施行されている法令等に基づいて作成しています。
- 特に断りがない場合は、通算法人が令和４年度（事業年度が令和４年４月1日から令和５年３月31日）の確定申告を行う前提で解説しています。
- 通算親法人の担当者が、e-TAXグループ通算を利用するためのすべての権限を有しているものとして解説しています。

■用語・記号等

用語・記号等	内　　容
e-TAXグループ通算	グループ通算制度を適用する場合の法人税申告書・地方税申告書を作成するためのTKCシステムです。
eConsoliTax	連結納税制度を適用する場合の法人税申告書・地方税申告書を作成するためのTKCシステムです。
ASP1000R	単体納税制度を適用する場合の法人税申告書・地方税申告書を作成するためのTKCシステムです。
SkyPDF	株式会社スカイコムが提供するPDFを作成するためのソフトウェアです。e-TAXグループ通算をご利用の場合は無償で利用できます。
単体納税	連結納税制度・グループ通算制度を適用しない場合の法人税の課税制度を「単体納税」と記載しています。
親法人	通算親法人の担当者のみに関連する解説には、親法人マークを付けています。
法人税ワーキングシート	法人税申告書の作成に必要となる情報を「法人税ワーキングシート」と呼んでいます。「法人税WS」と簡略的に記載している場合があります。
地方税ワーキングシート	地方税申告書の作成に必要となる情報を「地方税ワーキングシート」と呼んでいます。「地方税WS」と簡略的に記載している場合があります。
[○○○]メニュー [□□□]欄 [△△△]区分	システムのメニュー名・入力欄・区分名を記載する場合は、[402.別表4へ自動転記される別表等の入力]メニューのように、角括弧（[]）で括っています。なお、メニュー名については、「メニュー402」と簡略的に記載している場合があります。

■凡例

略称	法令
法法	法人税法
法令	法人税法施行令
措法	租税特別措置法
措令	租税特別措置法施行令
地法	地方税法
地令	地方税法施行令
令和２年改正法附則	所得税法等の一部を改正する法律（令和２年３月31日法律第８号）附則
グループ通算制度に関するQ&A（国税庁）	グループ通算制度に関するQ&A（令和２年６月）（令和２年８月・令和３年６月・令和４年７月改訂）（国税庁）

■登録商標

- Excelは、米国 Microsoft Corporationの登録商標です。
- SkyPDFは、株式会社スカイコムの登録商標です。

グループ通算制度の概要

第1章

グループ通算制度の概要について解説します。

連結納税制度からグループ通算制度へ

　令和2年3月31日に公布された「所得税法等の一部を改正する法律」（令和2年法律第8号）において、連結納税制度が見直され、グループ通算制度に移行することとされました。

　連結納税制度では、完全支配関係にある企業グループ全体を1つの納税単位とし、連結親法人が企業グループ全体の連結所得金額に対する法人税額の計算及び申告を行います。

　一方、グループ通算制度では、完全支配関係にある企業グループ内の各通算法人を納税単位とし、損益通算等により調整した所得金額に基づいて、各通算法人が個別に法人税額の計算及び申告を行います。

　なお、グループ通算制度は、令和4年4月1日以後に開始する事業年度から適用されます。

■見直し後の計算イメージ

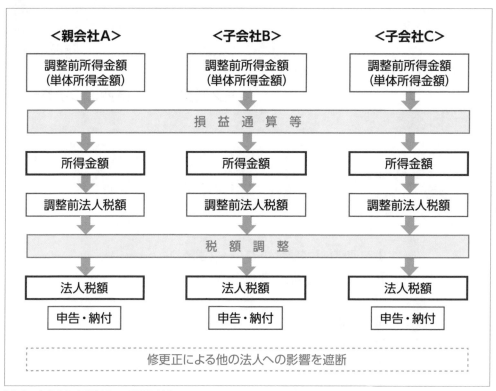

【出典：令和2年度税制改正（財務省）】

Ⅱ 連結納税制度とグループ通算制度との比較

連結納税制度とグループ通算制度との比較を簡記すると、以下のとおりとなります。

(注) 時価評価除外法人の定義については、21頁を参照

項目	連結納税制度	グループ通算制度
適用対象法人	内国法人である親法人（普通法人又は協同組合等）及びその親法人と完全支配関係がある他の内国法人である普通法人（一定の法人を除く）	内国法人である親法人（普通法人又は協同組合等）及びその親法人と完全支配関係がある他の内国法人である普通法人（一定の法人を除く）
納税主体	連結親法人	通算親法人・通算子法人
税務上の事業年度	連結親法人の連結事業年度	通算親法人の事業年度
電子申告	●法人税：連結親法人の事業年度開始時の資本金の額が1億円を超える連結法人は、電子申告の義務化対象 ●地方税：事業年度開始時の資本金の額が1億円を超える連結法人は、電子申告の義務化対象	●法人税：すべての通算法人が電子申告の義務化対象 ●地方税：事業年度開始時の資本金の額が1億円を超える通算法人は、電子申告の義務化対象
損益通算	可能	可能（5頁参照） (注) 欠損法人の欠損金額の合計額を所得法人の所得金額の比で所得法人に配分
欠損金の通算	可能	可能（10頁参照） グループ全体の非特定欠損金の期首合計額を各通算法人の損金算入限度額（所得金額の100％又は50％）の比で配分
開始・加入時の時価評価	●連結親法人における時価評価なし ●特定連結子法人に該当しない連結子法人は時価評価の対象	時価評価除外法人に該当しない通算法人は、時価評価の対象
開始・加入時の繰越欠損金の切り捨て	●連結親法人における繰越欠損金の切捨てはなし ●特定連結子法人に該当しない連結子法人の開始・加入前の繰越欠損金は切捨て	●時価評価除外法人に該当しない通算法人の開始・加入前の繰越欠損金は切捨て（21頁参照） ●時価評価除外法人に該当する通算法人において一定の条件に該当する場合は、開始・加入前の繰越欠損金は切捨て（22頁参照）

項目	連結納税制度	グループ通算制度
投資簿価修正	あり （注）連結個別利益積立金額に基づいて簿価修正	あり （注）簿価純資産価額に基づいて簿価修正
所得税額の控除	グループ全体で計算 （注）連結法人間における所有期間の通算あり	通算法人ごとに計算 （注）通算法人間における所有期間の通算あり
受取配当等の益金不算入	グループ全体で計算	通算法人ごとに計算 （注）関連法人株式等の控除負債利子等の額に係る支払利子配賦額は、グループ全体で計算
試験研究費の税額控除	グループ全体で計算	グループ全体で計算（25頁参照） （注）税額控除可能額を各通算法人の調整前法人税額の比で配分
外国税額の控除	グループ全体で計算	グループ全体で計算 （注）マイナスの調整前控除限度額をプラスの調整前控除限度額の比で配分
寄附金の損金不算入	グループ全体で計算	通算法人ごとに計算
中小法人の判定	連結親法人が中小法人に該当する場合は、すべての連結法人が中小法人に該当する。	通算グループ内に中小法人に該当しない通算法人がある場合は、すべての通算法人が中小法人に該当しない。
税率	連結親法人（普通法人の場合）の資本金の額に応じて法人税率を適用 （注）連結親法人が中小法人に該当する場合は、軽減税率の適用あり	通算法人の区分に応じた法人税率を適用 （注）すべての通算法人が中小法人に該当する場合は、軽減税率の適用あり
中間申告	連結親法人が申告	各通算法人が申告
修正・更正の取扱い	連結納税グループ内のいずれかの法人に修正・更正が生じた場合は、グループ全体で所得金額・法人税額を計算	通算グループ内のいずれかの法人に修正・更正が生じた場合は、原則として、その修正が生じた法人のみで所得金額・法人税額を計算 （注）他の通算法人の所得金額・法人税額の計算に影響させない。

　e-TAXグループ通算を利用するにあたって最低限理解しておきたい事項に絞って、グループ通算制度の概要を以下に解説します。

（注）第1章の解説は、制度の概要を理解するためのものであり、詳細な解説を参照したい場合や例外的な事項を知りたい場合は、法令や国税庁が公表している「グループ通算制度に関するQ＆A」等を参照してください。

Ⅲ 損益通算

1 概要

　連結納税制度では、所得法人の所得金額と欠損法人の欠損金額を合算して連結所得金額を計算することにより、損益通算を行っていました。

　一方、グループ通算制度では、プロラタ計算により、欠損法人の欠損金額を所得法人に移転して、損益通算を行うこととされました。

(1) 所得事業年度の通算対象欠損金額の損金算入

　通算グループ内の欠損法人の欠損金額の合計額（所得法人の所得の金額の合計額を限度）が、その所得法人の所得の金額の比で各所得法人に配分され、その配分された通算対象欠損金額が所得法人の損金の額に算入されます。

　なお、通算対象欠損金額は、次の算式により計算されます（法法64の5②）。

$$通算対象欠損金額 = \begin{array}{l} (A)\ 他の通算法人の基準日 \\ （所得事業年度終了の日） \\ に終了する事業年度の通 \\ 算前欠損金額の合計額 \\ （Cの金額を限度） \end{array} \times \frac{(B)\ 通算法人の所得事業年度の通算前所得金額}{\begin{array}{l}(C)\ 通算法人の所得事業年度及び他の\\ 通算法人の基準日に終了する事業\\ 年度の通算前所得金額の合計額\end{array}}$$

(2) 欠損事業年度の通算対象所得金額の益金算入

　上記(1)で所得法人において損金算入された金額の合計額と同額の所得の金額が、欠損法人の欠損金額の比で各欠損法人に配分され、その配分された通算対象所得金額が欠損法人の益金の額に算入されます。

　なお、通算対象所得金額は、次の算式により計算されます（法法64の5④）。

$$通算対象所得金額 = \begin{array}{l} (A)\ 他の通算法人の基準日 \\ （欠損事業年度終了の日） \\ に終了する事業年度の通 \\ 算前所得金額の合計額 \\ （Cの金額を限度） \end{array} \times \frac{(B)\ 通算法人の欠損事業年度の通算前欠損金額}{\begin{array}{l}(C)\ 通算法人の欠損事業年度及び他の\\ 通算法人の基準日に終了する事業\\ 年度の通算前欠損金額の合計額\end{array}}$$

■用語の定義

用語	定義
通算前所得金額	損益通算及び欠損金の控除前の所得の金額をいいます。
通算前欠損金額	損益通算前の欠損金額をいいます。
所得事業年度	通算前所得金額の生ずる事業年度（その通算法人に係る通算親法人の事業年度終了の日に終了する事業年度に限ります）をいいます。
欠損事業年度	通算前欠損金額の生ずる事業年度（その通算法人に係る通算親法人の事業年度終了の日に終了する事業年度に限ります）をいいます。

(3) 損益通算の計算例

①通算前所得金額の合計額が通算前欠損金額の合計額より多い場合

	親法人A	子法人B	子法人C	子法人D
通算前所得金額又は通算前欠損金額	通算前所得金額 1,000	通算前所得金額 200	通算前欠損金額 △100	通算前欠損金額 △500
損益通算	通算前所得金額の合計額 1,000+200=1,200		通算前欠損金額の合計額 △100+△500=△600	
	$\triangle 600 \times \dfrac{1,000}{1,200}$ $=\triangle 500$ （損金算入）	$\triangle 600 \times \dfrac{200}{1,200}$ $=\triangle 100$ （損金算入）	$600^{(\text{※})} \times \dfrac{100}{600}$ $=100$ （益金算入）	$600^{(\text{※})} \times \dfrac{500}{600}$ $=500$ （益金算入）
損益通算後	所得金額 500	所得金額 100	欠損金額 0	欠損金額 0

（※）通算前所得金額の合計額（1,200）＞通算前欠損金額の合計額（600）であることから、通算前欠損金額の合計額（600）が上限となります。

②通算前欠損金額の合計額が通算前所得金額の合計額より多い場合

	親法人E	子法人F	子法人G	子法人H
通算前所得金額又は通算前欠損金額	通算前所得金額 500	通算前所得金額 100	通算前欠損金額 △1,000	通算前欠損金額 △200
損益通算	通算前所得金額の合計額 500+100=600		通算前欠損金額の合計額 △1,000+△200=△1,200	
	$\triangle 600^{(\text{※})} \times \dfrac{500}{600}$ $=\triangle 500$ （損金算入）	$\triangle 600^{(\text{※})} \times \dfrac{100}{600}$ $=\triangle 100$ （損金算入）	$600 \times \dfrac{1,000}{1,200}$ $=500$ （益金算入）	$600 \times \dfrac{200}{1,200}$ $=100$ （益金算入）
損益通算後	所得金額 0	所得金額 0	欠損金額 △500	欠損金額 △100

（※）通算前欠損金額の合計額（1,200）＞通算前所得金額の合計額（600）であることから、通算前所得金額の合計額（600）が上限となります。

2 別表の作成例

以下に、親法人Aと子法人C（前頁の(3)①の場合）の損益通算に関連する別表の作成例を掲載します。

(1) 親法人A

①別表4

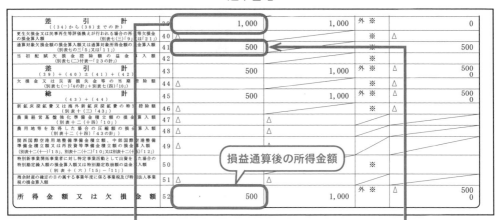

損益通算後の所得金額

～途中省略～

②別表7の3

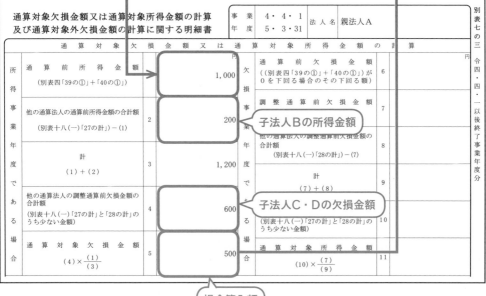

子法人Bの所得金額

子法人C・Dの欠損金額

損金算入額

③別表18（1）

各通算法人の所得金額等及び地方法人税額等に関する明細書		事業年度等	4・4・1 5・3・31	法人名	親法人A				別表十八（一） 令四・四・一以後終了事業年度等分

法　人　名 1	通算親法人 親法人A	子法人B	子法人C	子法人D		計
法　人　番　号						
納　税　地 2						
事　業　年　度　等 3	令4・4・1 令5・3・31	令4・4・1 令5・3・31	令4・4・1 令5・3・31	令4・4・1 令5・3・31	・　・	

I　各通算法人の所得金額等に関する明細書

項目	親法人A	子法人B	子法人C	子法人D		計
所得金額（別表一付表「1」）（欠損の場合は0） 4	円	円	円	円	円	円
調整通算外配当等流出額（別表三（一）付表二「20」） 5						
純通算内配当等の額（別表三（一）付表二「22」） 6						
所得金額差引計 7	1,000	200				1,200
欠損金額差引計 8	0	0	△100	△500		△600
法人税額（別表六（二）付表五「1」） 9						
所得金額又は欠損金額（別表六（二）付表五「13」） 10						
（10）のうち0を超える金額 11						
（10）が0を下回る場合のその下回る額 12						
非課税国外所得金額（別表六（二）付表五「17」） 13						
（13）が0を下回る場合のその下回る額 14						
（13）のうち0を超える金額 15						
加算前国外所得金額のうち0を超えるもの 16						
調整前国外所得金額（別表六（二）付表五「25」） 17						
調整前控除限度額（別表六（二）付表五「31」） 18						
（18）が0を下回る場合のその下回る額 19						
（18）のうち0を超える金額 20						
当初損金算入超過額 21						
当初損金算入不足額 22						
損金算入限度額（別表七（二）付表一「2」） 23						
控除対象欠損金額（別表七（三）付表「8」） 24						
中間申告における災害損失欠損金額以外の通算対象欠損金額 25						
通算対象外欠損金額以外の部分に係る繰戻し（別表七（五）「7」） 26						
通算前所得金額（別表七の三「1」） 27	1,000	200				1,200
調整通算前欠損金額（別表七の三「7」） 28			100	500		600
適用関連法人配当等の額の合計額（別表八（一）付表二「1」） 29						
支払利子合計額（別表八（一）付表二「6」） 30						

II　各通算法人の地方法人税額等に関する明細書

項目	親法人A	子法人B	子法人C	子法人D		計
地方法人税額（別表六（二）付表五「37」） 31	円	円	円	円		円
調整前控除限度額（別表六（二）付表五「39」） 32						
（32）が0を下回る場合のその下回る額 33						
（32）のうち0を超える金額 34						

(2) 子法人C

①別表4

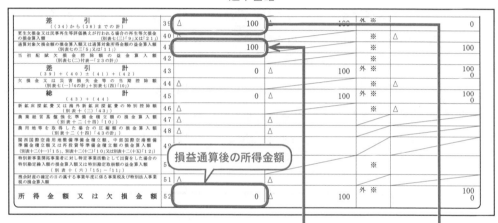

所得の金額の計算に関する明細書		事業年度	4・4・1 5・3・31	法人名	子法人C			別表四 令四・四・一以
区 分		総 額		処		分		
				留 保		社 外 流 出		
		①		②		③		
当 期 利 益 又 は 当 期 欠 損 の 額	1	△ 100 円	△	100 円	配 当 その他		円	

~途中省略~

差 引 計 ((34)から(38)までの計)	39	△ 100	△	100	外 ※		0
更生欠損金又は民事再生等評価換えが行われる場合の再生等欠損金の損金算入額（別表七(三)「9」又は「21」）	40	△	△		※	△	
通算対象欠損金額の損金算入額又は通算対象所得金額の益金算入額（別表七の三「5」又は「11」）	41	100			※		100
当 初 配 賦 欠 損 金 控 除 額 の 益 金 算 入 額（別表七(二)付表一「23の計」）	42				※		
差 引 計 (39)＋(40)±(41)＋(42)	43	0	△	100	外 ※		100 0
欠 損 金 又 は 災 害 損 失 金 等 の 当 期 控 除 額（別表七(一)「4の計」＋別表七(四)「10」）	44	△			※	△	
総 計 (43)＋(44)	45	0	△	100	外 ※		100 0
新鉱床探鉱費又は海外新鉱床探鉱費の特別控除額（別表十(三)「43」）	46	△				△	
農業経営基盤強化準備金積立額の損金算入額（別表十二(十四)「10」）	47	△	△				
農用地等を取得した場合の圧縮額の損金算入額（別表十二(十四)「43の計」）	48	△	△				
関西国際空港用地整備準備金積立額、中部国際空港整備準備金積立額又は再投資等準備金積立額の損金算入額（別表十二(十一)「15」・別表十二(十二)「10」又は別表十二(十五)「12」）	49	△	△				
特別新事業開拓事業者に対し特定事業活動として出資をした場合の特別勘定繰入額の損金算入額又は特別勘定取崩額の益金算入額（別表十(六)「15」・「11」）	50	△	△		※		
残余財産の確定の日の属する事業年度に係る事業税及び特別法人事業税の損金算入額	51	△	△				
所 得 金 額 又 は 欠 損 金 額	52	0	△	100	外 ※		100 0

> 損益通算後の所得金額

②別表7の3

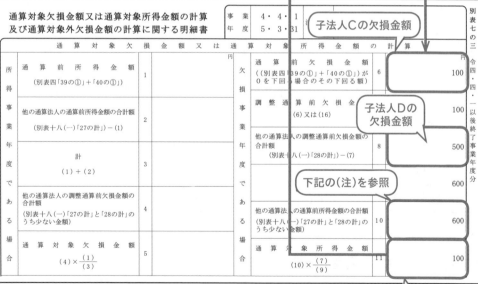

通算対象欠損金額又は通算対象所得金額の計算 及び通算対象外欠損金額の計算に関する明細書			事業年度	4・4・1 5・3・31				別表七の三 令四・四・一以後終了事業年度分
通 算 対 象 欠 損 金 額 又 は 通 算 対 象 所 得 金 額 の 計 算								
所得事業年度である場合	通 算 前 所 得 金 額 （別表四「39の①」＋「40の①」）	1	円	欠損事業年度である場合	通 算 前 欠 損 金 額（（別表四「39の①」＋「40の①」）が0を下回る場合のその下回る額）	6	100 円	
	他の通算法人の通算前所得金額の合計額（別表十八(一)「27の計」）－(1)	2			調整通算前欠損金額 (6)又は(16)	7	100	
	計 (1)＋(2)	3			他の通算法人の調整通算前欠損金額の合計額（別表十八(一)「28の計」）－(7)	8	500	
	他の通算法人の調整通算前欠損金額の合計額（別表十八(一)「27の計」と「28の計」のうち少ない金額）	4			計	9	600	
	通 算 対 象 欠 損 金 額 (4)×(1)/(3)	5			他の通算法人の通算前所得金額の合計額（別表十八(一)「27の計」と「28の計」のうち少ない金額）	10	600	
					通 算 対 象 所 得 金 額 (10)×(7)/(9)	11	100	

> 子法人Cの欠損金額

> 子法人Dの欠損金額

> 下記の(注)を参照

> 益金算入額

(注) 親法人A・子法人Bの所得金額の合計1,200円＞子法人C・Dの欠損金額600円
　　∴600円

欠損金の通算

1 概要

　適用事業年度開始の日前10年以内[※]に開始した各事業年度（以下、10年内事業年度といいます）の欠損金額の損金算入額の計算は、まず、特定欠損金額（法法64の7②）の損金算入額の計算を行い（法法64の7①三イ）、次に、非特定欠損金額の損金算入額の計算を行います（法法64の7①三ロ）。

　その10年内事業年度ごとの通算法人の欠損金額の損金算入額は、特定欠損金額の損金算入額と非特定欠損金額の損金算入額の合計額となります（法法64の7①三）。

(※) 平成30年3月31日までに開始する事業年度において生じる繰越欠損金は、適用事業年度開始の日前9年以内となります（令和2年改正法附則28②）。以下、同様です。

　以降は、以下の前提をもとに、特定欠損金額と非特定欠損金額の損金算入額の計算方法を解説します。各法人は、中小通算法人、更生法人等及び新設法人には該当しないものとします。

【前提】

	前期			当期
	特定欠損金額	特定欠損金額以外の欠損金額	欠損金額の合計	欠損控除前所得金額
親法人A	0	3,000	3,000	4,800
子法人B	1,500	1,000	2,500	5,000
子法人C	0	6,000	6,000	3,200
合計	1,500	10,000	11,500	13,000

(1) 特定欠損金額の損金算入額の計算

　10年内事業年度ごとの特定欠損金額の損金算入額は、その10年内事業年度の特定欠損金額のうち、特定欠損金額の損金算入限度額（以下、「特定損金算入限度額」といいます）に達するまでの金額となります（法法64の7①三イ）。

■特定損金算入限度額の計算式

（A）その通算法人のその10年内事業年度の特定欠損金額（欠損控除前所得金額^(※1)を限度）

（B）各通算法人の適用事業年度に係る損金算入限度額^(※2)の合計額^(※3、※4)
────────────────
（C）各通算法人のその10年内事業年度に係る特定欠損金額（欠損控除前所得金額を限度）の合計額^(※3)

（※1）法人税法第57条第1項の規定等を適用しないものとして計算した場合における適用事業年度の所得金額から、その10年内事業年度より古い10年内事業年度で生じた欠損金額とされた金額で法人税法第57条第1項により損金算入される金額を控除した金額をいいます。

（※2）その通算法人の欠損控除前所得金額の50％に相当する金額（中小通算法人、更生法人等及び新設法人については、欠損控除前所得金額）をいいます。

（※3）上記算式のB／Cの割合が1を超える場合は、その割合を1として計算し、Cがゼロの場合は、その割合はゼロとして計算します。

（※4）この合計額からは、その10年内事業年度より古い10年内事業年度で生じた欠損金額とされた金額で法人税法第57条第1項により損金算入される金額の合計額を控除します。

(参考) 特定欠損金額とは

特定欠損金額とは、その通算法人の所得金額を限度に繰越控除ができる次の金額をいいます（法法64の7②、令和2年改正法附則28③）。

1. 通算法人（時価評価除外法人に限ります）の最初通算事業年度開始の日前10年以内^(※1)に開始した各事業年度において生じた欠損金額

2. 適格合併により被合併法人（通算グループ外の法人^(※2)）から引き継いだ繰越欠損金額

3. 残余財産が確定した法人（通算法人との間に完全支配関係がある通算グループ外の法人^(※2)）から引き継いだ繰越欠損金額

4. 通算法人に該当する事業年度において生じた欠損金額のうち、法人税法第64条の6の規定により、損益通算の対象外とされたもの（多額の償却費の額が生ずる事業年度として損益通算の対象外となる欠損金額など）

5. 特定連結欠損金個別帰属額（連結納税からグループ通算に移行した場合）

（※1）平成30年4月1日前に開始した事業年度に生じた欠損金額は、最初通算事業年度開始の日前9年以内となります。

（※2）最初通算事業年度が終了していない他の通算法人を含みます。

■「特定欠損金額の損金算入額」の計算例

	親法人A	子法人B	子法人C	合計
欠損控除前所得金額	4,800	5,000	3,200	13,000
損金算入限度額 (所得金額×50%)	2,400	2,500	1,600	6,500
特定欠損金額	0	1,500	0	1,500
特定損金算入限度額	0	(※) 1,500	0	1,500
特定欠損金額の損金算入額	0	1,500	0	1,500

(※)　1,500（特定欠損金額）≦5,000（欠損控除前所得金額）　∴1,500

$1,500 \times \dfrac{6,500}{1,500}$（割合が1を超えるため1として計算）＝1,500

(2) 非特定欠損金額の損金算入額の計算

　　10年内事業年度ごとの非特定欠損金額の損金算入額は、その10年内事業年度の非特定欠損金額のうち、非特定欠損金額の損金算入限度額（以下、「非特定損金算入限度額」といいます）に達するまでの金額となります（法法64の7①三ロ）。

(参考) 非特定欠損金額とは

　非特定欠損金額とは、特定欠損金額以外の欠損金額で、その通算法人の所得金額を限度としないで繰越控除ができる次の金額をいいます（法法64の7①、令和2年改正法附則20①）。

1.　グループ通算制度の適用後に生じた繰越欠損金額

2.　非特定連結欠損金個別帰属額（連結納税からグループ通算に移行した場合）

---

①各通算法人の非特定欠損金額の計算

　　非特定損金算入限度額の計算を行う場合は、まず、その10年内事業年度に生じた欠損金額のうち特定欠損金額以外の金額の通算グループ全体の合計額を各通算法人に配賦して、各通算法人の非特定欠損金額を計算します（法法64の7①二）。

　　この非特定欠損金額とは、その10年内事業年度に通算法人で生じた特定欠損金額以外の欠損金額に、次の1）の金額を加算し、2）の金額を控除した金額をいいます（法法64の7①二）。

1）非特定欠損金配賦額(※)がその特定欠損金額以外の欠損金額を超える場合

　　その超える部分の金額（以下、「被配賦欠損金額」といいます）

2）非特定欠損金配賦額(※)がその特定欠損金額以外の欠損金額に満たない場合

　　その満たない部分の金額（以下、「配賦欠損金額」といいます）

（※）非特定欠損金配賦額とは、次の算式により計算した金額をいいます。

■非特定欠損金配賦額の計算式

$$各通算法人のその10年内事業年度に係る特定欠損金額以外の欠損金額の合計額 \times \frac{その通算法人の適用事業年度の損金算入限度額^{（※）}}{各通算法人の適用事業年度に係る損金算入限度額^{（※）}の合計額}$$

（※）損金算入限度額からは、「その10年内事業年度より古い10年内事業年度で生じた欠損金額とされた金額で法人税法第57条第1項により損金算入される金額」及び「その10年内事業年度に係る対応事業年度で生じた特定欠損金額で法人税法第57条第1項により損金算入される金額」を控除します。

■ 「非特定欠損金額」の計算例

	親法人A	子法人B	子法人C	合計
繰越欠損金額	特定：0 特定以外：3,000	特定：1,500 特定以外：1,000	特定：0 特定以外：6,000	特定：1,500 特定以外：10,000
損金算入限度額 （所得金額×50%）	4,800×50% ＝2,400	5,000×50% ＝2,500	3,200×50% ＝1,600	6,500
損金算入される特定欠損金額	0	1,500	0	1,500
損金算入される特定欠損金控除後の損金算入限度額	2,400	1,000	1,600	5,000
特定欠損金額以外の欠損金額	3,000	1,000	6,000	10,000
非特定欠損金配賦額	$10,000 \times \frac{2,400}{5,000}$ ＝4,800	$10,000 \times \frac{1,000}{5,000}$ ＝2,000	$10,000 \times \frac{1,600}{5,000}$ ＝3,200	10,000
被配賦欠損金額	4,800−3,000 ＝1,800	2,000−1,000 ＝1,000	0	2,800
配賦欠損金額	0	0	6,000−3,200 ＝2,800	2,800
非特定欠損金額	3,000+1,800 ＝4,800	1,000+1,000 ＝2,000	6,000−2,800 ＝3,200	10,000

②非特定損金算入限度額の計算

　　非特定損金算入限度額は、次の算式により計算した金額となります（法法64の7①三ロ）。

■非特定損金算入限度額の計算式

$$（A）その通算法人のその10年内事業年度の非特定欠損金額 \times \frac{（B）各通算法人の適用事業年度に係る損金算入限度額の合計額^{（※1、※2）}}{（C）各通算法人のその10年内事業年度に係る特定欠損金額以外の欠損金額の合計額^{（※1）}}$$

（※1）　上記算式のB／Cの割合（以下、「非特定損金算入割合」といいます）が1を超える場合は、その割合を1として計算し、Cがゼロの場合は、その割合はゼロとして計算します。

（※2）　この合計額からは、「その10年内事業年度より古い10年内事業年度で生じた欠損金額とされた金額で法人税法第57条第1項により損金算入される金額の合計額」及び「その10年内事業年度に係る対応事業年度で生じた特定欠損金額で法人税法第57条第1項により損金算入される金額の合計額」を控除します。

■「非特定欠損金額の損金算入額」の計算例

	親法人A	子法人B	子法人C	合計
非特定欠損金額	4,800	2,000	3,200	10,000
非特定損金算入割合				

非特定損金算入割合：
$$\frac{6,500^{（※1）}-1,500^{（※2）}}{10,000}=\frac{5,000}{10,000}$$
（※1）損金算入限度額の合計額：2,400+2,500+1,600＝6,500
（※2）特定欠損金額の損金算入額：1,500

非特定損金算入限度額	$4,800\times\frac{5,000}{10,000}=2,400$	$2,000\times\frac{5,000}{10,000}=1,000$	$3,200\times\frac{5,000}{10,000}=1,600$	5,000
非特定欠損金額の損金算入額	2,400	1,000	1,600	5,000

(3) 10年内事業年度ごとの欠損金の損金算入額

　　10年内事業年度ごとの欠損金の損金算入額は、次のとおりとなります。

	親法人A	子法人B	子法人C	合計
非特定欠損金額の損金算入額（A）	2,400	1,000	1,600	5,000
特定欠損金額の損金算入額（B）	0	1,500	0	1,500
欠損金額の損金算入額【A＋B】(C)	2,400	2,500	1,600	6,500

(4) 通算法人の損金算入欠損金額及び翌期以後の繰越欠損金額の計算

翌期以後に繰り越す欠損金額は、上記(3)の「欠損金額の損金算入額」に基づき計算するのではなく、次の①の損金算入欠損金額が各通算法人の損金の額に算入されたものとして計算を行います（法法64の7①四）。

①損金算入欠損金額

損金算入欠損金額とは、次の1）及び2）の金額の合計額をいいます。

1）その通算法人のその10年内事業年度において生じた特定欠損金額のうち特定損金算入限度額に達するまでの金額

2）その通算法人のその10年内事業年度において生じた特定欠損金額以外の欠損金額に非特定損金算入割合を乗じて計算した金額

■「各通算法人の損金算入欠損金額及び翌期以後の繰越欠損金額」の計算例

	親法人A	子法人B	子法人C	合計
繰越欠損金額（A）	特定：　　　0 特定以外：3,000	特定：　1,500 特定以外：1,000	特定：　　　0 特定以外：6,000	特定：　1,500 特定以外：10,000
特定欠損金額の損金算入額（B）	0	1,500	0	1,500
特定欠損金額以外の欠損金×非特定損金算入割合（C）	$3,000 \times \dfrac{5,000}{10,000}$ $=1,500$	$1,000 \times \dfrac{5,000}{10,000}$ $=500$	$6,000 \times \dfrac{5,000}{10,000}$ $=3,000$	5,000
損金算入欠損金額【B＋C】(D)	1,500	2,000	3,000	6,500
翌期繰越欠損金額【A－D】(E)	$3,000-1,500$ $=1,500$	$2,500-2,000$ $=500$	$6,000-3,000$ $=3,000$	5,000

2 別表の作成例

以下に、子法人B（10頁〜15頁を参照）の欠損金の通算に関連する別表の作成例を掲載します。

(1) 別表7(1)

欠損金又は災害損失金の損金算入等に関する明細書			事業年度	4・4・1 5・3・31	法人名	子法人B		別表七(一) 令四・四・一以後終了事業年度分

控除前所得金額 (別表四「43の①」)	1	5,000 円	損金算入限度額 (1)×$\frac{50\text{又は}100}{100}$	2	2,500 円

事業年度	区　　分	控除未済欠損金額 3	当期控除額 (当該事業年度の(3)と((2)-当該事業年度前の(4)の合計額))のうち少ない金額 4	翌期繰越額 ((3)-(4))又は(別表七(四)「15」) 5
・　・ ・　・	青色欠損・連結みなし欠損・災害損失	円	円	円
・　・ ・　・	青色欠損・連結みなし欠損・災害損失			
・　・ ・　・	青色欠損・連結みなし欠損・災害損失			
・　・ ・　・	青色欠損・連結みなし欠損・災害損失			
・　・ ・　・	青色欠損・連結みなし欠損・災害損失			
・　・ ・　・	青色欠損・連結みなし欠損・災害損失			
・　・ ・　・	青色欠損・連結みなし欠損・災害損失			
・　・ ・　・	青色欠損・連結みなし欠損・災害損失			
・　・ ・　・	青色欠損・連結みなし欠損・災害損失			
3・4・1 4・3・31	青色欠損・連結みなし欠損・災害損失	2,500		500
計		2,500	2,500	500

非特定欠損金の翌期繰越金額

特定欠損金の損金算入額1,500円と非特定欠損金の損金算入額1,000円の合計額

当期分	欠損金額 (別表四「52の①」)		0	欠損金の繰戻し額	
	同上のうち	災害損失金			
		青色欠損金			0
合　　　計					500

災害により生じた損失の額の計算					
災害の種類			災害のやんだ日又はやむを得ない事情のやんだ日		・　・
災害を受けた資産の別		棚卸資産 ①	固定資産 (固定資産に準ずる繰延資産を含む。) ②	計 ①＋② ③	
当期の欠損金額 (別表四「52の①」)	6			円	
災害により生じた損失の額	資産の滅失等により生じた損失の額	7	円	円	
	被害資産の原状回復のための費用等に係る損失の額	8			
	被害の拡大又は発生の防止のための費用に係る損失の額	9			
	計 (7)＋(8)＋(9)	10			
保険金又は損害賠償金等の額	11				
差引災害により生じた損失の額 (10)-(11)	12				
同上のうち所得税額の還付又は欠損金の繰戻しの対象となる災害損失金額	13				
中間申告における災害損失欠損金の繰戻し額	14				
繰戻しの対象となる災害損失欠損金額 ((6の③)と((13の③)-(14の③))のうち少ない金額)	15				
繰越控除の対象となる損失の額 ((6の③)と((12の③)-(14の③))のうち少ない金額)	16				

(2) 別表7(2)

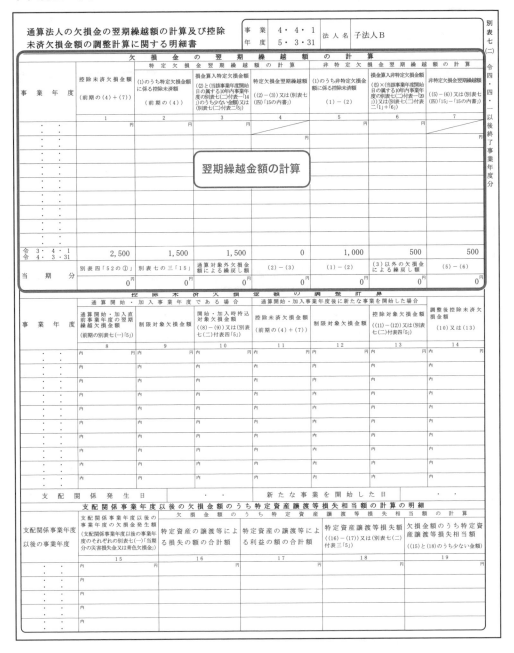

通算法人の欠損金の翌期繰越額の計算及び控除未済欠損金額の調整計算に関する明細書

事業年度 4・4・1 ～ 5・3・31　法人名 子法人B

別表七(二) 令四・四・一以後終了事業年度分

欠 損 金 の 翌 期 繰 越 額 の 計 算

事 業 年 度	控除未済欠損金額 (前期の(4)+(7))	特 定 欠 損 金 翌 期 繰 越 額 の 計 算			非 特 定 欠 損 金 翌 期 繰 越 額 の 計 算		
		(1)のうち特定欠損金額に係る控除未済額 (前期の(4))	損金算入特定欠損金額 ((2)と(当該事業年度開始日の属する10年内事業年度の別表七(二)付表一「14」)のうち少ない金額)又は(別表七(二)付表二「5」)	特定欠損金翌期繰越額 ((2)-(3))又は(別表七(四)「15の内書」)	(1)のうち非特定欠損金額に係る控除未済額 (1)-(2)	損金算入非特定欠損金額 (⑤×(当該事業年度開始日の属する10年内事業年度の別表七(二)付表一「20」))又は(別表七(二)付表二「1」+「6」)	非特定欠損金翌期繰越額 ((5)-(6))又は(別表七(四)「15」-「15の内書」)
	1	2	3	4	5	6	7
・・・	円	円	円	円	円	円	円

翌期繰越金額の計算

事 業 年 度	1	2	3	4	5	6	7
令3・4・1 令4・3・31	2,500	1,500	1,500	0	1,000	500	500
当 期 分	別表四「52の①」	別表七の三「15」	通算対象外欠損金額による繰戻し額	(2)-(3)	(1)-(2)	(3)以外の欠損金による繰戻し額	(5)-(6)
	0 円		0 円	0		0 円	0

控 除 未 済 欠 損 金 額 の 調 整 計 算

事 業 年 度	通 算 開 始 ・ 加 入 事 業 年 度 で あ る 場 合			通 算 開 始 ・ 加 入 事 業 年 度 後 に 新 た な 事 業 を 開 始 し た 場 合			
	通算開始・加入直前事業年度の翌期繰越欠損金額 (前期の別表七(一)「5」)	制限対象欠損金額	開始・加入時持込対象欠損金額 ((8)-(9))又は(別表七(二)付表四「5」)	控除未済欠損金額 (前期の(4)+(7))	制限対象欠損金額	控除対象欠損金額 ((11)-(12))又は(別表七(二)付表四「5」)	調整後控除未済欠損金額 (10)又は(13)
	8	9	10	11	12	13	14
・・・	内 円	内 円	内 円	内 円	内 円	内 円	内 円
・・・	内	内	内	内	内	内	内
・・・	内	内	内	内	内	内	内
・・・	内	内	内	内	内	内	内
・・・	内	内	内	内	内	内	内
・・・	内	内	内	内	内	内	内
・・・	内	内	内	内	内	内	内
・・・	内	内	内	内	内	内	内
・・・	内	内	内	内	内	内	内
・・・	内	内	内	内	内	内	内

支 配 関 係 発 生 日	・ ・	新 た な 事 業 を 開 始 し た 日	・ ・

支 配 関 係 事 業 年 度 以 後 の 欠 損 金 額 の う ち 特 定 資 産 譲 渡 等 損 失 相 当 額 の 計 算 の 明 細

支配関係事業年度以後の事業年度	支配関係事業年度以後の事業年度の欠損金額発生額 (支配関係事業年度以後の事業年度のそれぞれの別表七(一)「当期分の災害損失金又は青色欠損金」)	欠 損 金 額 の う ち 特 定 資 産 譲 渡 等 損 失 相 当 額 の 計 算			
		特定資産の譲渡等による損失の額の合計額	特定資産の譲渡等による利益の額の合計額	特定資産譲渡等損失相当額 ((16)-(17))又は(別表七(二)付表三「5」)	欠損金額のうち特定資産譲渡等損失相当額 ((15)と(18)のうち少ない金額)
	15	16	17	18	19
・・・	内 円	円	円	円	円
・・・	内				
・・・	内				
・・・	内				

(3) 別表7(2)付表1

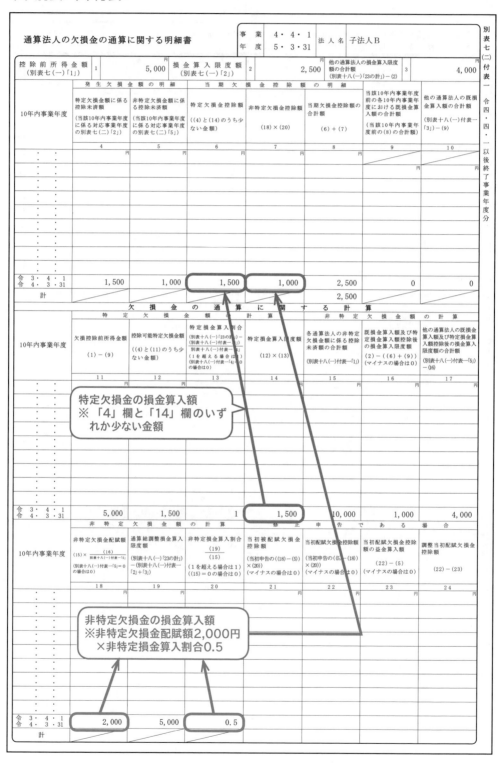

(4) 別表18(1)

各通算法人の所得金額等及び地方法人税額等に関する明細書

| 事業年度等 | 4・4・1 5・3・31 | 法人名 | 子法人B | | 別表十八（一）令四・四・一以後終了事業年度等分 |

法 人 名 1	通算親法人	子法人B	当該法人以外の通算法人分の合計		計
法 人 番 号					
納 税 地 2					
事 業 年 度 等 3	・・ ・・	令 4・4・1 令 5・3・31	・・	・・	
Ⅰ 各 通 算 法 人 の 所 得 金 額 等 に 関 す る 明 細 書					
所 得 金 額（別表一付表「1」）（欠損の場合は0）4	円	円	円	円	円
調整通算外配当等流出額（別表三（一）付表二「20」）5					
純 通 算 内 配 当 等 の 額（別表三（一）付表二「22」）6					
所 得 金 額 差 引 計（（（別表四「39の①」）－（別表七（三）「9」））が0以上の場合のその0以上の額）7		5,000	8,000		13,000
欠 損 金 額 差 引 計（別表四「39の①」）－（別表七（三）「9」）（プラスの場合は0）8		0	0		0
法 人 税 額（別表六（二）付表五「1」）9					
所 得 金 額 又 は 欠 損 金 額（別表六（二）付表五「13」）10					
(10)のうち0を超える金額 11					
(10)が0を下回る場合のその下回る額 12					
非 課 税 国 外 所 得 金 額（別表六（二）付表五「17」）13					
(13)が0を下回る場合のその下回る額 14					
(13)のうち0を超える金額 15					
加算前国外所得金額のうち0を超えるもの（別表六（二）付表五「19」のうち0を超える金額）16					
調 整 前 国 外 所 得 金 額（別表六（二）付表五「25」）17					
調 整 前 控 除 限 度 額（別表六（二）付表五「31」）18					
(18)が0を下回る場合のその下回る額 19					
(18)のうち0を超える金額 20					
当 初 損 金 算 入 超 過 額（当初申告の別表七（一）「4の計」－「2」）（マイナスの場合は0）21					
当 初 損 金 算 入 不 足 額（当初申告の別表七（一）「2」－「4の計」）（マイナスの場合は0）22					
損 金 算 入 限 度 額（別表七（二）付表一「2」）23		2,500	4,000		6,500
控 除 対 象 欠 損 金 額（別表七（三）付表「8」）24					
中間申告における発生災害損失欠損金額のうち通算対象外欠損金額以外の部分の金額（別表七（五）「5」）25					
通算対象外欠損金額以外の部分に係る繰戻し額（別表七（五）「7」）26					
通 算 前 所 得 金 額（別表七の三「1」）27		5,000	8,000		13,000
調 整 通 算 前 欠 損 金 額（別表七の三「7」）28					
適用関連法人配当等の額の合計額（別表八（一）付表二「1」）29					
支 払 利 子 合 計 額（別表八（一）付表二「6」）30					
Ⅱ 各 通 算 法 人 の 地 方 法 人 税 額 等 に 関 す る 明 細 書					
地 方 法 人 税 額（別表六（二）付表五「37」）31	円	円	円	円	円
調 整 前 控 除 限 度 額（別表六（二）付表五「39」）32					
(32)が0を下回る場合のその下回る額 33					
(32)のうち0を超える金額 34					

他の法人の損金算入限度額
※別表7(2)付表1の「3」欄へ

子法人Bの損金算入限度額

(注) 通算子法人の別表18(1)では、他の通算法人分の金額は合計表示されます。通算親法人の別表18(1)では、通算法人ごとの金額が表示されます。

(5) 別表18(1)付表1

<table>
<tr><td colspan="6">10年内事業年度に係る各通算法人の欠損金額等
に関する明細書</td><td>事業
年度</td><td>4・4・1
5・3・31</td><td>法人名</td><td colspan="3">子法人B</td><td>別表十八(一)付表一 令四・四・一以後終了事業年度分</td></tr>
<tr><td>法人名</td><td colspan="5">通　　　算　　　親　　　法　　　人</td><td colspan="6">子法人B</td></tr>
<tr><td>法人番号</td><td></td><td></td><td></td><td></td><td></td><td></td><td></td><td></td><td></td><td></td></tr>
<tr><td>10年内事業年度</td><td>非特定欠損金額に係る控除未済額
(別表七(二)付表一「5」)</td><td>特定欠損金控除額
(別表七(二)付表一「6」)</td><td>既損金算入額の合計額
(別表七(二)付表一「9」)</td><td>控除可能特定欠損金額
(別表七(二)付表一「12」)</td><td>既損金算入額等控除後の損金算入限度額
(別表七(二)付表一「16」)</td><td>非特定欠損金額に係る控除未済額
(別表七(二)付表一「5」)</td><td>特定欠損金控除額
(別表七(二)付表一「6」)</td><td>既損金算入額の合計額
(別表七(二)付表一「9」)</td><td>控除可能特定欠損金額
(別表七(二)付表一「12」)</td><td>既損金算入額等控除後の損金算入限度額
(別表七(二)付表一「16」)</td></tr>
<tr><td>・　・</td><td>円</td><td>円</td><td></td><td>円</td><td>円</td><td>円</td><td>円</td><td></td><td>円</td><td>円</td></tr>
<tr><td>・　・</td><td></td><td></td><td>円</td><td></td><td></td><td></td><td></td><td>円</td><td></td><td></td></tr>
<tr><td>・　・</td><td></td><td></td><td></td><td></td><td></td><td></td><td></td><td></td><td></td><td></td></tr>
<tr><td>・　・</td><td></td><td></td><td></td><td></td><td></td><td></td><td></td><td></td><td></td><td></td></tr>
<tr><td>・　・</td><td></td><td></td><td></td><td></td><td></td><td></td><td></td><td></td><td></td><td></td></tr>
<tr><td>・　・</td><td></td><td></td><td></td><td></td><td></td><td></td><td></td><td></td><td></td><td></td></tr>
<tr><td>・　・</td><td></td><td></td><td></td><td></td><td></td><td></td><td></td><td></td><td></td><td></td></tr>
<tr><td>・　・</td><td></td><td></td><td></td><td></td><td></td><td></td><td></td><td></td><td></td><td></td></tr>
<tr><td>令3・4・1
令4・3・31</td><td></td><td></td><td></td><td></td><td></td><td>1,000</td><td>1,500</td><td>0</td><td>1,500</td><td>1,000</td></tr>
<tr><td>法人名</td><td colspan="5">当該法人以外の通算法人分の合計</td><td colspan="6"></td></tr>
<tr><td>法人番号</td><td></td><td></td><td></td><td></td><td></td><td></td><td></td><td></td><td></td><td></td></tr>
<tr><td>10年内事業年度</td><td>非特定欠損金額に係る控除未済額
(別表七(二)付表一「5」)</td><td>特定欠損金控除額
(別表七(二)付表一「6」)</td><td>既損金算入額の合計額
(別表七(二)付表一「9」)</td><td>控除可能特定欠損金額
(別表七(二)付表一「12」)</td><td>既損金算入額等控除後の損金算入限度額
(別表七(二)付表一「16」)</td><td>非特定欠損金額に係る控除未済額
(別表七(二)付表一「5」)</td><td>特定欠損金控除額
(別表七(二)付表一「6」)</td><td>既損金算入額の合計額
(別表七(二)付表一「9」)</td><td>控除可能特定欠損金額
(別表七(二)付表一「12」)</td><td>既損金算入額等控除後の損金算入限度額
(別表七(二)付表一「16」)</td></tr>
<tr><td>・　・</td><td>円</td><td>円</td><td></td><td>円</td><td>円</td><td></td><td></td><td></td><td></td><td></td></tr>
<tr><td>・　・</td><td></td><td></td><td>円</td><td></td><td></td><td></td><td></td><td>円</td><td></td><td></td></tr>
<tr><td>・　・</td><td></td><td></td><td></td><td></td><td></td><td></td><td></td><td></td><td></td><td></td></tr>
<tr><td>・　・</td><td></td><td></td><td></td><td></td><td></td><td></td><td></td><td></td><td></td><td></td></tr>
<tr><td>・　・</td><td></td><td></td><td></td><td></td><td></td><td></td><td></td><td></td><td></td><td></td></tr>
<tr><td>・　・</td><td></td><td></td><td></td><td></td><td></td><td></td><td></td><td></td><td></td><td></td></tr>
<tr><td>・　・</td><td></td><td></td><td></td><td></td><td></td><td></td><td></td><td></td><td></td><td></td></tr>
<tr><td>・　・</td><td></td><td></td><td></td><td></td><td></td><td></td><td></td><td></td><td></td><td></td></tr>
<tr><td>令3・4・1
令4・3・31</td><td>9,000</td><td>0</td><td>0</td><td>0</td><td>4,000</td><td></td><td></td><td></td><td></td><td></td></tr>
<tr><td>法人名</td><td colspan="5"></td><td colspan="6">計</td></tr>
<tr><td>法人番号</td><td></td><td></td><td></td><td></td><td></td><td></td><td></td><td></td><td></td><td></td></tr>
<tr><td>10年内事業年度</td><td>非特定欠損金額に係る控除未済額
(別表七(二)付表一「5」)</td><td>特定欠損金控除額
(別表七(二)付表一「6」)</td><td>既損金算入額の合計額
(別表七(二)付表一「9」)</td><td>控除可能特定欠損金額
(別表七(二)付表一「12」)</td><td>既損金算入額等控除後の損金算入限度額
(別表七(二)付表一「16」)</td><td>非特定欠損金額に係る控除未済額
1</td><td>特定欠損金控除額
2</td><td>既損金算入額の合計額
3</td><td>控除可能特定欠損金額
4</td><td>既損金算入額等控除後の損金算入限度額
5</td></tr>
<tr><td>・　・</td><td>円</td><td>円</td><td></td><td>円</td><td>円</td><td></td><td></td><td></td><td>円</td><td>円</td></tr>
<tr><td>・　・</td><td></td><td></td><td>円</td><td></td><td></td><td></td><td></td><td>円</td><td></td><td></td></tr>
<tr><td>・　・</td><td></td><td></td><td></td><td></td><td></td><td></td><td></td><td></td><td></td><td></td></tr>
<tr><td>・　・</td><td></td><td></td><td></td><td></td><td></td><td></td><td></td><td></td><td></td><td></td></tr>
<tr><td>・　・</td><td></td><td></td><td></td><td></td><td></td><td></td><td></td><td></td><td></td><td></td></tr>
<tr><td>・　・</td><td></td><td></td><td></td><td></td><td></td><td></td><td></td><td></td><td></td><td></td></tr>
<tr><td>・　・</td><td></td><td></td><td></td><td></td><td></td><td></td><td></td><td></td><td></td><td></td></tr>
<tr><td>・　・</td><td></td><td></td><td></td><td></td><td></td><td></td><td></td><td></td><td></td><td></td></tr>
<tr><td>令3・4・1
令4・3・31</td><td></td><td></td><td></td><td></td><td></td><td>10,000</td><td>1,500</td><td>0</td><td>1,500</td><td>5,000</td></tr>
</table>

(注) 通算子法人の別表18(1)付表1では、他の通算法人分の金額は合計表示されます。通算親法人の別表18(1)付表1では、通算法人ごとの金額が表示されます。

グループ通算制度の開始・加入に伴う制限

(1) 時価評価法人における過年度の欠損金額の切捨て

時価評価法人（時価評価除外法人[※1]以外の法人）に該当する場合[※2]は、グループ通算制度の適用開始前又は通算グループへの加入前において生じた欠損金額は、切り捨てられます（法法57⑥）。

(※1) 時価評価除外法人とは、次の法人をいいます。
 1.　グループ通算制度の適用開始時の時価評価除外法人（法法64の11①）
  (1) いずれかの子法人との間に完全支配関係の継続が見込まれる親法人
  (2) 親法人との間に完全支配関係の継続が見込まれる子法人
 2.　通算グループへの加入時の時価評価除外法人（法法64の12①、法令131の16③④）
  (1) 通算グループ内の新設法人
  (2) 適格株式交換等により加入した株式交換等完全子法人
  (3) 適格組織再編成と同様の要件として一定の要件のすべてに該当する法人
(※2) 通算子法人で、通算制度の承認の効力が生じた日から同日の属する通算親法人の事業年度終了の日までの間に通算制度の承認の効力を失った場合を除きます。

(2) 時価評価除外法人における損益通算の制限

時価評価除外法人に該当する通算法人が5年継続支配関係[※1]及び共同事業性[※2]の要件を満たさない場合は、その通算法人の以下の表の事業年度におけるそれぞれの金額は、損益通算の対象外とされた上で、特定欠損金額とされます（法法64の6①②③、64の7②三、法令112の2④、131の8①②）。

事業年度	損益通算の対象外となる金額
多額の償却費の額が生ずる事業年度[※3]	通算法人の適用期間[※4]内の日を含むその事業年度において生ずる通算前欠損金額
上記以外の事業年度 (注) 次の(4)の特定資産に係る譲渡等損失額の損金不算入の規定（法法64の14①）の適用がある事業年度を除きます。	通算法人のその事業年度において生ずる通算前欠損金額のうちその事業年度の適用期間[※4]において生ずる特定資産譲渡等損失額[※5]に達するまでの金額

(※1) 通算制度の承認の効力が生じた日の5年前の日又はその通算法人の設立の日のうちいずれか遅い日からその承認の効力が生じた日まで継続して通算親法人（その通算法人が通算親法人である場合には、他の通算法人のいずれか）との間に支配関係がある場合として一定の場合をいいます（法令131の8①）。
(※2) 通算制度の承認の効力が生じた後にその通算法人と他の通算法人とが共同で事業を行う一定の場合をいいます（法令112の2④、131の8②）。
(※3) 多額の償却費の額が生ずる事業年度とは、次の1のうちに2の占める割合が30％を超える事業

年度をいいます（法令131の8⑥）。

1. その事業年度の収益に係る原価の額及びその事業年度の販売費、一般管理費その他の費用として確定した決算において経理した金額の合計額

2. 通算法人がその有する減価償却資産につきその事業年度においてその償却費として損金経理をした金額（特別償却準備金として積み立てられた金額を含み、前事業年度から繰り越された償却限度超過額を除きます）の合計額

（※4）通算制度の承認の効力が生じた日から同日以後3年を経過する日とその通算法人がその通算法人に係る通算親法人との間に最後に支配関係を有することとなった日（その通算法人が通算親法人である場合には、他の通算法人のうちその通算法人との間に最後に支配関係を有することとなった日が最も早いものとの間に最後に支配関係を有することとなった日。以下「支配関係発生日」といいます。）以後5年を経過する日とのうちいずれか早い日までの期間をいいます。

（※5）特定資産譲渡等損失額とは、次の1から2を控除した金額をいいます（法法64の6②、法令123の8②～⑦、131の8③④）。

1. 通算法人が有する資産（棚卸資産、帳簿価額が少額であるものその他の一定のものを除きます）で支配関係発生日の属する事業年度開始の日前から有していたもの（これに準ずるものとして一定のものを含みます。以下「特定資産」といいます。）の譲渡、評価換え、貸倒れ、除却その他の事由による損失の額として一定の金額の合計額

2. 特定資産の譲渡、評価換えその他の事由による利益の額として一定の金額の合計額

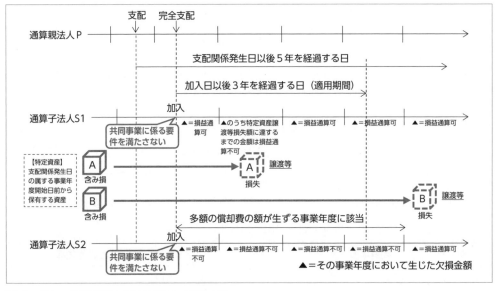

【出典：グループ通算制度に関するQ&A（国税庁）】

(3) 時価評価除外法人における過年度の欠損金額の切捨て

時価評価除外法人に該当する通算法人が、5年継続支配関係[※1]及び共同事業性[※2]の要件を満たさない場合において、その通算法人が支配関係発生日[※3]以後に新たな事業を開始したときは、通算制度の承認の効力が生じた日以後に開始する各事業年度については、次の1及び2の欠損金額はないものとされます（法法57⑧、法令112の2③④）。

1. その通算法人の支配関係事業年度（支配関係発生日の属する事業年度をいいます）前の各事業年度において生じた欠損金額

2．その通算法人の支配関係事業年度以後の各事業年度において生じた欠損金額のうち特定資産譲渡等損失額（法法64の14②）に相当する金額から成る部分の金額等一定の金額

（※1）　通算制度の承認の効力が生じた日の5年前の日又はその通算法人の設立の日のうちいずれか遅い日からその承認の効力が生じた日まで継続して通算親法人（その通算法人が通算親法人である場合には、他の通算法人のいずれか）との間に支配関係がある場合として一定の場合をいいます（法令112の2③）。

（※2）　通算制度の承認の効力が生じた後にその通算法人と他の通算法人とが共同で事業を行う一定の場合をいいます（法令112の2④）。

（※3）　通算法人が通算親法人との間に最後に支配関係を有することとなった日をいいます。なお、その通算法人が通算親法人の場合は、他の通算法人のうちその通算法人との間に最後に支配関係を有することとなった日が最も早いものとの間に最後に支配関係を有することとなった日となります。

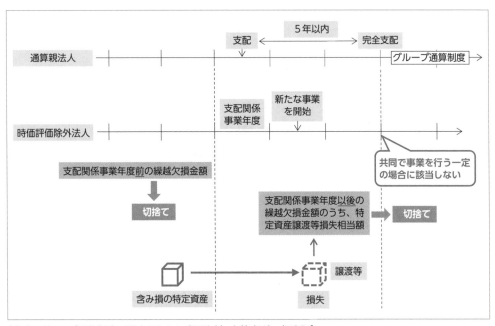

【出典：グループ通算制度に関するQ＆A（国税庁）を筆者が一部改訂】

(4) 時価評価除外法人における特定資産譲渡等損失額の損金不算入

　　時価評価除外法人に該当する通算法人が、5年継続支配関係（※1）及び共同事業性（※2）の要件を満たさない場合において、その通算法人が支配関係発生日（※3）以後に新たな事業を開始したときは、適用期間（※4）において生じる特定資産譲渡等損失額（22頁参照）は損金不算入とされます（法法64の14①②、法令112の2④、131の8①、131の19①②）。

（※1）　通算制度の承認の効力が生じた日の5年前の日又はその通算法人の設立の日のうちいずれか遅い日からその承認の効力が生じた日まで継続して通算親法人（その通算法人が通算親法人である場合には、他の通算法人のいずれか）との間に支配関係がある場合として一定の場合をいいます（法令112の2③）。

（※2）　通算制度の承認の効力が生じた後にその通算法人と他の通算法人とが共同で事業を行う一定の場合をいいます（法令112の2④、131の19②）。

（※3）　通算法人が通算親法人との間に最後に支配関係を有することとなった日をいいます。なお、その通算法人が通算親法人の場合は、他の通算法人のうちその通算法人との間に最後に支配関係を有することとなった日が最も早いものとの間に最後に支配関係を有することとなった日となります。

（※4）　通算承認の効力が生じた日と新たな事業を開始した日の属する事業年度開始の日とのうちいずれか遅い日からその効力が生じた日以後3年を経過する日と支配関係発生日以後5年を経過する日とのうちいずれか早い日までの期間をいいます。

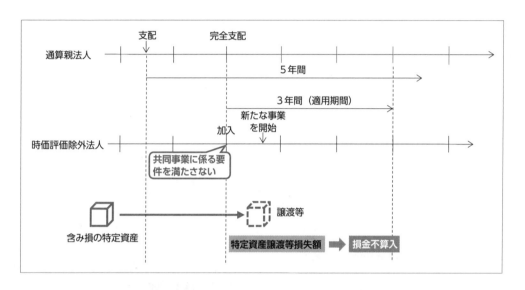

(5) グループ通算制度の開始に伴う親法人の欠損金の取り扱い

　単体納税制度から連結納税制度に移行する場合は、親法人の連結納税開始前の繰越欠損金は、「非特定連結欠損金」として引き継ぎが可能でした。

　一方、単体納税制度からグループ通算制度に移行する場合は、親法人のグループ通算開始前の繰越欠損金（グループ通算制度の開始時に切り捨てられなかったものに限ります）は、子法人と同様に、「特定欠損金」として引き継ぐことになりました（法法64の7②一）。

(6) 連結納税制度からグループ通算制度に移行する場合の経過措置

　連結納税制度における連結欠損金個別帰属額は、各法人の繰越欠損金とみなされます（令和2年改正法附則20①⑦）。そして、連結納税制度における「特定連結欠損金個別帰属額」はグループ通算制度における「特定欠損金額」、連結納税制度における「非特定連結欠損金個別帰属額」はグループ通算制度における「非特定欠損金額」とみなされます（令和2年改正法附則28③）。

VI 試験研究費の税額控除

1 概要

通算法人が一般試験研究費の額に係る税額控除の適用を受ける場合には、以下の算式により計算した税額控除可能分配額が、その通算法人の各事業年度の調整前法人税額から控除されます（措法42の4①⑧三）。

$$\text{税額控除可能分配額} = \frac{\text{グループ全体の}}{\text{税額控除可能額}^{(\text{※})}} \times \frac{\text{その通算法人の調整前法人税額}}{\text{各通算法人の調整前法人税額の合計額}}$$

（※）税額控除可能額とは、**税額控除限度額**（下記(1)を参照）と**控除上限額**（下記(2)を参照）とのうちいずれか少ない金額をいいます（措法42の4⑧三）。

(1) 税額控除限度額

税額控除限度額＝各通算法人の試験研究費の額の合計額×税額控除割合

①税額控除割合

税額控除割合は、以下の区分に応じて計算した割合となります。

区分	税額控除割合
合算増減試験研究費割合が9.4%超の場合	10.145%＋(合算増減試験研究費割合−9.4%)×0.35 ※14%を上限
合算増減試験研究費割合が9.4%以下の場合	10.145%−(9.4%−合算増減試験研究費割合)×0.175 ※2%を下限
各通算法人の比較試験研究費の額の合計額が零である場合	8.5%

②合算試験研究費割合が10%を超える事業年度の場合の上乗せ特例

合算試験研究費割合が10%を超える事業年度の場合には、上記①の税額控除割合に次の割合が上乗せされます。ただし、上乗せ後の税額控除割合の上限は14%とされます。

上乗せ割合＝上記表の税額控除割合×｛(合算試験研究費割合−10%)×0.5(10%を上限)｝

③用語の定義

用語	定義
合算増減試験研究費割合	適用対象事業年度に係る各通算法人の試験研究費の額の合計額から各通算法人の比較試験研究費の額の合計額を減算した金額の各通算法人の比較試験研究費の額の合計額に対する割合をいいます（措法42の4⑲十一）。
合算試験研究費割合	適用対象事業年度に係る各通算法人の試験研究費の額の合計額の各通算法人の平均売上金額の合計額に対する割合をいいます（措法42の4⑲十二）。
比較試験研究費の額	その通算法人に係る通算親法人の適用年度開始の日の3年前の日から適用年度開始の日の前日までの期間内に開始した各事業年度の試験研究費の額（その各事業年度の月数と適用年度の月数が異なる場合は一定の金額）の合計額をその期間内に開始した各事業年度の数で除して計算した平均額をいいます（措法42の4⑲五）。
平均売上金額	適用年度及びその通算法人に係る通算親法人の適用年度開始の日の3年前の日から適用年度開始の日の前日までの期間内に開始した各事業年度の売上金額の平均額として一定の方法により計算した金額をいいます（措法42の4⑲十四）。

(2) 控除上限額

①原則

　　その適用を受ける事業年度に係る各通算法人の調整前法人税額の合計額の25%（下記の上乗せ特例あり）に相当する金額とされています（措法42の4⑧三ロ、ハ、九）。

②上乗せ特例

　　以下の条件を満たす場合は、上記①の金額に上乗せして控除上限額を計算することとされています（措法42の4⑧九イ、ロ）。

　　なお、下記表の2行目と3行目は、重複適用ができません。

行	条件	上乗せする金額
1	合算試験研究費割合が10%を超える場合	調整前法人税額×{（合算試験研究費割合−10%）×2（上限を10%）}
2	「基準年度比合算売上金額減少割合(※)≧2%」かつ「各通算法人の試験研究費の合計額＞各通算法人の基準年度試験研究費の額の合計額」である場合	調整前法人税額×5%
3	ベンチャー企業の特例（措法42の4⑧九イ(1)）を適用する場合	調整前法人税額×15%

（※）基準年度比合算売上金額減少割合とは、各通算法人の事業年度の売上金額の合計額が各通算法人の基準売上金額の合計額に満たない場合におけるその満たない部分の金額の各通算法人の基準売上金額の合計額に対する割合（その各通算法人の基準売上金額の合計額が零である場合は、零）をいいます（措法42の4⑲十三）。

(3) 一般試験研究費の額に係る税額控除額の計算例

合算試験研究費割合が10%以下であることを前提に税額控除割合を計算しています。

項目名	親法人A	子法人B	子法人C	合計
所得の金額	200,000	100,000	0	300,000
調整前法人税額	46,400	23,200	0	69,600
試験研究費の額	40,000	0	20,000	60,000
比較試験研究費の額	30,000	0	10,000	40,000
合算増減試験研究費割合	合算増減試験研究費割合＝(試験研究費の額の計－比較試験研究費の額の計)÷比較試験研究費の額の計 ※(60,000−40,000)÷40,000＝50%			
税額控除割合	合算増減試験研究費割合が9.4%超であるため、以下の算式で計算 ※10.145%＋{(50%−9.4%)×0.35}＝24.355%　∴14%			
税額控除限度額	税額控除限度額＝試験研究費の額の計×税額控除割合 ※60,000×14%＝8,400			
控除上限額	控除上限額＝調整前法人税額の計×25% ※69,600×25%＝17,400			
税額控除可能額	税額控除限度額と控除上限額のいずれか少ない方の金額で計算 ※8,400＜17,400　∴8,400			
税額控除可能分配額	$8,400×\dfrac{46,400}{69,600}$ ＝5,600	$8,400×\dfrac{23,200}{69,600}$ ＝2,800	$8,400×\dfrac{0}{69,600}$ ＝0	8,400

税額控除可能額8,400円を各法人の調整前法人税額の比で配分

子法人Bは試験研究費の額がないが、税額控除可能分配額を算出

　令和5年度税制改正では、「税額控除率の見直し」や「税額控除上限を変動させる仕組みの導入」等が行われています。

■令和5年度（2023年度）経済産業関係　税制改正について（経済産業省）

https://www.meti.go.jp/main/zeisei/zeisei_fy2023/zeisei_k/pdf/zeiseikaisei.pdf

2 別表の作成例

以下に、親法人Ａ（27頁参照）の試験研究費の税額控除に関連する別表の作成例を掲載します。

(1) 別表6(9)

一般試験研究費に係る法人税額の特別控除に関する明細書			事業年度	4・4・1 5・3・31	法人名	親法人Ａ			別表六(九) 令四・四・一以後終了事業年度分

特　定　税　額　控　除　規　定　の　適　用　可　否				可	

項目			金額	項目		金額
試　験　研　究　費　の　額	1	円 40,000	税　額　控　除　限　度　額 (4)×(14)	15	円	
控除対象試験研究費の額の計算	同上のうち特別試験研究費以外の額	2	40,000	調　整　前　法　人　税　額 (別表一「2」又は別表一の三「2」若しくは「14」)	16	46,400
	(1)のうち一般試験研究費に係る税額控除の対象とする特別試験研究費の額	3	0			
	控　除　対　象　試　験　研　究　費　の　額 (2)+(3)	4	40,000	当期税額基準額の計算	(9)>10％の場合の特例加算割合 $((9)-\frac{10}{100})\times2$ (小数点以下3位未満切捨て) (0.1を超える場合は0.1)	17	
増減試験研究費割合の計算	比　較　試　験　研　究　費　の　額 (別表六(十一)「5」)	5	30,000			
	増　減　試　験　研　究　費　の　額 (1)-(5)	6				
	増　減　試　験　研　究　費　割　合 $\frac{(6)}{(5)}$	7			基準年度比売上金額減少割合≧2％の場合の特例加算割合 (別表六(十二)「11」)	18	
試験研究費割合の計算	平　均　売　上　金　額 (別表六(十一)「10」)	8	円			
	試　験　研　究　費　割　合 $\frac{(1)}{(8)}$	9		当　期　税　額　基 ((16)+別表六(十五)「9」)×(0.25		円 別表6(9)付表「25」欄から転記
税額控除割合の計算	(5)=0の場合又は設立事業年度の場合	10	0.085			
	(7)>9.4％かつ令和5年3月31日以前に開始する事業年度の場合 $\frac{10.145}{100}+((7)-\frac{9.4}{100})\times0.35$	11		当　期　税　額　控　除　可　能　額 ((18)と(19)のうち少ない金額)又は(別表六(九)付表「25」、「28」又は「30」)	20	5,600
	(10)及び(11)以外の場合 $\frac{10.145}{100}-(\frac{9.4}{100}-(7))\times0.175$ (0.02未満の場合は0.02)	12		調　整　前　法　人　税　額　超　過　構　成　額 (別表六(六)「8の①」)	21	0
	(9)>10％の場合の控除割増率 $((9)-\frac{10}{100})\times0.5$ (0.1を超える場合は0.1)	13				
	税　額　控　除　割　合 ((10)、(11)又は(12))+((10)、(11)又は(12))×(13) (小数点以下3位未満切捨て) (0.1又は0.14を超える場合は0.1又は0.14)	14		法　人　税　額　の　特　別　控　除　額 (20)-(21)	22	5,600

(2) 別表6(9)付表

通算法人の一般試験研究費に係る税額控除可能分配額等の計算に関する明細書		事業年度	4・4・1 5・3・31	法人名	親法人A			別表六(九)付表 令四・四・一以後終了事業年度分

控除対象試験研究費	他の通算法人の試験研究費の額の合計額 (別表十八(二)「12の計」-別表六(九)「1」)	1	円 20,000	法人税額基準額の計算	他の通算法人の調整前法人税額の合計額 (別表十八(二)「16の計」-別表六(九)「16」)	18	円 23,200	
	各通算法人の試験研究費の額の合計額 (1)+(別表六(九)「1」)	2	60,000		各通算法人の調整前法人税額の合計額 (18)+(別表六(九)「16」)	19	69,600	
	他の通算法人の控除対象試験研究費の額の合計額 (別表十八(二)「13の計」-別表六(九)「4」)	3	20,000		(11)＞10％の場合の特例加算割合 ((11)-10/100)×2 (小数点以下3位未満切捨て) (0.1を超える場合は0.1)	20		
	各通算法人の控除対象試験研究費の額の合計額 (3)+(別表六(九)「4」)	4	60,000		基準年度比合算売上金額減少割合≧2％の場合の特例加算割合 (別表六(十三)「11」)	21		
合算増減試験研究費割合の計算	他の通算法人の比較試験研究費の額の合計額 (別表十八(二)「14の計」-別表六(九)「5」)	5	10,000		法人税額基準額 ((19)+(別表六(十五)「9」))×(0.25+(20)+(21))	22	円 17,400	
	各通算法人の比較試験研究費の額の合計額 (5)+(別表六(九)「5」)	6	40,000		税額控除可能額 ((17)と(22)のうち少ない金額)	23	8,400	
	合算増減試験研究費の額 (2)-(6)	7	20,000		控除分配割合 (別表六(九)「16」)÷(19)	24	46,400/69,600	
	合算増減試験研究費割合 (7)/(6)	8	0.5		税額控除可能分配額 (23)×(24)	25	円 5,600	
合算試験研究費割合の計算	他の通算法人の平均売上金額の合計額 (別表十八(二)「15の計」-別表六(九)「8」)	9	円	この申告が修正申告である場合	当初申告税額控除可能額 (当初申告の(23))	26		
	各通算法人の平均売上金額の合計額 (9)+(別表六(九)「8」)	10			当初申告税額控除可能分配額 (当初申告の(25))	27		
	合算試験研究費割合 (2)/(10)	11			(23)≧(26)の場合 (27)	28		
合算税額控除割合の計算	(6)=0の場合	12	0.085	(23)＞(26)の場合	税額控除超過額 (26)-(23)	29		
	(8)＞9.4％かつ通算親法人の事業年度が令和5年3月31日以前に開始する事業年度の場合 10.145/100+((8)-9.4/100)×0.35	13	0.24355		(27)＞0の場合の税額控除可能分配額 (27)-(29) (マイナスの場合は0)	30		
	(12)及び(13)以外の場合 10.145/100-(9.4/100-(8))×0.175 (0.02未満の場合は0.02)	14			(29)＞(27)の場合の税額控除超過取戻税額 (29)-(27)	31		
	(11)＞10％の場合の控除割増率 ((11)-10/100)×0.5 (0.1を超える場合は0.1)	15		非特定欠損金額を超える申告である場合	非特定欠損金額が当初申告非特定欠損金額を超える部分の金額	32		
	合算税額控除割合 ((12)、(13)又は(14))+((12)、(13)又は(14))×(15) (小数点以下3位未満切捨て) (0.1又は0.14を超える場合は0.1又は0.14)	16	0.14		(32)の法人税額相当額	33		
					(33)の当期税額基準額 (33)×(0.25+(20)+(21))	34		
					調整後税額控除可能額 ((17)と((22)-(34))のうち少ない金額)	35		
	試験研究費基準額 (4)×(16)	17	円 8,400		(26)＞(35)の場合の非特定欠損金調整取戻税額 (26)-(35)	36		

控除上限額 → 22

親法人Aの税額控除可能分配額 → 25

税額控除限度額 → 17

(3) 別表18(2)

各通算法人の試験研究費の額等に関する明細書		事業年度	4・4・1 5・3・31	法人名	親法人A			別表十八(二) 令四・四・一以後終了事業年度分

法　人　名	1	通算親法人 親法人A	子法人B	子法人C			計
法　人　番　号							
納　税　地	2						
事　業　年　度	3	令4・4・1 令5・3・31	令4・4・1 令5・3・31	令4・4・1 令5・3・31	・・・	・・・	
期末現在の資本金の額又は出資金の額	4	円	円	円	円	円	
期末現在の常時使用する従業員の数	5	人	人	人	人	人	
継続雇用者給与等支給額（別表六(七)「1」）	6	円	円	円	円	円	円
継続雇用者比較給与等支給額（別表六(七)「2」）	7						
国内設備投資額（別表六(七)「9」）	8						
当期償却費総額（別表六(七)「10」）	9						
対象年度の基準通算所得等金額（別表六(八)「9」）	10						
前事業年度の基準通算所得等金額の合計額（別表六(八)「11」）	11						
試験研究費の額（別表六(九)「1」又は別表六(十)「1」）	12	40,000	0	20,000			60,000
控除対象試験研究費の額（別表六(九)「4」又は別表六(十)「4」）	13	40,000	0	20,000			60,000
比較試験研究費の額（別表六(九)「5」又は別表六(十)「5」）	14	30,000	0	10,000			40,000
平均売上金額（別表六(九)「8」又は別表六(十)「8」）	15						
調整前法人税額（別表六(九)「16」又は別表六(十)「14」）	16	46,400	23,200	0			69,600
税額控除超過額（別表六(九)付表「29」又は別表六(十)付表「28」）	17						
非特定欠損金調整取戻税額（別表六(九)付表「36」又は別表六(十)付表「35」）	18						
当期の売上金額（別表六(十二)「1」）	19						
基準売上金額（別表六(十二)「5」）	20						
基準年度試験研究費の額（別表六(十二)「10」）	21						
差引対象特別試験研究費の額（別表六(十四)「3」）	22						
税額控除割合が30%である試験研究に係る特別試験研究費の額（別表六(十四)「4」）	23						
税額控除割合が25%である試験研究に係る特別試験研究費の額（別表六(十四)「5」）	24						
調整前法人税額（別表六(十四)「7」）	25						
税額控除超過額（別表六(十四)付表「17」）	26						
非特定欠損金調整取戻税額（別表六(十四)付表「24」）	27						
差引各欠損金増加額の合計額（別表六(十五)「5の計」）	28						
差引各欠損金増加額の合計額（別表六(十五)「14の計」）	29						

通算税効果額

1 概要

(1) 通算税効果額とは

通算法人が他の通算法人との間で授受する通算税効果額は、益金の額及び損金の額に算入しないこととされています（法法26④、38③）。

この通算税効果額とは、損益通算の規定等により減少する法人税額・地方法人税額に相当する金額として、通算法人と他の通算法人との間で授受される金額をいいます（法法26④）。

なお、この通算税効果額の算定範囲と算定方法については、法令に規定されていません。「グループ通算制度に関するQ＆A（国税庁）」によると、「この通算税効果額は、合理的に計算する」こととされており、以下の項目に係る計算例が例示されています。

●損益通算

●欠損金の通算

●一般試験研究費の額に係る税額控除

(2) 通算税効果額の計算例

①損益通算に係る通算税効果額

6頁の(3)①の計算例を前提に損益通算に係る通算税効果額を計算すると、以下のとおりとなります。

なお、親法人A及び子法人Bが通算税効果額を子法人C及び子法人Dに支払った場合は、親法人A及び子法人Bにおいて支払った金額は損金不算入、子法人C及び子法人Dにおいて受け取った金額は益金不算入となります（通算税効果額の授受が通算親法人などの一の通算法人を通じて行われる場合も同様です）。

(注) 1. 通算税効果額の授受が通算親法人を通じて行われる場合の会計処理、別表4・別表5(1)の記載例を125頁から128頁に掲載しています。

2. 下記の表では、他の通算法人に支払う通算税効果額をマイナス表示、他の通算法人から受け取る通算税効果額をプラス表示しています（以下、②③の計算例においても同様です）。

	親法人A	子法人B	子法人C	子法人D
通算前所得金額又は通算前欠損金額	1,000	200	△100	△500
損益通算	△500	△100	100	500
通算税効果額（法人税）	△500×23.2%＝△116	△100×23.2%＝△23	100×23.2%＝23	500×23.2%＝116
通算税効果額（地方法人税）	△116×10.3%＝△11	△23×10.3%＝△2	23×10.3%＝2	116×10.3%＝11
通算税効果額（合計）	△127	△25	25	127

②欠損金の通算に係る通算税効果額

　　13頁から14頁の計算例を前提に欠損金の通算に係る通算税効果額を計算すると、以下のとおりとなります。なお、親法人A及び子法人Bが通算税効果額を子法人Cに支払った場合は、親法人A及び子法人Bにおいて支払った金額は損金不算入、子法人Cにおいて受け取った金額は益金不算入となります（通算税効果額の授受が通算親法人などの一の通算法人を通じて行われる場合も同様です）。

	親法人A	子法人B	子法人C	合計
特定欠損金額以外の欠損金額	3,000	1,000	6,000	10,000
被配賦欠損金額	1,800	1,000	0	2,800
配賦欠損金額	0	0	2,800	2,800
非特定欠損金額	4,800	2,000	3,200	10,000
非特定損金算入割合	$\frac{5,000}{10,000}=0.5$			
通算税効果額（法人税）	(3,000−4,800)×0.5×23.2%＝△208	(1,000−2,000)×0.5×23.2%＝△116	(6,000−3,200)×0.5×23.2%＝324	
通算税効果額（地方法人税）	△208×10.3%＝△21	△116×10.3%＝△11	324×10.3%＝33	
通算税効果額（合計）	△230[※]	△127	357	0

（※）通算税効果額の合計額が0円となるように、計算結果（支払額）の最も大きい通算法人の通算税効果額で調整しています。

③試験研究費の税額控除に係る通算税効果額

　27頁の計算例を前提に試験研究費の税額控除に係る通算税効果額を計算すると、以下のとおりとなります。なお、子法人Bが通算税効果額を子法人Cに支払った場合は、子法人Bにおいて支払った金額は損金不算入、子法人Cにおいて受け取った金額は益金不算入となります（通算税効果額の授受が通算親法人などの一の通算法人を通じて行われる場合も同様です）。

項目名	親法人A	子法人B	子法人C	合計
試験研究費の額	40,000	0	20,000	60,000
税額控除額	5,600	2,800	0	8,400
税額控除額の合計額を試験研究費の額で按分	$8,400 \times \dfrac{40,000}{60,000}$ $=5,600$	$8,400 \times \dfrac{0}{60,000}$ $=0$	$8,400 \times \dfrac{20,000}{60,000}$ $=2,800$	8,400
通算税効果額（法人税）	$5,600-5,600=0$	$0-2,800=\triangle2,800$	$2,800-0=2,800$	
通算税効果額（地方法人税）	$0\times10.3\%=0$	$\triangle2,800\times10.3\%$ $=\triangle288$	$2,800\times10.3\%$ $=288$	
通算税効果額（合計）	0	$\triangle3,088$	3,088	0

2 別表の作成例

　以下に、損益通算に係る通算税効果額を計算した場合（31頁から32頁参照）の子法人Cの別表5(2)の作成例を掲載します。

租税公課の納付状況等に関する明細書				事業年度	4・4・1 5・3・31	法人名	子法人C	別表五(二) 令四・四・一以後終了事業年度分

税 目 及 び 事 業 年 度			期首現在未納税額①円	当期発生税額②	当期中の納付税額 充当金取崩しによる納付③円	仮払経理による納付④	損金経理による納付⑤	期末現在未納税額①+②-③-④-⑤⑥円
法人税及び地方法人税	・・	1						
	・・	2						
	当期分 中間	3		円				
	確定	4		0				0
	計	5		0				0
道府県民税	・・	6						
	・・	7						
	当期分 中間	8						
	確定	9						
	計	10						
市町村民税	・・	11						
	・・	12						
	当期分 中間	13						
	確定	14						
	計	15						
事業税及び特別法人事業税	・・	16						
	・・	17						
	当期中間分	18						
	計	19						
その他	損金算入のもの 利子税	20						
	延滞金(延納に係るもの)	21						
		22						
		23						
	損金不算入のもの 加算税及び加算金	24						
	延滞税	25						
	延滞金(延納分を除く。)	26						
	過怠税	27						
		28						
		29						

納 税 充 当 金 の 計 算							
期首納税充当金	30	円	取崩額 その他	損金算入のもの	36		円
繰入額	損金経理をした納税充当金	31			損金不算入のもの	37	
		32				38	
	計(31)+(32)	33	0		仮払税金消却	39	
取崩額	法人税額等(5の③)+(10の③)+(15の②)	34			計(34)+(35)+(36)+(37)+(38)+(39)	40	0
	事業税及び特別法人事業税(19の③)	35		期末納税充当金(30)+(33)-(40)		41	0

通算法人の通算税効果額又は連結法人税個別帰属額及び連結地方法人税個別帰属額の発生状況等の明細						
事 業 年 度		期首現在未決済額①円	当期発生額②	当期中の決済額 支払額③円	受取額④円	期末現在未決済額⑤円
・・	42		円			
・・	43					
当期分	44		中間 円 確定 △ 25			△ 25
計	45		△ 25			△ 25

通算税効果額

(注) 別表5(2)においては、他の通算法人から受け取る通算税効果額の金額をマイナス表示、他の通算法人に支払う通算税効果額の金額をプラス表示しています。

e-TAXグループ通算の概要

第2章

e-TAXグループ通算の概要を解説します。

e-TAXグループ通算とは？

1 対応している税目

　e-TAXグループ通算は、グループ通算制度適用法人における以下の申告書類の作成を支援するためのシステムです。

- ●法人税申告書
- ●地方法人税申告書
- ●地方税申告書（市町村民税・都道府県民税・事業税・特別法人事業税）
- ●会社事業概況書・法人事業概況説明書

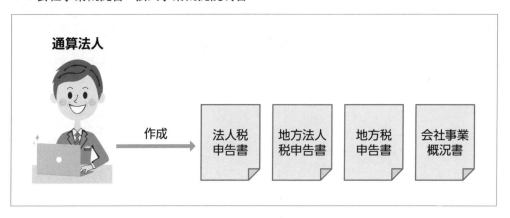

2 対応している処理区分

　e-TAXグループ通算は、以下の区分で処理できます。ただし、「期限後申告」は利用できません。

- ●確定申告
- ●中間申告（仮決算）
- ●予定申告
- ●修正申告
- ●四半期試算・期末試算

3 利用対象事業年度

「令和4年度e-TAXグループ通算」は、グループ通算制度を適用する場合で、令和4年4月1日以後に開始し、令和5年3月31日以前に終了する事業年度が利用対象となります。

4 利用対象法人

e-TAXグループ通算は、通算親法人が「普通法人（特定の医療法人を除きます）」又は「協同組合等」の場合に利用できます。

5 作成できる申告検討表

e-TAXグループ通算には、決算申告業務に役立つ申告検討表が用意されています。

●税額の一覧確認表

●入力漏れをチェックするための一覧確認表

　e-TAXグループ通算では、必要な情報の入力を忘れている通算法人がないか？を一覧表で確認できます。

●全通算法人の「別表4」と「別表5(1)」の検算式の一覧確認表

　別表4と別表5(1)の検算式に差額が出ている通算法人がないかを一覧表で確認できます。

(参考) 中堅・大企業の決算・申告関連のTKCシステム

TKCでは、中堅・大企業の決算と申告を支援する以下のシステムを開発・提供しています。

業務フロー	単体納税適用法人	グループ通算適用法人
日々の記帳から税引前当期純利益の確定	統合型会計情報システム　FX5クラウド	
決算時の税額計算	税効果会計システム　eTaxEffect	
繰延税金資産・負債の計算		
未払法人税等・税効果仕訳の計上		
個別財務諸表の作成	統合型会計情報システム　FX5クラウド	
連結修正仕訳の計上	連結会計システム　eCA-DRIVER	
連結財務諸表の作成		
財務諸表の開示	決算開示システム	
法人税申告書の作成	法人電子申告システムASP1000R	グループ通算申告システムe-TAXグループ通算
地方税申告書の作成		
電子申告		
電子納税	e-TAX電子納税	

Ⅱ e-TAXグループ通算の構成

e-TAXグループ通算は、［運用管理システム］と［通算申告システム］で構成されています。

● ［運用管理システム］

　　通算親法人のみが［運用管理システム］を利用し、各通算法人のユーザ情報や確定申告・中間申告等の処理を行うためのデータを作成します。

● ［通算申告システム］

　　各通算法人が［通算申告システム］を利用して法人税申告書・地方税申告書を作成し、電子申告を行います。

1 運用管理システム　親法人

(1) 基本情報

通算親法人は、各通算法人のユーザ情報と処理権限を登録します。

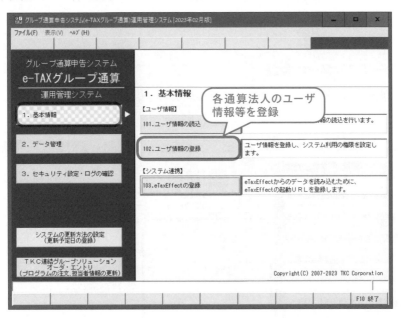

(2) データ管理

通算親法人は、確定申告・中間申告・修正申告等を行うためのデータを作成します。

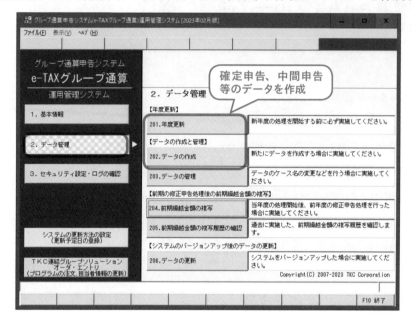

2　通算申告システム

各通算法人が、[通算申告システム]を利用します。[通算申告システム]の構成は、以下のとおりです。

(1) グループマスターの登録

通算親法人は、グループマスター（各通算法人の基本情報、有価証券情報、グループ全体で統一処理するための設定等）を登録します。

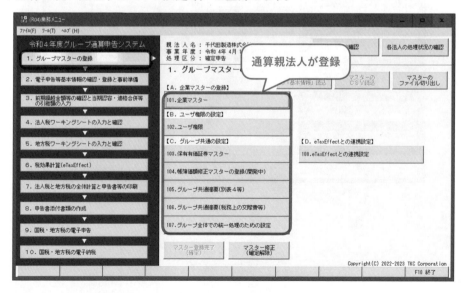

(2) 電子申告等基本情報の確認・登録と事前準備

　　各通算法人は、電子申告に必要な基本情報（利用者識別番号・利用者ID）の登録
と財務諸表・勘定科目内訳明細書の読込レイアウトの指定を行います。

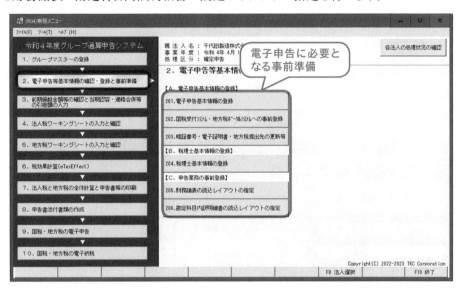

(3) 前期繰越金額等の入力

　　各通算法人が利益積立金額・資本金等の額・欠損金等の前期繰越金額を入力します。
　　システム利用2年目以降は、前期から自動更新された金額を確認（修正）します。

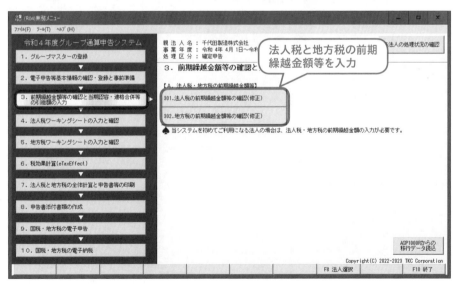

(4) 法人税ワーキングシート(WS)の入力

各通算法人は、以下の手順で処理します。

1．法人税ワーキングシートを入力します。

2．法人税の仮計算を行います。

3．別表4・別表5(1)の検算式に差額が生じていないかを確認します。

4．法人税申告書の仮印刷（プレビュー）を行い、入力内容に漏れがないかを別表
イメージで確認します。

5．法人税ワーキングシートを確定します。

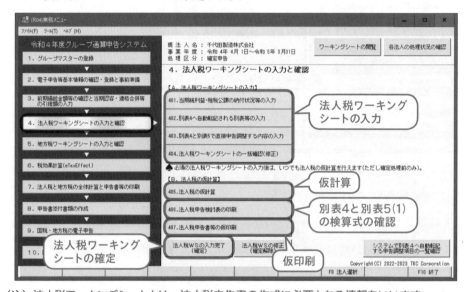

（注）法人税ワーキングシートとは、法人税申告書の作成に必要となる情報をいいます。

(5) 地方税ワーキングシート(WS)の入力

各通算法人は、以下の手順で処理します。

1. 地方税ワーキングシートを入力します。

2. 地方税の仮計算を行います。

3. 地方税申告書の仮印刷（プレビュー）を行い、入力内容に漏れがないかを別表
   イメージで確認します。

4. 地方税ワーキングシートを確定します。

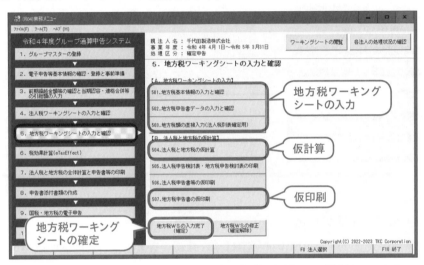

（注）地方税ワーキングシートとは、地方税申告書の作成に必要となる情報をいいます。

(6) 税効果計算(eTaxEffect)

決算のための税額計算をe-TAXグループ通算で行い、その計算結果（一時差異等）
をeTaxEffectに連動して税効果計算を行う場合に、当プロセスを利用します。

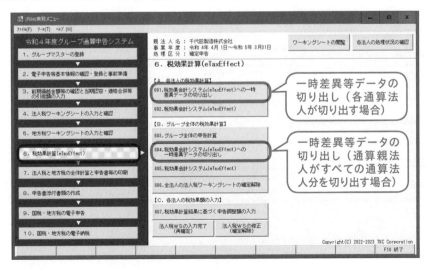

(7) 全体計算と申告書等の印刷

　　通算親法人が、全体計算を行います。その後、各通算法人は、法人税申告書・地方
税申告書等を印刷（プレビュー）して、税額を確認します。

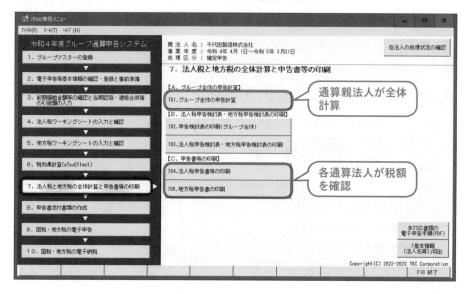

(8) 申告書添付書類の作成

　　各通算法人は、法人税申告書に添付する財務諸表・勘定科目内訳明細書のデータ
（Excel等で作成）を読み込みます。また、会社事業概況書・法人事業概況説明書等を
作成します。

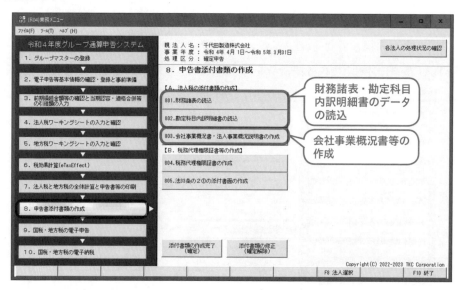

(9) 法人税・地方税の電子申告

　　各通算法人は、法人税と地方税の電子申告データを作成し、電子署名を行います。

その後、国税受付システムと地方税ポータルシステムに電子申告データを送信します。

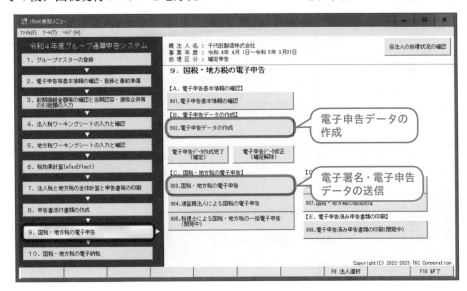

(10) 法人税・地方税の電子納税

　　e-TAX電子納税を利用して確定申告に基づく納付を行う通算法人は、システムで自動

計算された納付税額を確認します。

　　納付書（書面）を利用して納付する通算法人は、地方税の納付書を作成します。

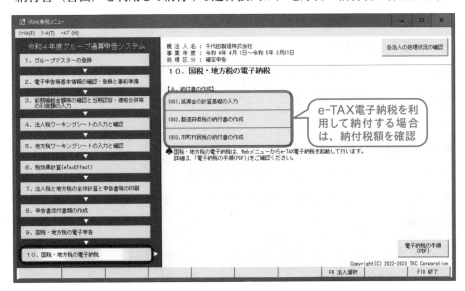

3 申告書作成・電子申告の処理イメージ

e-TAXグループ通算における申告書作成・電子申告の処理イメージは、以下のとおりです。

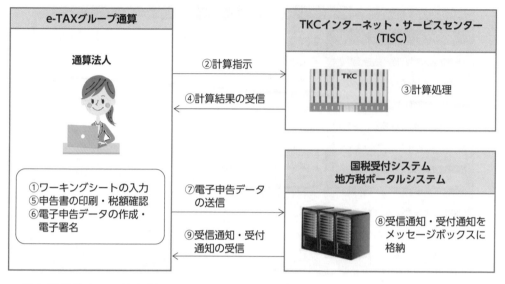

①各通算法人は、法人税ワーキングシートと地方税ワーキングシートを入力します。

②通算親法人は、計算処理（全体計算）を指示します。

③TISCでは、各通算法人が入力した法人税ワーキングシートと地方税ワーキングシートに基づいて計算処理が行われます。

④各通算法人は、TISCから計算結果を受信します。

⑤各通算法人は、法人税申告書・地方税申告書を印刷（プレビュー）して、法人税額・地方税額を確認します。

⑥各通算法人は、法人税と地方税の電子申告データを作成し、電子署名を行います。

⑦各通算法人は、作成した電子申告データを国税受付システムと地方税ポータルシステムに送信します。

⑧受信通知（国税）と受付通知（地方税）が、国税受付システムと地方税ポータルシステムのメッセージボックスにそれぞれ格納されます。

⑨各通算法人は、受信通知と受付通知を受信して、電子申告が正常に受け付けられたことを確認します。

III 画面の構成

e-TAXグループ通算の画面構成について解説します。

1 業務プロセス画面

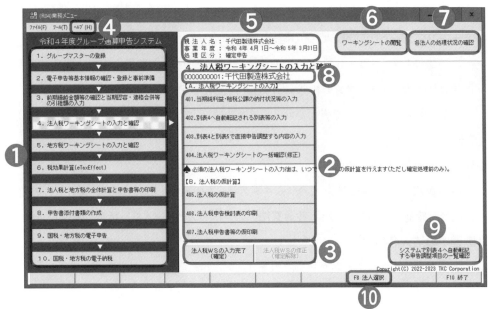

❶業務プロセス

申告書作成・電子申告のプロセスを標準化したものを「業務プロセス」と呼んでいます。

❷業務メニュー

業務プロセスを選択すると、画面右側に「業務メニュー」が表示されます。

❸ワーキングシートの確定・確定解除

ワーキングシートの入力が完了した場合は、[法人税(地方税)WSの入力完了(確定)]ボタンをクリックしてワーキングシートを確定します。

また、ワーキングシートの確定を解除する場合は、[法人税(地方税)WSの修正(確定解除)]ボタンをクリックします（通算親法人のみが解除できます）。

（注）通算子法人の場合は、［法人税(地方税)WSの入力完了(確定)］ボタンのみが表示されます。

❹ヘルプ

［ヘルプ］からオンラインＱ＆Ａやマニュアルを参照できます。オンラインＱ＆Ａでは、システムをご利用のユーザから問合せが多い質問をＱ＆Ａ形式で確認できます。

❺親法人名・事業年度・処理区分

親法人名、事業年度、処理区分（確定申告等）が表示されます。

❻ワーキングシートの閲覧、ログの確認

業務プロセス4・5・6で表示される［ワーキングシートの閲覧］では、通算親法人が各通算法人のワーキングシートの入力内容を確認できます。

また、業務プロセス1で表示される［ログの確認］では、ログ（システムの操作履歴）を確認できます。

❼各法人の処理状況の確認

通算親法人は、各通算法人のワーキングシートの入力・計算状況や電子申告の進捗状況等を確認できます。また、各通算法人のワーキングシートを一括して確定できます。

❽処理中の法人名の表示

現在処理している法人名が表示されます。

❾システムで別表4へ自動転記する申告調整項目の一覧確認

システムで別表4・別表5(1)へ自動転記する申告調整項目とその計算式を確認できます。

❿法人の選択

通算親法人は、［F8 法人選択］ボタンにより、処理する法人を切り替えることができます。

2 業務メニューの選択

　業務プロセスごとに業務メニューが表示されます。例えば、［401.当期純利益・租税公課の納付状況等の入力］メニューをクリックすると、以下の処理メニューが表示されます。

3 ワーキングシート（WS）の選択

ワーキングシートとは、法人税申告書・地方税申告書を作成するために各担当者が入力する情報（データ）をいいます。

処理メニューから入力を開始するワーキングシートを選択します。例えば、[当期利益・納税充当金・通算税効果額等の入力（必須）]WSを選択すると、「当期利益又は当期欠損の額」等を入力する画面が表示されます。

なお、データを入力済みのワーキングシートには、ワーキングシート名の左側にフォルダマークが表示されます。

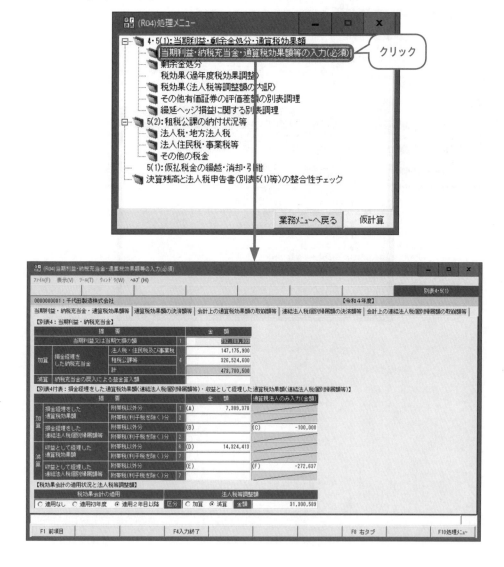

e-TAXグループ通算の特長

1 申告書作成から電子申告・電子納税まで一気通貫

e-TAXグループ通算では、申告書作成から電子申告・電子納税までの処理を一気通貫で行えます。

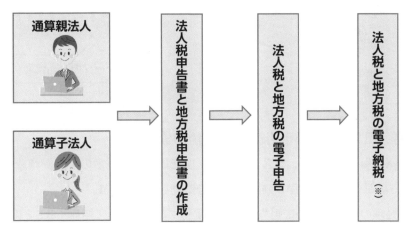

（※）e-TAXグループ通算で納税額を確定させて、e-TAX電子納税により電子納税を行います。

2 最新の法人税法・地方税法に完全準拠

最新の法人税法・地方税法に完全準拠した年度版システムを毎年6月に提供しています。TKCには、約40年にわたって税務申告システムを提供し続けてきた実績があります。

3 TISCによるデータの一元管理

通算親法人と通算子法人が入力したワーキングシートは、TKCインターネット・サービスセンター（TISC）に自動的に送信されるため、データの一元管理が行えます。

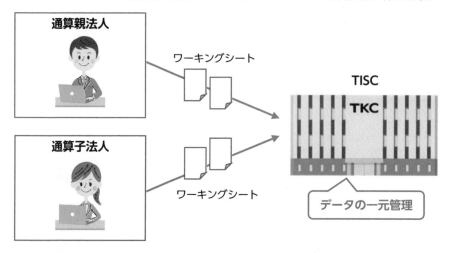

4 業務プロセスによる申告書作成業務の標準化

e-TAXグループ通算は、グループ通算制度を適用する場合の申告書作成の業務プロセスを標準化し、迅速かつ効率的な申告処理を支援します。

申告処理の経験が浅いご担当者でも、業務プロセスの順に処理することにより、申告書作成から電子申告までの処理を完了できます。

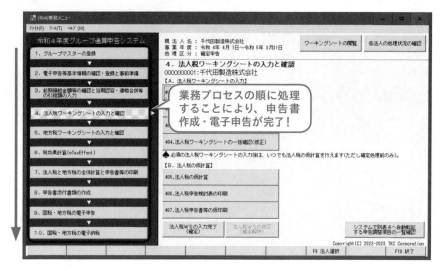

5 ワーキングシート入力方式による最小限の入力を実現

　ユーザの思考に沿って最適に配置された入力画面（ワーキングシート入力方式）により、最小限の入力を実現し、かつ別表の作成漏れを防ぎます。

　そのため、申告経験の浅いご担当者でも、別表間の連動を意識することなくワーキングシートを入力するだけで、適正な法人税申告書と地方税申告書を作成することができます。

6 ワンクリックで全体計算が完了

　グループ通算制度を適用する場合は、各通算法人が入力したワーキングシートに基づいて全体計算を行い、法人税申告書・地方税申告書を作成する必要があります。TKCインターネット・サービスセンター（TISC）では、各通算法人が入力したデータが一元管理されているため、通算親法人がボタンをワンクリックするだけで、全体計算が完了します。

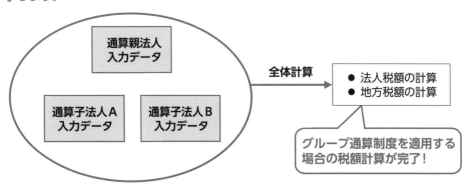

7 税法エキスパートチェック機能

　各通算法人は、税法エキスパートチェック機能により、入力漏れや入力内容の不整合をチェックすることができます。入力内容にエラーがある場合は、システムにより対処方法が具体的に明示されるため、各通算法人の入力段階でデータを修正し、データの精度を高めることができます。

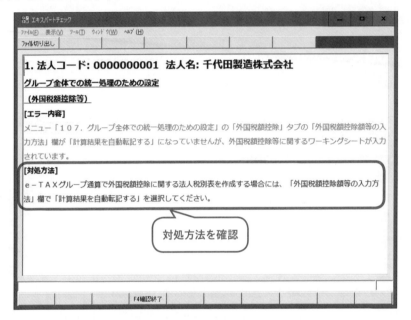

⑧ 豊富な申告検討表

　e-TAXグループ通算では、税額の計算過程や税額の計算結果等を一覧表で確認することができる申告検討表を多数用意しています。これらの申告検討表は、システムで計算した税額の計算過程の検証や社内報告用の資料として利用することができます（273・276頁参照）。

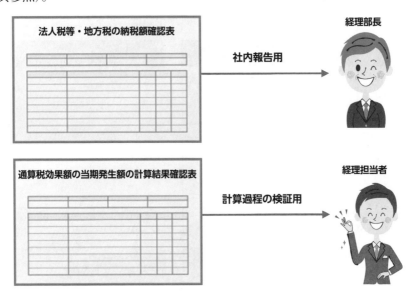

⑨ 電子申告が簡単に完了

　e-TAXグループ通算で作成した法人税申告書・地方税申告書に基づいて、電子申告データをワンクリックで作成できます。

　また、電子申告データに電子署名した後は、ワンクリックで電子申告データを国税受付システムと地方税ポータルシステムに送信することができます。

⑩ 地方税率マスターの搭載

　全都道府県・全市町村の都道府県民税・事業税・市町村民税の税率を格納した「地方税率マスター」を搭載しています。不均一課税適用の都道府県・市町村でも、「地方税率マスター」に登録している「適用基準」により、適用される税率を自動判定します。

V　処理フロー

e-TAXグループ通算で確定申告を行う場合の処理手順は、以下のとおりです。

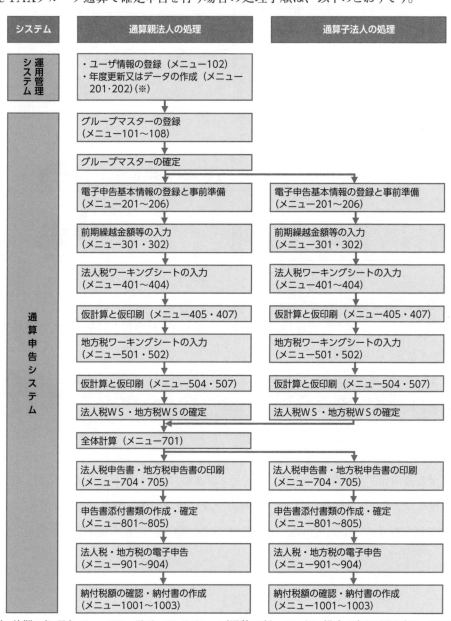

システム	通算親法人の処理	通算子法人の処理
運用管理システム	・ユーザ情報の登録（メニュー102） ・年度更新又はデータの作成（メニュー201・202）（※）	
通算申告システム	グループマスターの登録 （メニュー101〜108）	
	グループマスターの確定	
	電子申告基本情報の登録と事前準備 （メニュー201〜206）	電子申告基本情報の登録と事前準備 （メニュー201〜206）
	前期繰越金額等の入力 （メニュー301・302）	前期繰越金額等の入力 （メニュー301・302）
	法人税ワーキングシートの入力 （メニュー401〜404）	法人税ワーキングシートの入力 （メニュー401〜404）
	仮計算と仮印刷（メニュー405・407）	仮計算と仮印刷（メニュー405・407）
	地方税ワーキングシートの入力 （メニュー501・502）	地方税ワーキングシートの入力 （メニュー501・502）
	仮計算と仮印刷（メニュー504・507）	仮計算と仮印刷（メニュー504・507）
	法人税WS・地方税WSの確定	法人税WS・地方税WSの確定
	全体計算（メニュー701）	
	法人税申告書・地方税申告書の印刷 （メニュー704・705）	法人税申告書・地方税申告書の印刷 （メニュー704・705）
	申告書添付書類の作成・確定 （メニュー801〜805）	申告書添付書類の作成・確定 （メニュー801〜805）
	法人税・地方税の電子申告 （メニュー901〜904）	法人税・地方税の電子申告 （メニュー901〜904）
	納付税額の確認・納付書の作成 （メニュー1001〜1003）	納付税額の確認・納付書の作成 （メニュー1001〜1003）

（※）前期の処理をeConsoliTax又はe-TAXグループ通算で行っていない場合の初回利用時は、TKCが
　　データを用意するため、通算親法人によるデータの作成処理は不要です。

親法人による事前準備

第3章

各通算法人がe-TAXグループ通算を利用開始する前に、
通算親法人が事前に準備する事項を解説します。

運用管理システムによる事前準備

1 運用管理システムの概要　親法人

通算親法人がWebメニューにアクセスして、［運用管理システム］を起動します。

❶運用管理システムの処理内容

運用管理システムで処理する主な内容は、以下のとおりです。

プロセス名	処理内容
[1.基本情報]	ユーザ情報を登録します。
[2.データ管理]	確定申告・中間申告等を行うためのデータを作成します。
[3.セキュリティ設定・ログの確認]	パスワードの有効期間を設定する等のユーザ認証に関するセキュリティポリシー等を登録します。

（注）運用管理システムで処理する内容のうち、「ユーザ情報の登録」と「データの作成」について、**2** **3** で解説します。

❷ ユーザ情報の登録（メニュー102） 親法人

通算親法人は、［102.ユーザ情報の登録］メニューを選択して、各通算法人のユーザID・パスワード・処理権限等を登録します。

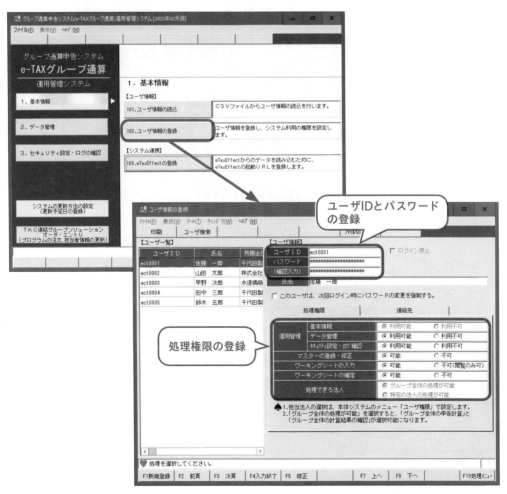

3 データの作成（メニュー 201・202）　親法人

通算親法人は、［201.年度更新］メニュー又は［202.データの作成］メニューを選択して、確定申告・中間申告等を行うためのデータを作成します。

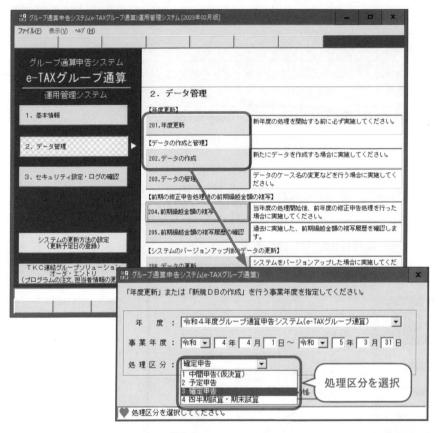

メニュー	処理内容	ケース（例）
［201.年度更新］メニュー	前期の処理をeConsoliTax又はe-TAXグループ通算で行っている場合で、当期の処理を開始するときに、［201.年度更新］メニューを利用します。当メニューにより、前期の申告事業年度を1年進めた上で、当期のデータを作成します。	前期：eConsoliTaxで確定申告又は修正申告の処理 ↓ 当期：e-TAXグループ通算で中間申告の処理を開始
［202.データの作成］メニュー	当期の処理をe-TAXグループ通算で行っている場合で、新たな処理区分のデータを作成するときに、［202.データの作成］メニューを利用します。	当期：e-TAXグループ通算で中間申告の処理 ↓ 当期：e-TAXグループ通算で確定申告の処理を開始

（注）前期の処理をeConsoliTax又はe-TAXグループ通算で行っていない場合の初回利用時は、TKCがデータを用意するため、運用管理システムによるデータの作成処理は不要です。

Ⅱ グループマスターの登録

1 グループマスターの概要 親法人

通算親法人がWebメニューにアクセスして、[通算申告システム]を起動します。

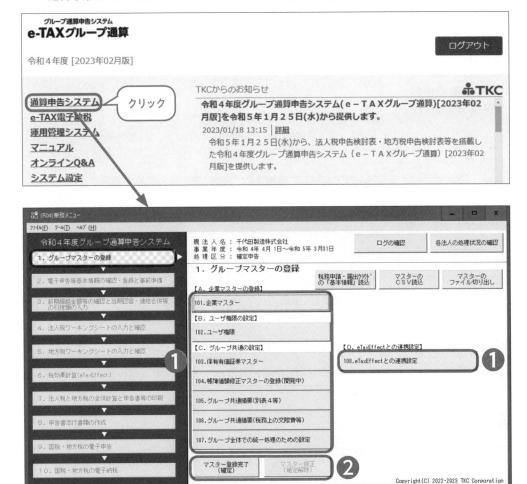

❶グループマスターの登録

通算親法人が、業務プロセス［1. グループマスターの登録］で以下の情報を登録します。

メニュー名	登録する内容
[101.企業マスター]メニュー	中小通算法人等の区分、各通算法人の基本情報（法人名、納税地等）、通算子法人の株主を登録します。
[102.ユーザ権限]メニュー	各ユーザ（特定法人の処理権限を有するユーザID）の担当法人を登録します。
[103.保有有価証券マスター]メニュー	各通算法人が保有する有価証券の銘柄や保有状況等を登録します。
[104.帳簿価額修正マスターの登録]メニュー	通算グループから離脱する通算子法人の簿価純資産価額の計算基礎を登録します。 （注）当機能は、[2023年04月版]で対応する予定です。また、名称を [104.通算子法人株式等の投資簿価修正]メニューに変更する予定です。
[105.グループ共通摘要(別表4等)]メニュー	グループで共通して使用する「別表4等の区分名」を登録します。
[106.グループ共通摘要(税務上の交際費等)]メニュー	グループで共通して使用する「税務上の交際費等の科目名」を登録します。
[107.グループ全体での統一処理のための設定]メニュー	法人税の繰越欠損金の損金算入限度額や通算税効果額の計算方法など、グループ全体で統一する必要がある計算方法等を登録します。
[108.eTaxEffectとの連携設定]メニュー	eTaxEffectで入力した一時差異等をe-TAXグループ通算に連携する場合に、連携の対象とするeTaxEffectのデータを選択します。

❷グループマスターの確定

必要な情報を登録した後は、［マスター登録完了(確定)］ボタンをクリックして、グループマスターを確定します。

（注）グループマスターを修正する必要がある場合は、通算親法人が［マスター修正(確定解除)］ボタンをクリックすることにより、グループマスターの確定を解除できます。

電子申告基本情報等の登録

第4章

電子申告に必要な基本情報等の登録方法について解説します。

I 電子申告基本情報等の登録の概要

　業務プロセス［2．電子申告等基本情報の確認・登録と事前準備］では、各通算法人が「電子申告に必要となる基本情報の登録」と「法人税申告書に添付する財務諸表・勘定科目内訳明細書データの読込レイアウトの指定」を行います。

（注）通算子法人が業務プロセス2から処理を開始する場合は、61頁を参照してシステムを起動します。

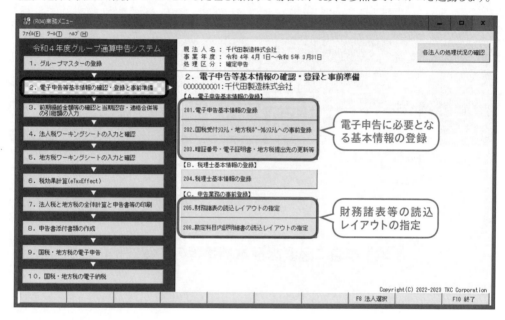

1 処理の概要

　電子申告を初めて行う場合は、各通算法人が以下の処理を行います。

メニュー名	処理の内容
［201.電子申告基本情報の登録］メニュー	● ［基本情報］タブで、通算親法人が［101.企業マスター］メニューで登録した「法人名」と「納税地」を確認します。 ● ［電子申告］タブで、代表者（受任者）の電子証明書の情報、通算法人の利用者識別番号（国税）、利用者ID（地方税）等を登録します。

メニュー名	処理の内容
[203.暗証番号・電子証明書・地方税提出先の更新等]メニュー	●代表者（受任者）の電子証明書を国税受付システムに登録します。 ●受任者がPDF形式の電子委任状を付与して電子署名する場合は、受任者の電子証明書を地方税ポータルシステムに登録します。
[205.財務諸表の読込レイアウトの指定]メニュー	法人税申告書に添付する財務諸表データ（Excel等で作成）の読込レイアウトを指定します。
[206.勘定科目内訳明細書の読込レイアウトの指定]メニュー	法人税申告書に添付する勘定科目内訳明細書データ（Excel等で作成）の読込レイアウトを指定します。

(注) 1. 書面で国税の開始届出書を提出した場合は、[202.国税受付システム・地方税ポータルシステムへの事前登録]メニュー→[2.国税受付システムへの登録]で、独自の暗証番号等を国税受付システムに登録します。

　　2. 代表者の異動に伴い電子証明書を変更した場合や独自の暗証番号を変更する場合など、国税受付システムや地方税ポータルシステムに登録済みの情報を変更する必要があるときも、[203.暗証番号・電子証明書・地方税提出先の更新等]メニューを利用します。

2 初めて電子申告を行う場合に必要な事前準備

　初めて電子申告を行う場合は、e-TAXグループ通算を利用する前に、以下の事前準備が必要です。

●電子証明書の取得

●ICカードリーダライタの準備

　(注) ファイル型（商業登記等）の電子証明書の場合は、ICカードリーダライタは不要です。

●ICカードリーダライタのドライバのインストール

　(注) ファイル型（商業登記等）の電子証明書の場合は、ドライバのインストールは不要です。

●電子証明書専用ソフトのインストール

　(例) マイナンバーカードの場合は、利用者クライアントソフトのインストールが必要です。

●ルート証明書のインストール

　(注) e-TAXグループ通算をインストールした場合は、ルート証明書もあわせてインストールされます。

●国税電子申告の開始届出による「利用者識別番号」の取得

●地方税電子申告の利用届出による「利用者ID」の取得

電子申告基本情報の登録（メニュー 201）

[201.電子申告基本情報の登録]メニューでは、各通算法人が電子申告に必要となる基本情報の登録・確認を行います。

1 基本情報の確認

各通算法人は、[基本情報]タブで、通算親法人が[101.企業マスター]メニューで登録した内容（納税地・法人名等）を確認します。

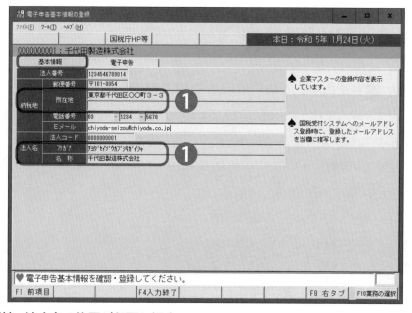

❶納税地・法人名の修正が必要な場合

納税地・法人名は、電子申告に必須のデータとなります。修正が必要な場合は、通算親法人に修正を依頼します。

修正の依頼を受けた通算親法人は、[101.企業マスター]メニュー→[基本情報の登録]
→[基本情報①]タブで、納税地・法人名を修正します。

2 電子申告基本情報の登録

　各通算法人は、［電子申告］タブで代表者（又は受任者）の電子証明書の情報、利用者識別番号、利用者ID等を登録します。

（注）受任者とは、代表者から電子署名について委任を受けた役員又は職員をいいます。

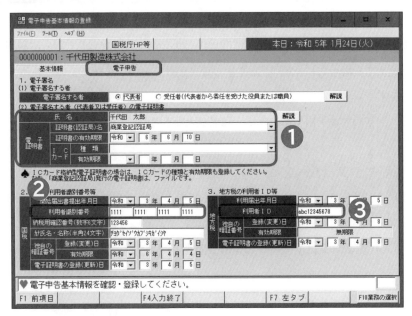

❶電子証明書の情報の登録

　［証明書(認証局)名］では、商業登記認証局、公的個人認証サービス（番号カード）等の電子証明書の種類を選択します。また、証明書の有効期限を登録します。

❷［利用者識別番号］の登録

　法人税の電子申告に必要となる［利用者識別番号］を登録します。

（注）利用者識別番号とは、国税の電子申告に必要となる利用者ごとの番号で、開始届出を行う際に通知されます。

❸［利用者ID］の登録

　地方税の電子申告に必要となる［利用者ID］を登録します。

（注）利用者IDとは、地方税の電子申告に必要となる利用者ごとの番号で、利用届出を行う際に通知されます。

法人税と地方税の電子申告を行う場合は、利用者識別番号・利用者IDの登録が必要です。

　法人税の電子申告を行う場合は利用者識別番号、地方税の電子申告を行う場合は利用者IDの登録が必要です。

III 暗証番号・電子証明書・地方税提出先の更新等（メニュー203）

各通算法人が国税受付システムや地方税ポータルシステムに登録している納税者の情報を追加・変更する場合に、［203.暗証番号・電子証明書・地方税提出先の更新等］メニューを利用します。

ここでは、初めて電子申告を行う場合に必要となる処理について解説します。

1 国税受付システムへの電子証明書の登録

国税e-TAXホームページからオンラインで国税の開始届出書を提出した場合は、［203. 暗証番号・電子証明書・地方税提出先の更新等］メニュー→［3.電子証明書の追加・変更・更新］で、代表者（又は受任者）の電子証明書を国税受付システムに登録します。

［203.暗証番号・電子証明書・地方税提出先の更新等］メニューを選択します。

201.電子申告基本情報の登録

202.国税受付システム・地方税ポータルシステムへの事前登録

203.暗証番号・電子証明書・地方税提出先の更新等

［3.電子証明書の追加・変更・更新］をクリックします。

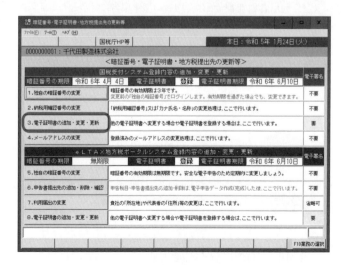

［独自の暗証番号］を入力し、
［国税受付システムへのログイ
ン］ボタンをクリックしてログイ
ンします。

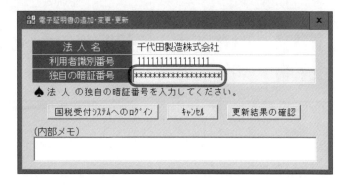

［認証局サービス名］を選択
（確認）し、［OK］ボタンをクリッ
クします。
（注）以下は、商業登記の電子
　　証明書を利用する場合の手
　　順を解説します。

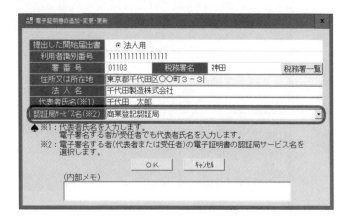

［参照］ボタンをクリックして、
商業登記のファイルを指定しま
す。次に、商業登記のパスワー
ドを入力して、［OK］ボタンを
クリックします。

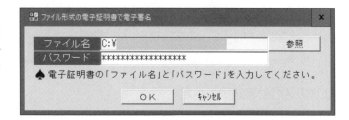

商業登記の登録内容が表示さ
れます。内容を確認後は、［OK］
ボタンをクリックします。

表示されるメッセージにした
がって、［OK］ボタンをクリッ
クします。「国税受付システム
に電子証明書が登録されまし
た。」とメッセージが表示され
たら、処理は完了です。

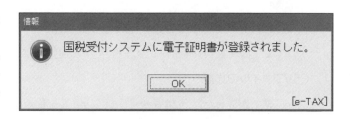

IV 財務諸表の読込レイアウトの指定 （メニュー205）

　各通算法人は、［205.財務諸表の読込レイアウトの指定］メニューで、法人税申告書に添付する財務諸表の読込レイアウトを指定します。

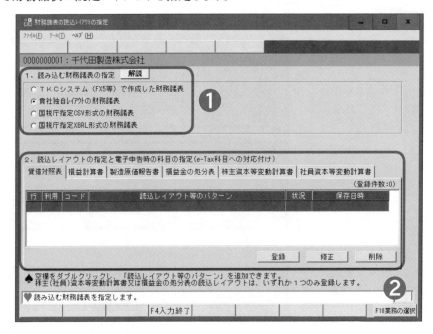

❶読み込む財務諸表の指定

　読み込む財務諸表を次の中から選択します。

- ●TKCシステム（FX5等）で作成した財務諸表
- ●貴社独自レイアウトの財務諸表（Excel等で作成したもの）
- ●国税庁指定CSV形式の財務諸表
- ●国税庁指定XBRL形式の財務諸表

❷読込レイアウト等の指定

　上記❶で、［TKCシステム（FX5等）で作成した財務諸表］又は［貴社独自レイアウトの財務諸表］を選択した場合は、読み込む財務諸表のレイアウト等を指定します。

　以下に、［貴社独自レイアウトの財務諸表］を選択した場合の手順を解説します。

1. CSVファイルの作成

　Excel等で作成した財務諸表からCSVファイルを作成します。

2．レイアウトを指定する財務諸表の選択

レイアウトを指定する財務
諸表（貸借対照表等）の
タブを選択し、[登録]ボタン
をクリックします。

3．財務諸表（CSVファイル）の読込

[指定]ボタンをクリックし
て、読み込むCSVファイル
を選択します。

4．読込レイアウトの指定

[読込レイアウトの指定]タ
ブで、読み込んだCSVファ
イルの内容を参照しながら、
読込対象となる科目や金額
の範囲等を指定します。

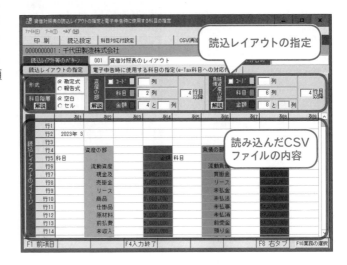

5．電子申告時に使用する科目の指定

［電子申告時に使用する科目の指定(e-Tax科目への対応付け)］タブで、自社の勘定科目に自動的に対応付けされたe-Tax科目を確認します。

e-Tax科目に対応付けされなかった勘定科目については、確認が必要な科目として、背景色が赤色で表示されます。

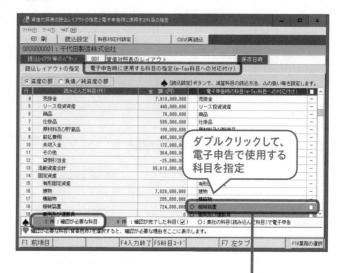

上記画面で、背景色が赤色の勘定科目をダブルクリックすると、右図の［電子申告時の科目の指定］画面が表示されます。

電子申告で使用する勘定科目を次の中から指定します。

1．貴社の科目で電子申告
2．e-Tax科目で電子申告
3．電子申告対象外に設定

6．読込レイアウトの指定の完了

　[確認が必要な科目]が「0件」
になっていることを確認します。
その後、[F4 入力終了]ボタン
をクリックすると、読込レイア
ウトの指定が完了します。

（注）財務諸表の種類ごとに、上
　　　記の手順を繰り返して、読込
　　　レイアウトと電子申告に使
　　　用する科目の指定を行います。

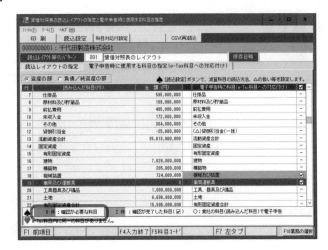

勘定科目内訳明細書の読込レイアウトの指定（メニュー206）

　各通算法人は、［206.勘定科目内訳明細書の読込レイアウトの指定］メニューで、法人税申告書に添付する勘定科目内訳明細書（以下、科目内訳書といいます）の読込レイアウトを指定します。

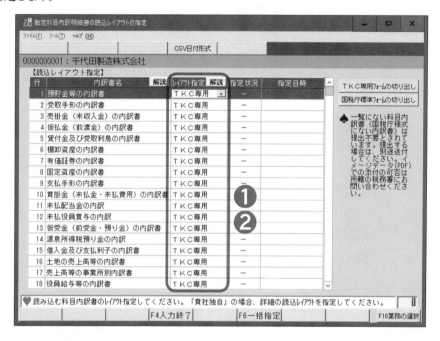

❶レイアウトの指定

　読み込む科目内訳書のレイアウトを次の中から選択します。

- ［貴社独自］：Excel等で作成した独自レイアウトの科目内訳書
- ［TKC専用］：TKC専用フォーム（Excel）で作成した科目内訳書
- ［国税庁標準］：国税庁標準フォームで作成した科目内訳書

❷読込レイアウトの指定

　上記❶で、［貴社独自］を選択した場合は、読み込む科目内訳書のレイアウトを指定します。以下に、［貴社独自］を選択した場合の手順を解説します。

1．CSVファイルの作成

　Excel等で作成した科目内訳書からCSVファイルを作成します。

2．レイアウトの選択

［レイアウト指定］区分で［貴社独自］を選択した上で、読込レイアウトを指定する科目内訳書の行をダブルクリックします。

3．科目内訳書（CSVファイル）の読込

［指定］ボタンをクリックして、読み込むCSVファイルを選択します。

4．読込レイアウトの指定

読み込んだCSVファイルの内容を参照しながら、読込対象行の指定やe-Tax項目との関連付けを行います。
その後、［F4　入力終了］ボタンをクリックすると、科目内訳書の読込レイアウトの指定が完了します。
(注) 科目内訳書の種類ごとに、上記の手順を繰り返して、読込レイアウトの指定を行います。

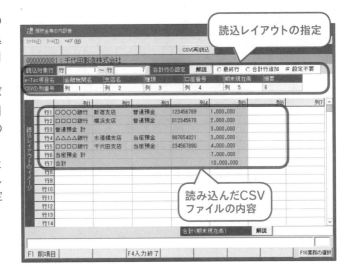

第4章

TKC専用フォームを利用すると便利です。

　TKC専用フォームとは、国税e-Taxソフト仕様にあわせて入力項目を横に並べる形式で配置したExcelのフォームで、電子申告に必要な項目や仕様（制限文字数等）が科目内訳書の種類ごとにまとまっています。Excelに入力した科目内訳書のデータをそのままシステムに読み込むことができるため、［206.勘定科目内訳明細書の読込レイアウトの指定］メニューにおける読込レイアウトの指定が不要となります。

■TKC専用フォーム（預貯金等の内訳書）

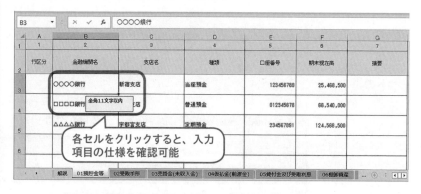

前期繰越金額等の入力

第5章

法人税と地方税の前期繰越金額等の入力方法を解説します。

I 前期繰越金額等の入力の概要

　業務プロセス［3．前期繰越金額等の確認と当期認容・適格合併等の引継額の入力］で
は、各通算法人が法人税と地方税の前期繰越金額等を入力します。

　なお、**システム利用2年目以降は、年度更新により前期末の金額が当期首の金額とし
て繰り越されます。**

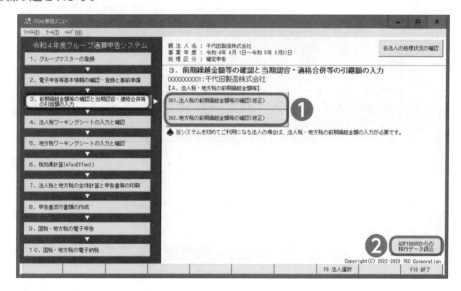

❶前期繰越金額等の入力（確認）

　各通算法人が入力（確認）する内容は、以下のとおりです。

メニュー名	入力（確認）する内容
［301.法人税の前期繰越金額等の確認(修正)］メニュー	法人税に関する前期繰越金額（別表5(1)の利益積立金額・資本金等の額、別表7(1)の欠損金額等）を入力（確認）します。
［302.地方税の前期繰越金額等の確認(修正)］メニュー	地方税に関する前期繰越金額（第6号様式別表2・第6号様式別表2の3・第6号様式別表9等の欠損金額等）を入力（確認）します。

❷ASP1000Rからの移行データの読込

　前年度の申告処理をASP1000Rで行っている場合は、［ASP1000Rからの移行データ読
込］ボタンから、ASP1000Rで切り出した移行データ（利益積立金額等）を読み込みます。

**法人税の前期繰越金額等の入力
（メニュー 301）**

　各通算法人は、［301.法人税の前期繰越金額等の確認(修正)］メニューで、以下の法人税に関する前期繰越金額等を入力します。

●別表1に記載する基本情報（税務署名、会社代表者の氏名、事業種目等）

●別表2「株主等」の明細データ

●別表5(1)「利益積立金額」の前期繰越金額

●別表5(1)「資本金等の額」の前期繰越金額

●別表6(3)「控除余裕額・控除限度超過額」の前期繰越金額

●別表7(1)等「欠損金額」の前期繰越金額

●適格合併等により引き継いだ「利益積立金額」、「資本金等の額」

第5章

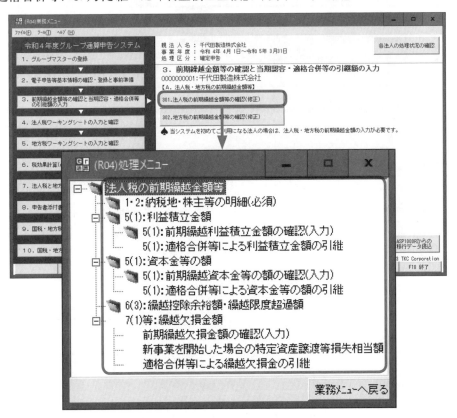

1 別表1・2：納税地・株主等の明細

[301.法人税の前期繰越金額等の確認(修正)]メニュー→[1・2：納税地・株主等の明細(必須)]WSでは、各通算法人が別表1・別表2・適用額明細書を作成するための基本情報を入力します。

(1)[納税地等基本情報]タブ

別表1や適用額明細書に記載する税務署名、会社代表者の氏名・住所、業種番号、還付を受ける金融機関等を入力します。

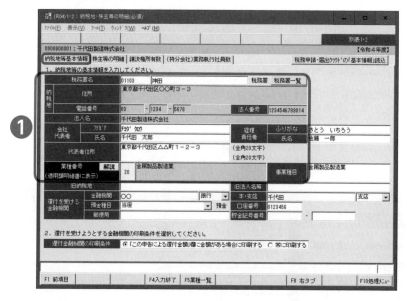

❶各項目の概要

項目	入力する内容
[税務署名]	[税務署一覧]ボタンをクリックして、法人税申告書を提出する税務署名を選択します。
[納税地] [法人名] [法人番号]	通算親法人が[101.企業マスター]メニュー→[基本情報の登録]で登録した内容が表示されます。修正の必要がある場合は、通算親法人に修正を依頼します。なお、電子申告を行う場合は、[納税地]・[法人名]は、必須入力です。
[会社代表者] [代表者住所]	電子申告を行う場合は、必須入力です。
[業種番号]	[F5 業種一覧]ボタンをクリックして、適用額明細書に記載する[業種番号]を一覧から選択します。

電子申告を行う場合は、[納税地]、[法人名]、[会社代表者]、[代表者住所]は必須入力です！

(2)［株主等の明細］タブ

通算親法人・通算子法人によって、入力方法は以下のように異なります。

法人の区分	入力方法
通算親法人	［株主等の明細］タブで、別表2の株主等の明細を入力します。
通算子法人	**●マスターから株主等の明細を連動する場合** 　　通算親法人がグループマスターで登録した株主等の明細を連動する場合(※)は、その明細が表示されます。 **●マスターから株主等の明細を連動しない場合** 　　通算親法人がグループマスターで登録した株主等の明細を連動しない場合(※)は、各通算法人が［株主等の明細］タブで別表2の株主等の明細を入力します。 （※）メニュー101→［通算子法人の株主の登録］→［株主明細（別表2）］タブの［「株主の登録」タブ等との連動］区分で連動の有無を設定します。

［株主等の明細］タブで株主等の明細を入力する場合の解説は、以下のとおりです。

❶［期末現在の発行済株式数］の確認

［101.企業マスター］→［基本情報の登録］→［基本情報③］タブで登録した発行済株式総数が表示されます。修正が必要な場合は、通算親法人に依頼します。

❷株主明細の入力

株主グループの所有する株式数の合計が最も多いものから順に、［被支配会社でない法人株主等の株式数等］欄と［その他の株主等の株式数等］欄に分けて入力します。

同一順位の株主グループに属する株主は、［順位］欄に同じ順位を入力します。

2 別表5(1)：前期繰越利益積立金額

(1) 概要

[301.法人税の前期繰越金額等の確認(修正)]メニュー→[5(1)：前期繰越利益積立金額の確認(入力)]WSでは、各通算法人が別表5(1)の「期首利益積立金額」を入力します。

なお、システム利用2年目以降は、年度更新により前期末の金額が当期首に繰り越されます。

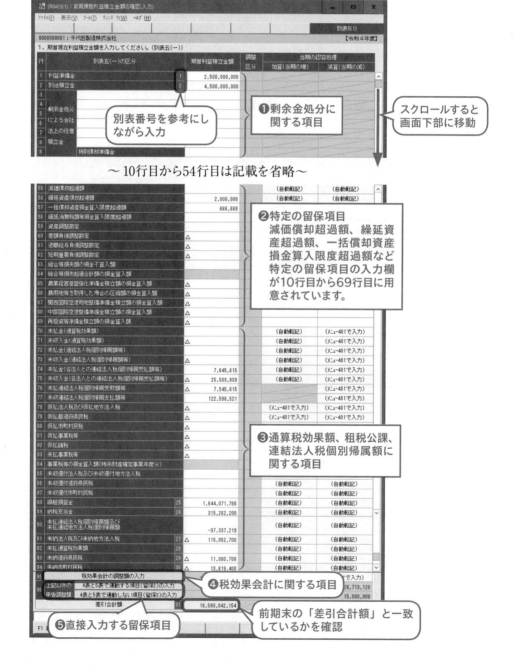

～10行目から54行目は記載を省略～

　なお、別表5(1)の「当期の増減」は、以下の画面で入力します。

項目	別表5(1)「当期の増減」の入力画面
❶剰余金処分に関する項目	メニュー401→［剰余金処分］WSで入力します。
❷特定の留保項目	空欄の項目は、当ワーキングシートで入力できます（賞与引当金繰入額否認の「当期の増減」等）。 なお、「自動転記」と表示されている項目は、メニュー402で作成する各別表から自動的に申告調整が行われます。
❸通算税効果額・租税公課・連結法人税個別帰属額に関する項目	メニュー401の各ワーキングシートで入力します。 ●［当期利益・納税充当金・通算税効果額等の入力(必須)］WS ●［5(2)：租税公課の納付状況等］WS ●［5(1)：仮払税金の繰越・消却・引継］WS
❹税効果会計に関する項目	メニュー401の各ワーキングシートで入力します。 ●［税効果(過年度税効果調整)］WS ●［税効果(法人税等調整額の内訳)］WS ●［その他有価証券の評価差額の別表調理］WS ●［繰延ヘッジ損益に関する別表調理］WS
❺直接入力する留保項目 (1) 4表と5表で連動する項目（留保2） (2) 4表と5表で連動しない項目（留保3）	当ワーキングシートの［4表と5表で連動する項目(留保2)の入力］ボタン又は［4表と5表で連動しない項目(留保3)の入力］ボタンから、「当期の増減」を入力します。 なお、メニュー403でも同様に入力できます。

「差引合計額」が前期末の金額と一致していることを確認してください。

　当ワーキングシートの入力後は、［差引合計額］欄が、前期の別表5の2(1)付表1又は別表5(1)の「差引合計額」の翌期繰越金額と一致していることを確認してください。

■前期の「別表5の2(1)付表1」の一部抜粋

法人税額から控除される金額に積立金を除く								
法人税等	（均等割額及び利子割額を含む。）	23	△ 22,337,800		41,372,600	確定	△ 10,186,000	10,186,000
	未納市町村民税（均等割額を含む。）	24	△ 17,029,600	△ 31,221,000		中間	△ 14,191,400	23,987,100
						確定	△ 23,987,100	
差引合計額		25	16,728,558,545	5,367,518,335		6,146,282,739		17,507,322,949

95		税効果会計の調整額の入力	-1,273,510,820	（メニュー401で入力）	（メニュー401で入力）
96	上記以外の申告調整額	4表と5表で連動する項目(留保2)の入力	6,853,480,795	1,157,060,000	1,026,713,120
		4表と5表で連動しない項目(留保3)の入力	15,000,000		15,000,000
	差引合計額	31	17,507,322,949	一致していることを確認	

(2) 剰余金処分に関する項目

剰余金の処分により積み立てた利益準備金や積立金の金額を入力します。

なお、任意積立金の場合は、名称もあわせて入力します（マイナス金額の入力可）。

行	別表五(一)の区分		期首利益積立金額	調整区分	当期の認容処理	
					加算(当期の増)	減算(当期の減)
1	利益準備金	1	2,500,000,000			
2	別途積立金	2	4,500,000,000			
3						
4	剰余金処分					
5	による会社					
6						
7	法上の任意					
8	積立金					
9		特別償却準備金				

(3) 特定の留保項目

特定の留保項目（10行目〜69行目）は、システムに固定の入力欄が用意されています。入力欄が用意されていない留保項目は、［4表と5表で連動する項目(留保2)の入力]ボタン（87頁参照）又は［4表と5表で連動しない項目(留保3)の入力]ボタン（89頁参照）をクリックしてから入力します。

行	別表五(一)の区分	期首利益積立金額	調整区分	当期の認容処理	
				加算(当期の増)	減算(当期の減)
10	特別償却準備金積立限度超過額			(自動転記)	
11	特別償却準備金認容額				(自動転記)
12	契約者配当の益金算入額			(自動転記)	
13	譲渡損益調整資産	-9,722,223		(自動転記)	(自動転記)
14	関西文化学術研究都市に係る特別勘定認容額			(自動転記)	
15	個別評価／貸倒引当金の繰入限度超過額			(自動転記)	
16	一括評価／貸倒引当金の繰入限度超過額			(自動転記)	
17	返品調整引当金繰入限度超過額			(自動転記)	
18	賞与引当金繰入額否認	3,100,000,000		3,200,000,000	3,100,000,000
19	退職給与引当金繰入限度超過額				

賞与引当金繰入額を否認・認容する場合の入力例

「賞与引当金繰入額否認」の前期繰越金額2億6,000万円を当期に全額認容し、当期に計上した賞与引当金繰入額2億8,000万円を全額否認しました。

行	別表五(一)の区分	期首利益積立金額	調整区分	当期の認容処理	
				加算(当期の増)	減算(当期の減)
18	賞与引当金繰入額否認	260,000,000		280,000,000	260,000,000

■別表4　　　　　　　　　　　　　　　　　　　　　　　　　　　（単位：円）

	区分	総額	留保	社外流出
加算	賞与引当金繰入額否認	280,000,000	280,000,000	
減算	賞与引当金繰入額認容	260,000,000	260,000,000	

■別表5(1)　　　　　　　　　　　　　　　　　　　　　　　　　（単位：円）

区分	期首利益積立金額	減	増	翌期首利益積立金額
賞与引当金繰入額否認	260,000,000	260,000,000	280,000,000	280,000,000

(4) 通算税効果額に関する項目

通算税効果額に関する期首利益積立金額を入力します。

なお、グループ通算適用1年目の場合は、前期が「連結納税」又は「単体納税」の
ため、入力は不要です。

行	別表五(一)の区分	期首利益積立金額	調整区分	当期の認容処理	
				加算（当期の増）	減算（当期の減）
70	未払金（通算税効果額）			（自動転記）	（メニュー401で入力）
71	未収入金（通算税効果額）	△		（自動転記）	（メニュー401で入力）

区分名	入力する内容
［未払金（通算税効果額）］	通算法人に対する未払金として計上した通算税効果額の前期末残高（会計上）を入力します。
［未収入金（通算税効果額）］	通算法人に対する未収入金として計上した通算税効果額の前期末残高（会計上）を入力します。

(5) 租税公課・納税充当金に関する項目

78行目以降では、租税公課や納税充当金に関する期首利益積立金額を入力します。

行	別表五(一)の区分		期首利益積立金額	調整区分	当期の認容処理	
					加算（当期の増）	減算（当期の減）
78	仮払法人税及び仮払地方法人税		△		（メニュー401で入力）	（メニュー401で入力）
79	仮払都道府県民税		△		（メニュー401で入力）	（メニュー401で入力）
80	仮払市町村民税		△		（メニュー401で入力）	（メニュー401で入力）
81	仮払事業税等		△		（メニュー401で入力）	（メニュー401で入力）
82	仮払諸税		△		（メニュー401で入力）	（メニュー401で入力）
83	未払事業税等		△			
84	事業税等の損金算入額(残余財産確定事業年度分)					
85	未収還付法人税及び未収還付地方法人税				（自動転記）	（自動転記）
86	未収還付道府県民税				（自動転記）	（自動転記）
87	未収還付市町村民税				（自動転記）	（自動転記）
88	繰越損益金	25	1,644,071,766		（自動転記）	（自動転記）
89	納税充当金	26	315,262,200		（自動転記）	（自動転記）
90	未払連結法人税個別帰属額及び未払連結地方法人税個別帰属額		-97,337,219		（自動転記）	（自動転記）
91	未納法人税及び未納地方法人税	27	△ 115,052,700		（自動転記）	（自動転記）
92	未払通算税効果額	28			（自動転記）	（自動転記）
93	未納道府県民税	29	△ 11,080,700		（自動転記）	（自動転記）
94	未納市町村民税	30	△ 13,619,400		（自動転記）	（自動転記）

第5章

(6) 税効果会計に関する項目

　　[税効果会計の調整額の入力]ボタンをクリックすると、税効果会計に係る期首現在利益積立金額を入力できます。なお、**当期の増減額は、メニュー 401→[税効果(法人税等調整額の内訳)]WSで入力します。**

14	関西文化学術研究都市に係る特別勘定認容額		
95	税効果会計の調整額の入力		-1,273,510,820
96	上記以外の申告調整額	4表と5表で連動する項目(留保2)の入力	6,853,480,795
		4表と5表で連動しない項目(留保3)の入力	15,000,000
	差引合計額	31	17,507,322,949

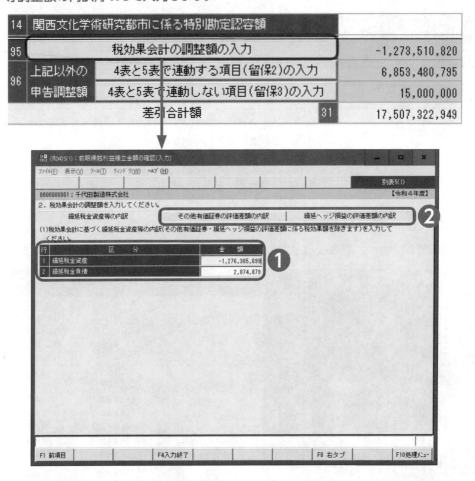

❶[繰延税金資産]・[繰延税金負債]の入力

　　[繰延税金資産等の内訳]タブでは、繰延税金資産や繰延税金負債（その他有価証券や繰延ヘッジ損益に係る分を除きます）の期首現在利益積立金額を入力します。

　　(注) 繰延税金資産は**マイナス金額**、繰延税金負債は**プラス金額**で入力します。

❷その他有価証券・繰延ヘッジ損益の評価差額に係る税効果額

　　その他有価証券・繰延ヘッジ損益の評価差額に係る分は、[繰延税金資産等の内訳]タブには含めずに、[その他有価証券の評価差額の内訳]タブ、[繰延ヘッジ損益の評価差額の内訳]タブで、それぞれ入力します。

(7) 4表と5表で連動する項目（留保2）

　[4表と5表で連動する項目（留保2）の入力]ボタンをクリックして、別表4と別表5(1)を連動させて申告調整する項目を入力します。

　(注) 当期の[加算]、[減算]欄は、メニュー403でも入力できます（212頁参照）。

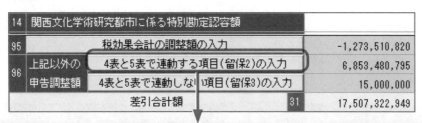

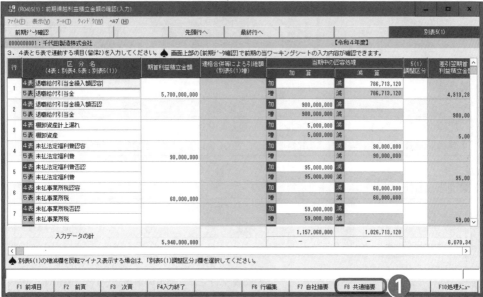

❶区分名をグループで統一する場合

　[F8 共通摘要]ボタンをクリックすると、通算親法人がメニュー105で登録した「グループ共通摘要一覧」が表示されます。区分名を入力する際は、以下の一覧から選択します。

別表5(1)の「増減額」を1行で表示する場合の入力例

　当期において退職給付引当金の当期認容額800万円と当期否認額900万円がある場合は、1行目に当期認容額（別表4：減算、別表5(1)：減）、2行目に当期否認額（別表4：加算、別表5(1)：増）を入力します。

　上記のように入力することで、別表5(1)の区分名（退職給付引当金）が一致する行のデータが紐付けされて、別表5(1)には、1行にまとめて当期の増減額が表示されます。

行	区分名 (4表：別表4.5表：別表5(1))	期首利益積立金額	適格合併等による引継額 (別表5(1)増)	当期中の認容処理 加算		減算
1	4表 退職給付引当金繰入額認容			加	減	8,000,000
	5表 退職給付引当金	600,000,000		増	減	8,000,000
2	4表 退職給付引当金繰入額否認			加 9,000,000	減	
	5表 退職給付引当金			増 9,000,000	減	

■別表4

区分		総額	留保	社外流出
加算	退職給付引当金繰入額否認	9,000,000	9,000,000	
減算	退職給付引当金繰入額認容	8,000,000	8,000,000	

■別表5(1)

区分	期首利益積立金額	当期の増減 減	増	翌期首利益積立金額
退職給付引当金	600,000,000	8,000,000	9,000,000	601,000,000

別表5(1)では、期中の増減額を1行で表示

(8) 4表と5表で連動しない項目（留保３）

［4表と5表で連動しない項目（留保３）の入力］ボタンをクリックして、別表4と別表5(1)を各々独立させて申告調整する項目を入力します。

なお、別表5(1)のみに表示する金額の入力も可能です。

(注) 1. 当期の加算額・減算額は、メニュー403でも入力できます（214頁参照）。
　　　2. ［107.グループ全体での統一処理のための設定］メニュー→［利用機能の設定］タブ→［別表4と別表5(1)の「留保3」］区分が［利用する］の場合に当画面を入力できます。

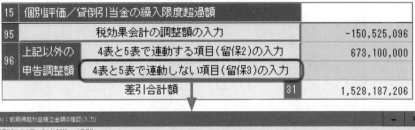

❶区分名をグループで統一する場合

[F8 共通摘要]ボタンをクリックすると、通算親法人がメニュー105で登録した「グループ共通摘要一覧」が表示されます。区分名を入力する際は、以下の一覧から選択します。

売上高の計上漏れに伴う消費税等の申告調整の入力例

前期に売上高計上漏れとして、別表4で加算した金額600万円を当期に認容しました。

行		区 分 名 (4表:別表4,5表:別表5(1))	期首利益積立金額	適格合併等による引継額 (別表5(1)増)	別表4「加算」 別表5(1)「増」		別表4「減算」 別表5(1)「減」	
1	4表	前期売上高計上漏れ認容			加		減	6,000,000
	5表	売掛金	6,600,000		増		減	6,600,000
2	4表				加		減	
	5表	未払消費税等	-600,000		増		減	-600,000

■別表4

	区分	総額	留保	社外流出
減算	前期売上高計上漏れ認容	6,000,000	6,000,000	

■別表5(1)

区分	期首利益 積立金額	当期の増減		翌期首利益 積立金額
		減	増	
売掛金	6,600,000	6,600,000		0
未払消費税等	△ 600,000	△ 600,000		0

3 別表5(1)：前期繰越資本金等の額

[301.法人税の前期繰越金額等の確認(修正)]メニュー→[前期繰越資本金等の額の確認(入力)]WSでは、各通算法人が別表5(1)「Ⅱ　資本金等の額の計算に関する明細書」の「期首現在資本金等の額」を入力します。なお、資本金等の額は、地方税の均等割額や資本割額の計算基礎となります。そのため、地方税WS（メニュー501）を入力する前に、当画面で資本金等の額を入力してください。

（注）資本金等の額の「増減額」は、メニュー403→[5(1)：資本金等の額]WSで入力します。

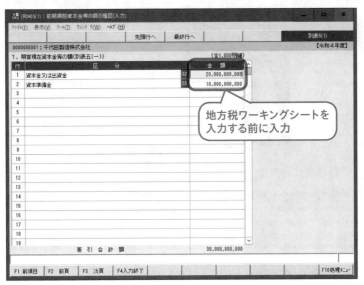

資本金等の額を修正した場合は、メニュー501→[分割基準の確認] WS等を選択してください。

当画面で資本金等の額を修正した場合は、メニュー501→[分割基準の確認]WS（分割計算の場合）又は[均等割額計算のための従業者数]WS（非分割計算の場合）を必ず選択してください。

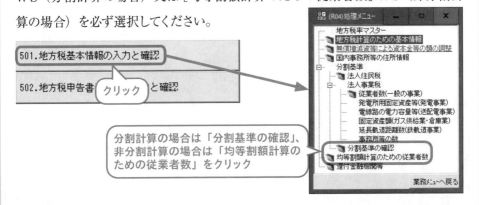

4 別表6(3)：繰越控除余裕額・繰越限度超過額

[301.法人税の前期繰越金額等の確認(修正)]メニュー→[6(3)：繰越控除余裕額・繰越限度超過額]WSでは、各通算法人が「控除余裕額」又は「控除限度超過額」の前期繰越金額を入力して、別表6(3)「外国税額の繰越控除余裕額又は繰越控除限度超過額等の計算に関する明細書」を作成します。

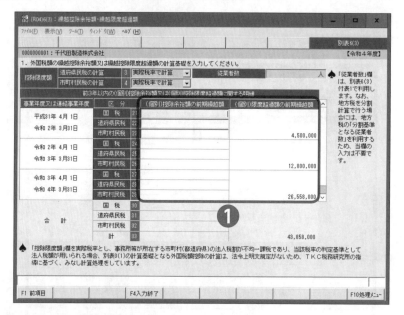

❶控除余裕額・控除限度超過額の前期繰越金額の入力

別表6(3)における前3年以内の「控除余裕額」又は「控除限度超過額」の前期繰越金額を入力します。

上記画面と外国税額控除関連（メニュー402）の法人税ワーキングシートの入力に基づいて、前3年以内の控除余裕額又は控除限度超過額の「当期使用額」が事業年度ごとに自動計算されます。

(注) 1. ［事業年度又は連結事業年度］欄は、前事業年度分を最下段に入力し、順次上段に新しい事業年度分を入力します。

2. システム利用2年目以降は、年度更新により前期末の金額が当期首の金額として繰り越されます。

5 別表7(1)等：前期繰越欠損金額

　［301.法人税の前期繰越金額等の確認(修正)］メニュー→［前期繰越欠損金額の確認（入力)]WSでは、各通算法人が法人税の繰越欠損金額を入力して、以下の別表を作成します。

> ●別表7(1)：欠損金又は災害損失金の損金算入等に関する明細書
> ●別表7(2)：通算法人の欠損金の翌期繰越額の計算及び控除未済欠損金額の調整計算に関する明細書
> ●別表7(2)付表1：通算法人の欠損金の通算に関する明細書

(注)「時価評価除外法人における過年度の欠損金額の切捨て」の概要は、22頁を参照してください。

(1) 通算親法人によるマスター設定

　通算親法人は、［107.グループ全体での統一処理のための設定］メニュー→［繰越欠損金]タブで、以下の設定を行う必要があります。

① [法人税の繰越欠損金の損金算入限度額]の設定

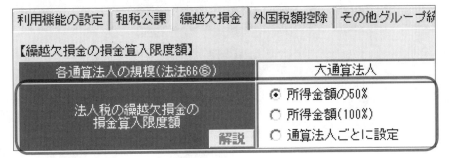

② [法人税の繰越欠損金の帰属事業年度]の設定

【法人税の繰越欠損金の帰属事業年度】 解説	
親法人十年内事業年度等（法法64の7①一）	
10期前	平成24年 4月 1日 ～ 平成25年 3月31日
9期前	平成25年 4月 1日 ～ 平成26年 3月31日
8期前	平成26年 4月 1日 ～ 平成27年 3月31日
7期前	平成27年 4月 1日 ～ 平成28年 3月31日
6期前	平成28年 4月 1日 ～ 平成29年 3月31日
5期前	平成29年 4月 1日 ～ 平成30年 3月31日
4期前	平成30年 4月 1日 ～ 平成31年 3月31日
3期前	平成31年 4月 1日 ～ 令和 2年 3月31日
2期前	令和 2年 4月 1日 ～ 令和 3年 3月31日
前　期	令和 3年 4月 1日 ～ 令和 4年 3月31日

(2) 法人税の繰越欠損金額の入力

前期の利用システムに応じて、法人税の繰越欠損金額を入力又は確認します。

前期の利用システム	入力・確認する内容
eConsoliTax又は e-TAXグループ通算	通算親法人が運用管理システムで年度更新を行うと、前期末の繰越欠損金額が当期首の金額として繰り越されます。各通算法人は、繰り越された金額を確認します。
ASP1000R	各通算法人がASP1000Rから切り出した移行データを読み込むと、前期末の繰越欠損金額が当期首の金額として繰り越されます（78頁参照）。各通算法人は、繰り越された金額を確認します。
利用なし	各通算法人が、当画面で繰越欠損金額を入力します。

❶事業年度ごとの入力

前事業年度分の欠損金を最下段に入力し、順次上段に新しい事業年度分を入力します。

（注）平成30年4月1日前に開始した事業年度に生じた欠損金額については、当事業年度開始の日前9年以内に開始した各事業年度に生じた欠損金額を入力します。

❷［控除未済欠損金額］、［うち、特定欠損金額］の入力

［控除未済欠損金額］欄には特定欠損金額（11頁参照）と非特定欠損金額（12頁参照）の合計額を、［うち、特定欠損金額］欄には特定欠損金額に該当する金額を入力します。

❸時価評価除外法人における支配関係事業年度前の繰越欠損金額の切捨て

　　5年継続支配関係及び共同事業性の要件を満たさない時価評価除外法人が支配関係発生日以後に新たな事業を開始した場合は、当画面で入力した支配関係事業年度前の事業年度の繰越欠損金額は、制限対象欠損金額に該当するものとして切り捨てられます。

■別表7(2)の一部抜粋

事業年度	通算開始・加入事業年度である場合		通算開始・加入事業年度後に新たな事業を開始した場合				調整後控除未済欠損金額 (10)又は(13)
	通算開始・加入直前事業年度の翌期繰越欠損金額 (前期の別表七(一)「5」) 8	制限対象欠損金額 9	開始・加入時持込欠損金額 ((8)-(9))又は(別表七(二)付表四「8」) 10	控除未済欠損金額 (前期の(4)+(7)) 11	制限対象欠損金額 12	控除対象欠損金額 ((11)-(12))又は(別表七(二)付表四「5」) 13	14
・ ・	内 円	内 円	内 円	内 円	内 円	内 円	内 円
・ ・	内	内	内	内	内	内	内
・ ・	内	内	内	内	内	内	内
・ ・	内	内	内	内	内	内	内
・ ・	内	内	内	内	内	内	内
・ ・	内	内	内	内	内	内	内
平31・4・1 令2・3・31	内 30,000,000 30,000,000	内 30,000,000 30,000,000	内 0 0	内	内	内	0 0
令2・4・1 令3・3・31	内 20,000,000 20,000,000	内 0	内 20,000,000 20,000,000	内	内	内	20,000,000 20,000,000
令3・4・1 令4・3・31	内 10,000,000 10,000,000	内 0	内 10,000,000 10,000,000	内	内	内	10,000,000 10,000,000
支配関係発生日	令 2・4・1			新たな事業を開始した日			令 3・8・1

（吹き出し）支配関係事業年度前の繰越欠損金額を切捨て

（吹き出し）支配関係事業年度（支配関係発生日の属する事業年度）

（注）「支配関係発生日」、「新たな事業を開始した日」は、通算親法人がメニュー101→［基本情報の登録］→［基本情報②］タブで登録します。

(3) 別表1等への自動転記

　　別表7(1)の計算結果は、以下のとおり別表1・別表4に自動転記されます。

転記元：別表7(1)	転記先
当期控除額（4の計）	別表1：欠損金又は災害損失金等の当期控除額（27）
	別表4：欠損金又は災害損失金等の当期控除額（44）
翌期繰越額（5の計）	別表1：翌期へ繰り越す欠損金又は災害損失金（28）

（参考）連結納税からグループ通算に移行する場合の経過措置

　　連結納税からグループ通算に移行する場合は、連結納税制度における連結欠損金個別帰属額は、各通算法人の繰越欠損金とみなされます（令和2年改正法附則20①⑦）。連結納税制度における「特定連結欠損金個別帰属額」はグループ通算制度における「特定欠損金額」、連結納税制度における「非特定連結欠損金個別帰属額」はグループ通算制度における「非特定欠損金額」とみなされます（令和2年改正法附則28③）。

連結納税		グループ通算
特定連結欠損金額：100,000円	そのまま繰越し →	特定欠損金額：100,000円
非特定連結欠損金額：200,000円		非特定欠損金額：200,000円

第5章

6 別表7(2)：新事業を開始した場合の特定資産譲渡等損失相当額

　　［301.法人税の前期繰越金額等の確認(修正)］メニュー→［新事業を開始した場合の特定資産譲渡等損失相当額］WSでは、5年継続支配関係及び共同事業性の要件を満たさない時価評価除外法人が支配関係発生日以後に新たな事業を開始した場合に、過年度の繰越欠損金額のうち切捨ての対象となる「特定資産譲渡等損失相当額」の計算基礎を入力して以下の別表を作成します。

> ●別表7(2)：通算法人の欠損金の翌期繰越額の計算及び控除未済欠損金額の調整計算に関する明細書
> ●別表7(2)付表4：時価評価除外法人が新たな事業を開始した場合の控除未済欠損金額の特例に関する明細書

(注)「時価評価除外法人における過年度の欠損金額の切捨て」の概要は、22頁を参照してください。

(1) 通算親法人によるマスター設定

　　通算親法人が、メニュー101→［基本情報の登録］→［基本情報②］タブで以下の設定をしている場合に、各通算法人は当ワーキングシートを入力できます。

■メニュー101→［基本情報の登録］→［基本情報②］タブの一部抜粋

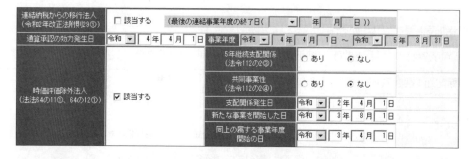

項目	設定内容
［時価評価除外法人］	該当する
［5年継続支配関係］	なし
［共同事業性］	なし
［支配関係発生日］、 ［新たな事業を開始した日］	●当事業年度が「最初通算事業年度^(※)」の場合 　［新たな事業を開始した日］が、［支配関係発生日］～「当事業年度の末日」の範囲内 ●当事業年度が「最初通算事業年度^(※)」以外の場合 　［新たな事業を開始した日］が「当事業年度」の範囲内 (※)［通算承認の効力発生日］の属する事業年度をいいます。

(2)［特定資産譲渡等損失相当額］タブ

支配関係事業年度（支配関係発生日の属する事業年度）以後の各事業年度における
特定資産譲渡等損失相当額の計算基礎を入力します。

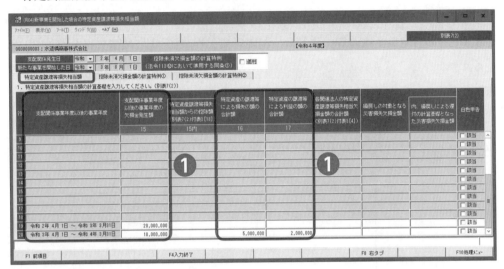

❶特定資産譲渡等損失相当額の計算基礎の入力

項目	内容
［支配関係事業年度以後の事業年度］	［前期繰越欠損金額の確認(入力)］WSで入力した欠損金額の発生事業年度のうち、支配関係事業年度以後の事業年度が表示されます。
［支配関係事業年度以後の事業年度の欠損金発生額］	支配関係事業年度以後の事業年度において発生した欠損金額を入力します。繰越欠損金額を入力しないよう注意が必要です。
［特定資産の譲渡等による損失の額の合計額］	特定資産の譲渡、評価換え、貸倒れ、除却その他の事由による損失の額として一定の金額の合計額を入力します。 なお、入力した金額の計算に関する明細を別紙に記載して添付する必要があります（別表7(2)記載の仕方9（国税庁））。
［特定資産の譲渡等による利益の額の合計額］	特定資産の譲渡、評価換えその他の事由による利益の額として一定の金額の合計額を入力します。 なお、入力した金額の計算に関する明細を別紙に記載して添付する必要があります（別表7(2)記載の仕方9（国税庁））。

特定資産譲渡等損失相当額がある場合の別表7(2)の記載例

　5年継続支配関係及び共同事業性の要件を満たさない時価評価除外法人が、支配関係発生日以後に新たな事業を開始しています。また、欠損金発生事業年度（令和4年3月期）において特定資産を譲渡したことにより特定資産譲渡等損失額3,000,000円が生じています。その特定資産譲渡等損失額は、制限対象欠損金額として繰越欠損金から切り捨てられます。

■別表7(2)の一部抜粋

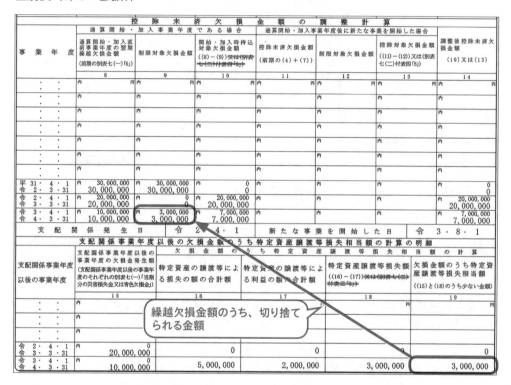

■イメージ図

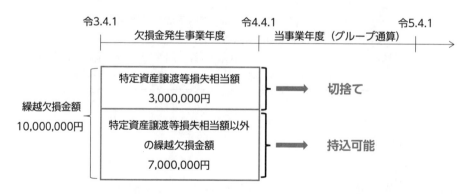

(3)［控除未済欠損金額の計算特例①］タブ

　控除未済欠損金額の計算特例（法令113①⑫）の適用を受ける通算法人が、支配関係事業年度の前事業年度終了の時における時価純資産価額及び簿価純資産価額の明細（別表7(2)付表4の「15」欄～「26」欄）を入力します。

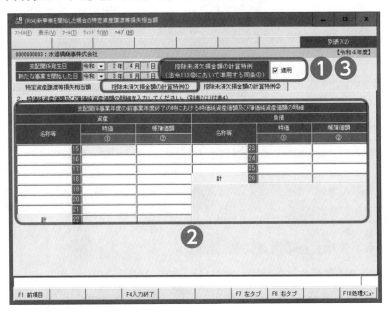

❶［控除未済欠損金額の計算特例］の選択

　控除未済欠損金額の計算特例（法令113①⑫）（次頁の❸を参照）の適用を受ける場合は、［控除未済欠損金額の計算特例］区分で［適用］にチェックを付けます。

　なお、［適用］にチェックを付けた場合は、［控除未済欠損金額の計算特例①］タブと［控除未済欠損金額の計算特例②］タブが入力可能となります。

❷［資産］・［負債］の入力

　支配関係事業年度の前事業年度終了の時における［資産］と［負債］の［時価］欄・［帳簿価額］欄を入力します。これらの入力に基づいて、以下の項目の金額が計算されます。

項目	計算式
時価純資産価額	資産の［時価］欄の合計額－負債の［時価］欄の合計額
簿価純資産価額	資産の［帳簿価額］欄の合計額－負債の［帳簿価額］欄の合計額
時価純資産超過額	時価純資産価額が簿価純資産価額以上である場合に以下の算式で計算 （算式）時価純資産超過額＝時価純資産価額－簿価純資産価額 （注）上記の計算結果が0円である場合も含みます。
簿価純資産超過額	簿価純資産価額が時価純資産価額を超える場合に以下の算式で計算 （算式）簿価純資産超過額＝簿価純資産価額－時価純資産価額

❸控除未済欠損金額の計算特例

以下の条件に応じて、繰越欠損金のうち切り捨てられる金額が計算されます。

条件	繰越欠損金のうち、切り捨てられる金額
時価純資産超過額≧支配関係前控除未済欠損金額の合計額	過年度の繰越欠損金の切捨ては、なし （注）時価純資産価額≧簿価純資産価額で、支配関係前控除未済欠損金額がない場合も同様です。
時価純資産超過額＜支配関係前控除未済欠損金額の合計額	支配関係前控除未済欠損金額のうち、制限対象金額を構成するものとされた部分の金額（支配関係前控除未済欠損金額の合計額－時価純資産超過額）が切り捨て （注）支配関係事業年度以後の特定資産譲渡等損失相当額の切捨ては、なし
簿価純資産超過額＜支配関係事業年度以後の事業年度の欠損金額のうち特定資産譲渡等損失相当額の合計額	次の1と2の合計額が切り捨てられます。 1．支配関係事業年度前の繰越欠損金 2．支配関係事業年度以後の特定資産譲渡等損失相当額のうち、簿価純資産超過額を構成するものとされた部分の金額

(4)［控除未済欠損金額の計算特例②］タブ

控除未済欠損金額の計算特例（法令113①⑫）の適用を受ける通算法人が、支配関係前控除未済欠損金額（別表7(2)付表4の「6」欄）を入力します。［控除未済欠損金額の計算特例］区分で［適用］にチェックを付けている場合に当タブを入力できます。

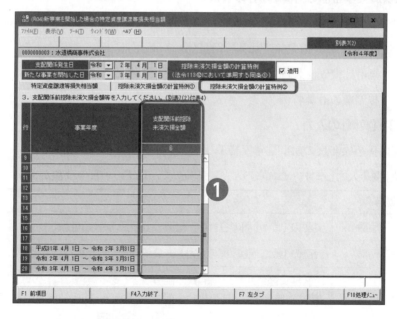

❶［支配関係前控除未済欠損金額］の入力

入力した［支配関係前控除未済欠損金額］は、過年度の繰越欠損金の切捨ての免除又は減額を計算する際の判定要素となります。

III 地方税の前期繰越金額等の入力 (メニュー302)

　各通算法人は、［302.地方税の前期繰越金額等の確認(修正)］メニューで、以下の地方税に関する前期繰越金額等を入力します。

●第6号(第20号)様式別表2「控除対象通算適用前欠損調整額」

●第6号(第20号)様式別表2の2「控除対象合併等前欠損調整額」

●第6号(第20号)様式別表2の3「控除対象通算対象所得調整額」

●第6号(第20号)様式別表2の4「控除対象配賦欠損調整額」

●第6号様式(第20号)別表2の5「控除対象個別帰属還付税額」

●第6号(第20号)様式別表2の6「控除対象還付対象欠損調整額」

●第6号(第20号)様式別表2の7「控除対象個別帰属調整額」

●第6号(第20号)様式別表2の8「控除対象個別帰属税額」

●第6号様式別表9「繰越欠損金（事業税)」

●第6号様式別表12・13の2「適格合併等の欠損金の引継」

●第7号の2様式・第20号の4様式「前３年以内の控除未済外国税額等」

●地方税計算の基本情報と国内事務所等の住所情報

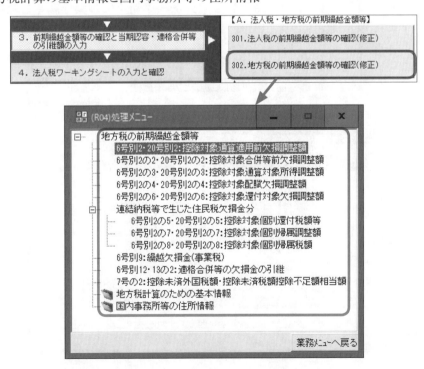

1 第6号(20号)様式別表2：控除対象通算適用前欠損調整額

　[302.地方税の前期繰越金額等の確認(修正)]メニュー→ [6号(20号)別2：控除対象通算適用前欠損調整額]WSで、各通算法人がグループ通算の開始・加入時に切り捨てられた法人税の繰越欠損金（以下、「通算適用前欠損金額」といいます）の明細を入力して、以下の別表を作成します。

- ●第6号様式別表2「控除対象通算適用前欠損調整額の控除明細書」[※]
- ●第20号様式別表2「控除対象通算適用前欠損調整額の控除明細書」[※]

(※)「通算適用前欠損金額」に法人税率（普通法人の場合は23.2%）を乗じて計算した金額が、「控除対象通算適用前欠損調整額」として住民税の課税標準額からの控除対象となります。

　なお、グループ通算1年目の場合は、以下の区分に応じてデータを入力します。

法人の区分	入力する内容
時価評価除外法人	支配関係発生日以後に新たな事業を開始したことにより切り捨てられた法人税の繰越欠損金については、法人税の別表7(2)から自動転記することができるため、明細の入力は不要です。この場合は、[法人税別表7(2)からの自動転記]区分で [転記する]を選択します。
時価評価除外法人に該当しない法人	グループ通算の開始・加入に伴い切り捨てられた法人税の繰越欠損金の明細を入力します。この場合は、[法人税別表7(2)からの自動転記]区分で [転記しない]を選択します。

(注) システム利用2年目以降は、年度更新により前期末の金額が当期首の金額として繰り越されます。

(1) グループ通算適用1年目の時価評価除外法人で新たに事業を開始した場合

　[法人税別表7(2)からの自動転記]区分が [転記する]の場合は、以下の画面が表示されます。

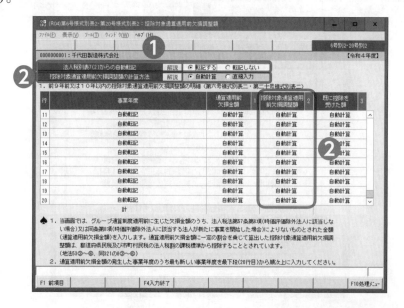

❶ [法人税別表7(2)からの自動転記] 区分の選択

　　グループ通算適用1年目の時価評価除外法人において、支配関係発生日以後に新た
な事業を開始したことにより切り捨てられた法人税の繰越欠損金がある場合に当区分で
[転記する]を選択します。この場合は、別表7(2)から法人税で切り捨てられた繰越欠損
金額がある事業年度の明細が第6号様式別表2・第20号様式別表2に自動転記されます。

■別表7(2)の一部抜粋　　　　　　　　■第6号様式別表2の一部抜粋

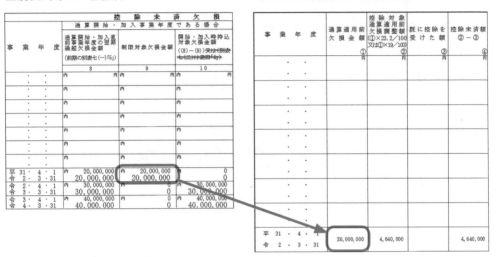

❷控除対象通算適用前欠損調整額の自動計算

　　[控除対象通算適用前欠損調整額の計算方法]区分で[自動計算]を選択した場合
は、「通算適用前欠損金額」に以下の税率を乗じて、「控除対象通算適用前欠損調整額」
が自動計算されます。

法人の種類	乗じる税率
普通法人の場合	23.2%
協同組合等の場合	19%

(2) グループ通算適用1年目で、時価評価除外法人に該当しない法人の場合

［法人税別表7(2)からの自動転記］区分が［転記しない］の場合は、以下の画面が表示されます。

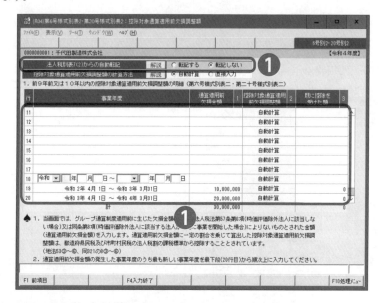

❶［法人税別表7(2)からの自動転記］区分の選択と欠損金額の入力

グループ通算適用1年目で、時価評価除外法人に該当しない法人の場合に当区分で［転記しない］を選択します。その後、事業年度ごとに通算適用前欠損金額の明細を入力します。

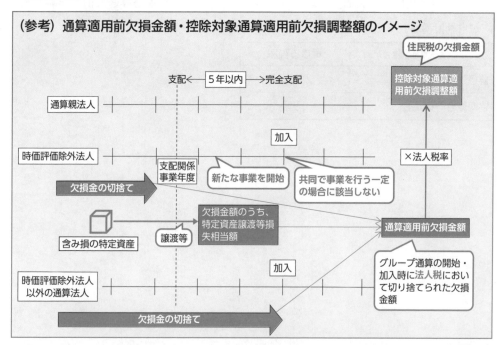

Ⅲ　地方税の前期繰越金額等の入力（メニュー302）

(3) 第6号（20号）様式別表1への自動転記

第6号（20号）様式別表2の計算結果が、次のとおり第6号（20号）様式別表1に自動転記されます。

転記元：第6号（20号）様式別表2	転記先：第6号（20号）様式別表1
当期控除額⑤	控除対象通算適用前欠損調整額、控除対象合併等前欠損調整額、控除対象通算対象所得調整額、控除対象配賦欠損調整額、控除対象個別帰属調整額及び控除対象個別帰属税額の控除額⑪

2 第6号(20号)様式別表2の3：控除対象通算対象所得調整額

　　[302.地方税の前期繰越金額等の確認(修正)]メニュー→[6号(20号)別2の3：控除対象通算対象所得調整額]WSでは、各通算法人が「通算対象所得金額(※1)」の明細を入力して以下の別表を作成します。

> ●第6号様式別表2の3「控除対象通算対象所得調整額の控除明細書」(※2)
> ●第20号様式別表2の3「控除対象通算対象所得調整額の控除明細書」(※2)

（※1）通算前所得金額のうち、欠損法人で益金算入される金額をいいます（法法64の5④）。
（※2）「通算対象所得金額」に法人税率（普通法人の場合は23.2%）を乗じて計算した金額が、「控除対象通算対象所得調整額」として住民税の課税標準額からの控除対象となります。
（注）1．システム利用2年目以降は、年度更新により前期末の金額が当期首の金額として自動的に繰り越されます。
　　　2．令和4年4月1日以後に最初に開始する事業年度の場合は、前期以前においてグループ通算制度を適用していないため、当画面で入力する明細はありません。

(1) 控除対象通算対象所得調整額の明細入力

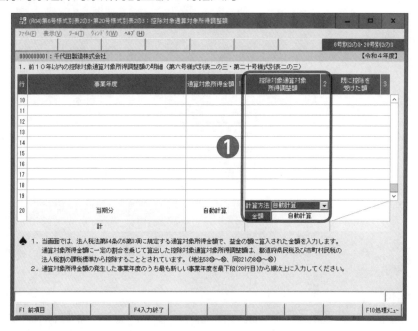

❶当期分の[控除対象通算対象所得調整額]の[計算方法]の選択

　　[計算方法]区分で[自動計算]を選択した場合は、別表7の3「通算対象所得金額(11)」欄に以下の税率を乗じて、当期分の「控除対象通算対象所得調整額」が自動計算されます。

法人の種類	乗じる税率
普通法人の場合	23.2%
協同組合等の場合	19%

（注）当ワーキングシートを選択していない場合でも、通算対象所得金額に基づいて、当期分の「控除対象通算対象所得調整額」が自動計算されます。

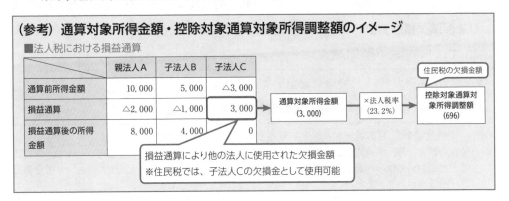

(2) 第6号（20号）様式別表1への自動転記

第6号（20号）様式別表2の3の計算結果が、次のとおり第6号（20号）様式別表1に自動転記されます。

転記元：第6号（20号）様式別表2の3	転記先：第6号（20号）様式別表1
当期控除額⑤	控除対象通算適用前欠損調整額、控除対象合併等前欠損調整額、控除対象通算対象所得調整額、控除対象配賦欠損調整額、控除対象個別帰属調整額及び控除対象個別帰属税額の控除額⑪

3 第6号(20号)様式別表2の4：控除対象配賦欠損調整額

[302.地方税の前期繰越金額等の確認(修正)]メニュー→[6号(20号)別2の4：控除対象配賦欠損調整額]WSでは、各通算法人が「配賦欠損金控除額[※1]」の明細を入力して以下の別表を作成します。

●第6号様式別表2の4：「控除対象配賦欠損調整額の控除明細書」[※2]
●第20号様式別表2の4：「控除対象配賦欠損調整額の控除明細書」[※2]

(※1) 配賦欠損金額（「非特定欠損金額の期首金額>非特定欠損金配賦額」の場合の「非特定欠損金額の期首金額-非特定欠損金配賦額」）に非特定損金算入割合を乗じた金額をいいます。つまり、法人税において他の通算法人に配分した非特定欠損金額のうち、他の通算法人において損金算入された金額が該当します。

(※2)「配賦欠損金控除額」に法人税率（普通法人の場合は23.2%）を乗じて計算した金額が、「控除対象配賦欠損調整額」として住民税の課税標準額からの控除対象となります。

(注)1. システム利用2年目以降は、年度更新により前期末の金額が当期首の金額として自動的に繰り越されます。

　　2. 令和4年4月1日以後に最初に開始する事業年度の場合は、前期以前においてグループ通算制度を適用していないため、当画面で入力する明細はありません。

(1) 控除対象配賦欠損調整額の明細入力

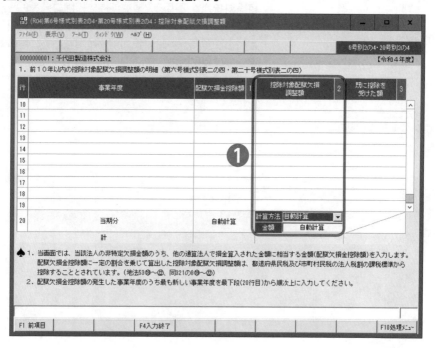

❶当期分の［控除対象配賦欠損調整額］の［計算方法］の選択

　［自動計算］を選択した場合は、「配賦欠損金控除額」に以下の税率を乗じて、当期
分の「控除対象配賦欠損調整額」が自動計算されます。

法人の種類	乗じる税率
普通法人の場合	23.2%
協同組合等の場合	19%

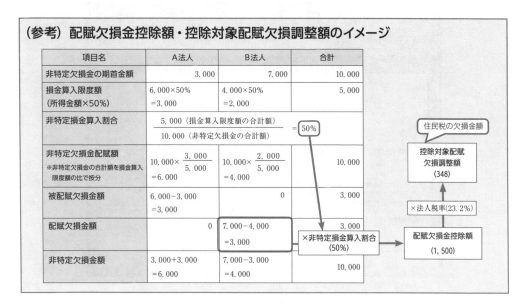

（参考）配賦欠損金控除額・控除対象配賦欠損調整額のイメージ

(2) 第6号(20号)様式別表1への自動転記

　第6号(20号)様式別表2の4の計算結果が、次のとおり第6号(20号)様式別表1に自動
転記されます。

転記元：第6号(20号)様式別表2の4	転記先：第6号(20号)様式別表1
当期控除額⑤	控除対象通算適用前欠損調整額、控除対象合併等前欠損調整額、控除対象通算対象所得調整額、控除対象配賦欠損調整額、控除対象個別帰属調整額及び控除対象個別帰属税額の控除額⑪

第**5**章

4 第6号様式別表9：繰越欠損金(事業税)

[302.地方税の前期繰越金額等の確認(修正)]メニュー→[6号別9：繰越欠損金(事業税)]WSでは、各通算法人が控除未済欠損金額の明細を入力して、第6号様式別表9「欠損金額等及び災害損失金の控除明細書」を作成します。

（注）システム利用2年目以降は、年度更新により前期末の金額が当期首の金額として繰り越されます。

(1) 繰越欠損金の明細入力

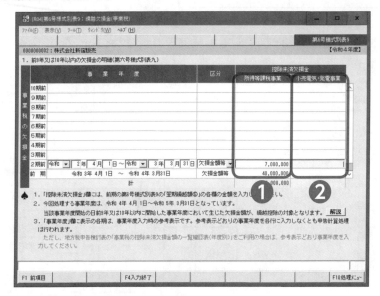

❶所得等課税事業に係る[控除未済欠損金]

所得等課税事業(※)に係る控除未済欠損金額を入力します。

（※）所得等課税事業とは、所得割（外形標準課税法人の場合は、付加価値割・資本割も含みます）が課される事業で、メニュー302（501）→[地方税計算のための基本情報]WSの[事業区分]が、[製造業]・[その他の事業]・[倉庫業・ガス供給業（所得割等）]又は[鉄軌道事業]に該当する場合をいいます。

❷小売電気・発電事業に係る[控除未済欠損金]

収入金額等課税事業（小売電気・発電事業）に係る控除未済欠損金額を入力します。

(2) 第6号様式・第6号様式別表5への自動転記

第6号様式別表9の計算結果は、以下のとおり第6号様式等に自動転記されます。

転記元：第6号様式別表9	転記先：第6号様式・第6号様式別表5
当期控除額④	●第6号様式別表5を作成している場合 　第6号様式別表5「繰越欠損金額等又は災害損失金額の当期控除額㉕」 ●第6号様式別表5を作成していない場合 　第6号様式「繰越欠損金額等若しくは災害損失金額又は債務免除等があった場合の欠損金額等の当期控除額㉚」

5 第7号の2様式：控除未済外国税額

　[302.地方税の前期繰越金額等の確認(修正)]メニュー→[7号の2：控除未済外国税額・控除未済税額控除不足額相当額] WSでは、各通算法人が「前3年以内の控除未済外国税額及び控除未済税額控除不足額相当額（以下、控除未済外国税額等）の明細」を入力して、以下の別表を作成します。

●第7号の2様式「外国の法人税等の額の控除に関する明細書」
●第20号の4様式「外国の法人税等の額の控除に関する明細書」

（注）システム利用2年目以降は、年度更新により前期末の金額が当期首の金額として繰り越されます。

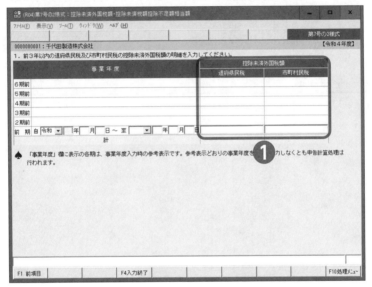

❶ [控除未済外国税額]の入力

　控除未済外国税額等について、道府県民税と市町村民税に分けて入力します。当画面で入力した金額と外国税額控除関連のワーキングシート（メニュー402）の入力に基づいて、前3年以内の控除未済外国税額等の「当期控除額」が自動計算されます。

（参考）控除未済外国税額とは

　控除未済外国税額とは、前3年以内の各事業年度において住民税の法人税割額から控除できる外国税額が当該各事業年度の法人税割額を超えるため控除できなかった額をいいます。この控除未済外国税額は、3年間に限り繰越控除されます（地令9の7⑲、地令48の13⑳）。

控除対象外国法人税額 1,000,000	国税の控除限度額 500,000	
	地方税の控除限度額 400,000	法人税割額：100,000
		控除未済外国税額：300,000円

法人税ワーキングシートの
入力

第6章

法人税申告書の作成方法を解説します。

法人税ワーキングシートの入力の概要

　業務プロセス[4. 法人税ワーキングシートの入力と確認]では、各通算法人が以下の手順で法人税申告書を作成します。

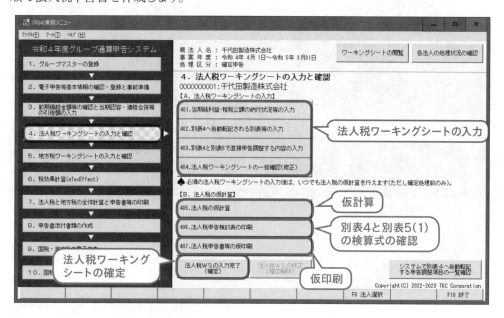

●法人税ワーキングシートの入力

法人税ワーキングシート(メニュー401から404)を入力します。

●仮計算

[405.法人税の仮計算]メニューを選択して、仮計算を行います。

●検算式の確認

[406.法人税申告検討表の印刷]メニューで、「「別表4」と「別表5(1)」の検算式確認表」を印刷(プレビュー)し、検算式に差額が出ていないかを確認します。

●申告書の仮印刷

[407.法人税申告書等の仮印刷]メニューで、法人税ワーキングシートで入力した内容が法人税申告書に反映しているか、入力漏れがないかを確認します。

●**法人税ワーキングシートの確定**

［法人税WSの入力完了(確定)］ボタンをクリックして、法人税ワーキングシートを確定します。

（注）　1．通算子法人の場合は、［法人税WSの入力完了(確定)］ボタンのみが表示されます。

　　　　2．法人税ワーキングシートの確定解除は、親法人のみが可能です。

II　当期純利益・租税公課の納付状況等の入力（メニュー 401）

1　メニュー 401の概要

　　各通算法人は、［401.当期純利益・租税公課の納付状況等の入力］メニューで、別表4・別表4付表・別表5(1)・別表5(2)に関連する以下のデータを入力します。

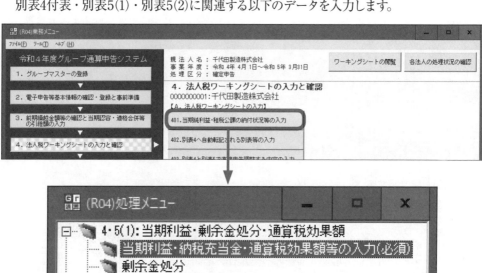

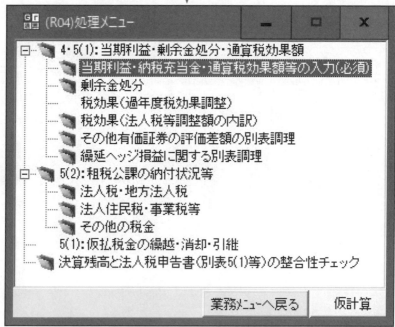

(1) 入力内容

各ワーキングシートの入力内容は、以下のとおりです。

ワーキングシート名	入力する内容
［当期利益・納税充当金・通算税効果額等の入力（必須）］WS	●別表4に記載する「当期利益又は当期欠損の額」「損金経理をした納税充当金」「損金経理をした通算税効果額」「収益として経理した通算税効果額」「法人税等調整額」等を入力します。 ●別表5(2)の「通算税効果額・連結法人税個別帰属額等の発生額・決済額」等を入力します。 ●通算税効果額に係る会計上の未払金・未収入金の取崩額を入力します。 ●連結法人税個別帰属額等に係る会計上の未払金・未収入金の取崩額を入力します。
［剰余金処分］WS	剰余金の処分（配当・利益準備金・任意積立金等）に関するデータを入力します。
［税効果（過年度税効果調整）］WS	税効果会計の適用1年目の場合に、過年度税効果調整額の計上に係る「繰延税金資産」や「繰延税金負債」の金額を入力します。
［税効果（法人税等調整額の内訳）］WS	「繰延税金資産」や「繰延税金負債」の当期の増減額を入力します。 （注）その他有価証券や繰延ヘッジ損益に係る金額は、当ワーキングシートでは入力しません。
［その他有価証券の評価差額の別表調理］WS	その他有価証券の評価差額に係る「繰延税金資産」や「繰延税金負債」の当期の増減額を入力します。
［繰延ヘッジ損益に関する別表調理］WS	繰延ヘッジ損益の評価差額に係る「繰延税金資産」や「繰延税金負債」の当期の増減額を入力します。
［租税公課の納付状況等］WS	別表5(2)の「租税公課の納付状況等の明細」を入力します。当ワーキングシートの入力に基づいて、別表4と別表5(1)における「租税公課に係る申告調整」が自動的に行われます。
［仮払税金の繰越・消却・引継］WS	前期に仮払経理した税金を当期の別表5(1)で消却する場合に、当該消却に係る金額を入力します。消却の方法（充当金取崩・仮払経理・損金経理）に応じて、別表4等への自動転記が行われます。
［決算残高と法人税申告書（別表5(1)等）の整合性チェック］WS	決算書の残高（未払法人税等など）と別表5(1)の期末残高（納税充当金など）を比較し、決算残高と法人税申告書の整合性をチェックできます。 （注）［107.グループ全体での統一処理のための設定］メニューで当機能を「利用する」と設定している場合に当ワーキングシートを入力できます。

第6章

2 別表4・5(1)：当期利益・納税充当金・通算税効果額等の入力

(1) ［当期利益・納税充当金・通算税効果額等］タブ

　　［401.当期純利益・租税公課の納付状況等の入力］メニュー→［当期利益・納税充当金・通算税効果額等の入力（必須）］WS→［当期利益・納税充当金・通算税効果額等］タブでは、各通算法人が別表4・別表4付表に記載する「当期利益又は当期欠損の額」、「損金経理をした納税充当金」、「損金経理をした通算税効果額」等を入力します。

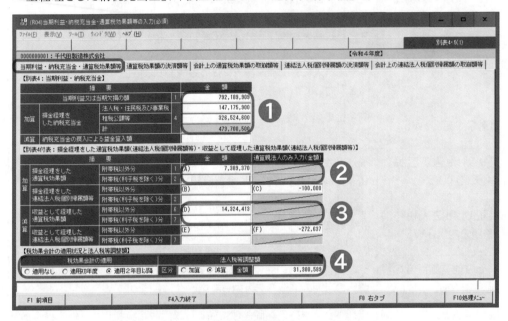

❶ ［当期利益又は当期欠損の額］、［損金経理をした納税充当金］の入力

項目	入力する内容
［当期利益又は当期欠損の額］	損益計算書の「当期純利益又は当期純損失の額」（税引後の金額）を入力します。
［損金経理をした納税充当金］	その事業年度において未払法人税等として損金経理した金額を入力します(※)。 ● ［法人税・住民税及び事業税］欄には、「法人税、地方法人税、住民税、事業税（所得割）及び特別法人事業税（所得割に係る分）」を入力します。 ● ［租税公課等］欄には、「事業税（付加価値割・資本割・収入割）及び特別法人事業税（収入割に係る分）」を入力します。

（※）［損金経理をした納税充当金］欄に入力した金額は、以下の別表に表示されます。

別表名	区分名
別表4	損金経理をした納税充当金(4)
別表5(1)	納税充当金(26)の「増③」
別表5(2)	損金経理をした納税充当金(31)

❷ ［損金経理をした通算税効果額］の入力

　その事業年度において損金経理した通算税効果額を「附帯税以外分」と「附帯税(利子税を除く)分」に分けて入力します。

（注）［附帯税以外分］欄に入力した金額は、［会計上の通算税効果額の取崩額等］タブ→［未払金(通算税効果額)］の［増］欄に自動連動されます。

❸ ［収益として経理した通算税効果］の入力

　その事業年度において収益として経理した通算税効果額を「附帯税以外分」と「附帯税(利子税を除く)分」に分けて入力します。

（注）［附帯税以外分］欄に入力した金額は、［会計上の通算税効果額の取崩額等］タブ→［未収入金(通算税効果額)］の［増］欄に自動連動されます。

❹ ［法人税等調整額］の入力

　税効果会計の計算を行った場合は、［税効果会計の適用］区分で［適用初年度］又は［適用2年目以降］のいずれかを選択します。

　なお、法人税等調整額がマイナスの場合は［減算］、プラスの場合は［加算］を選択します。

(2) [通算税効果額の決済額等]タブ

[401.当期純利益・租税公課の納付状況等の入力]メニュー→ [当期利益・納税充当金・通算税効果額等の入力(必須)]WS→ [通算税効果額の決済額等]タブでは、各通算法人が別表5(2)における「通算税効果額の発生額・決済額」等を入力します。

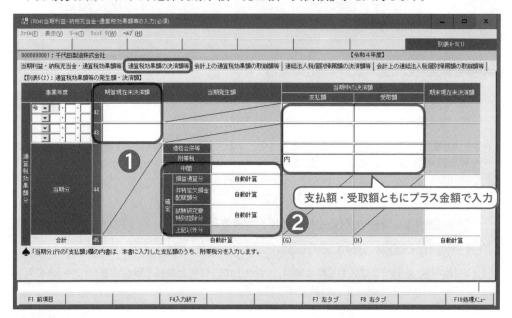

❶ [期首現在未決済額]の入力

前期（令和3年度）以前はグループ通算制度を適用していないため、通算税効果額の [期首現在未決済額] 欄に入力する金額はありません。

❷ [当期発生額]の入力

項目	入力する内容
[中間]	中間申告分の通算税効果額の支払額がある場合は、[中間]の [当期発生額] 欄にはプラス金額を入力します。 また、中間申告分の通算税効果額の受取額がある場合は、[中間]の [当期発生額] 欄にはマイナス金額を入力します。 (注) e−TAXグループ通算で中間申告の処理を行っている場合は、[中間]の [当期発生額] 欄に中間申告税額が複写されます。
[確定]の [損益通算分]	[107.グループ全体での統一処理のための設定]メニュー→ [租税公課]タブの [損益通算に係る通算税効果額] 区分が [自動計算]の場合に、損益通算に係る通算税効果額の当期発生額（確定申告分）が自動計算されます[※1]。
[確定]の [非特定欠損金配賦額分]	[107.グループ全体での統一処理のための設定]メニュー→ [租税公課]タブの [非特定欠損金配賦額に係る通算税効果額] 区分が [自動計算]の場合に、非特定欠損金配賦額に係る通算税効果額の当期発生額（確定分）が自動計算されます[※2]。
[確定]の [試験研究費特別控除分]	[107.グループ全体での統一処理のための設定]メニュー→ [租税公課]タブの [試験研究費の特別控除に係る通算税効果額] 区分が [自動計算]の場合に、試験研究費の特別控除に係る通算税効果額の当期発生額（確定分）が自動計算されます[※3]。

（※1）損益通算分が、以下の算式で計算されます。

税目	計算式
法人税分	●「通算対象欠損金額」が生じている場合 　別表7の3「通算対象欠損金額(5)」×23.2%（法人税率） ●「通算対象所得金額」が生じている場合 　別表7の3「通算対象所得金額(11)」×23.2%（法人税率）×（−1）
地方法人税分	上記の法人税分の通算税効果額×10.3%（地方法人税率）

（※2）非特定欠損金配賦額分が、以下の算式で計算されます。

税目	計算式
法人税分	●「非特定欠損金配賦額」が「非特定欠損金額の期首金額」を上回る場合 　別表7(2)付表1の「非特定欠損金配賦額(18)−非特定欠損金額に係る控除未済額(5)」×「非特定損金算入割合(20)」×23.2%（法人税率） ●「非特定欠損金の期首金額」が「非特定欠損金配賦額」を上回る場合 　別表7(2)付表1の「非特定欠損金額に係る控除未済額(5)−非特定欠損金配賦額(18)」×「非特定損金算入割合(20)」×23.2%（法人税率）×(−1)
地方法人税分	上記の法人税分の通算税効果額×10.3%（地方法人税率）

（※3）試験研究費特別控除分が、以下の算式で計算されます。

税目	計算式
法人税分	●一般試験研究費に係る分 　別表6(9)付表「税額控除可能分配額(25)」−別表6(9)付表「税額控除可能額(23)」×別表6(9)「控除対象試験研究費の額(4)」÷別表6(9)付表「各通算法人の控除対象試験研究費の額の合計額(4)」 ●特別試験研究費に係る分 　別表6(14)付表「税額控除可能分配額(13)」−別表6(14)付表「税額控除可能額(11)」×「特別研究税額控除限度額(※)」÷別表6(14)付表「特別試験研究費基準額(7)」 　（※）別表6(14)「4」×30%＋別表6(14)「5」×25%＋{別表6(14)「3」−「4」−「5」}×20%
地方法人税分	上記の法人税分の通算税効果額×10.3%（地方法人税率）

（注）各通算法人の通算税効果額の合計額が0円となるように、計算結果の最も大きい通算法人の通算税効果額で端数を調整しています。

(3)［会計上の通算税効果額の取崩額等］タブ

　［401.当期純利益・租税公課の納付状況等の入力］メニュー→［当期利益・納税充当金・通算税効果額等の入力(必須)］WS→［会計上の通算税効果額の取崩額等］タブでは、各通算法人が別表5(1)に記載する通算税効果額に係る「未払金」・「未収入金」の「増減額」を入力します。

　なお、期首の金額は、［301.法人税の前期繰越金額等の確認(修正)］メニュー→［5(1)：前期繰越利益積立金額の確認(入力)］WSで入力します。

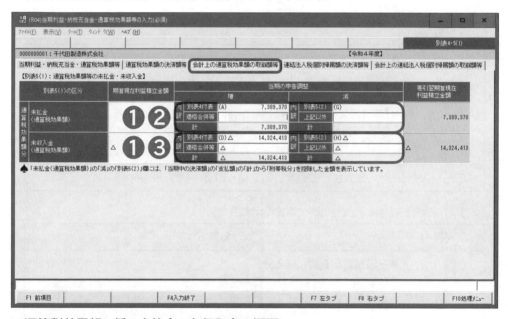

❶通算税効果額に係る未払金・未収入金の概要

項目	概要
［未払金(通算税効果額)］	他の通算法人に支払う通算税効果額として計上した**会計上の未払金**をいいます。
［未収入金(通算税効果額)］	他の通算法人から受け取る通算税効果額として計上した**会計上の未収入金**をいいます。

❷ ［未払金(通算税効果額)］の増減額

項目	入力する内容
［増］	［当期利益・納税充当金・通算税効果額等］タブの［損金経理をした通算税効果額］の［附帯税以外分］欄に入力した金額が、［未払金(通算税効果額)］の［増］欄に自動連動されます。 ■［当期利益・納税充当金・通算税効果額等］タブ ■［会計上の通算税効果額の取崩額等］タブ
［減］	［107.グループ全体での統一処理のための設定］メニュー→［租税公課］タブ→［別表5の未払金・未収入金（通算税効果額等）の「減」の入力方法］区分で［通算税効果額等の決済額を連動］を選択している場合は、［通算税効果額の決済額等］タブの［支払額］欄で入力した金額（※）が、［未払金(通算税効果額)］の［減］欄に自動連動されます。 （※）附帯税の支払額がある場合は、［支払額］の合計から［内］欄の金額を控除した金額 ■［通算税効果額の決済額等］タブ ■［会計上の通算税効果額の取崩額等］タブ

第6章

❸［未収入金(通算税効果額)］の増減額

項目	入力する内容
［増］	［当期利益・納税充当金・通算税効果額等］タブの［収益として経理した通算税効果額］の［附帯税以外分］欄に入力した金額が、［未収入金(通算税効果額)］の［増］欄に自動連動されます。 ■［当期利益・納税充当金・通算税効果額等］タブ 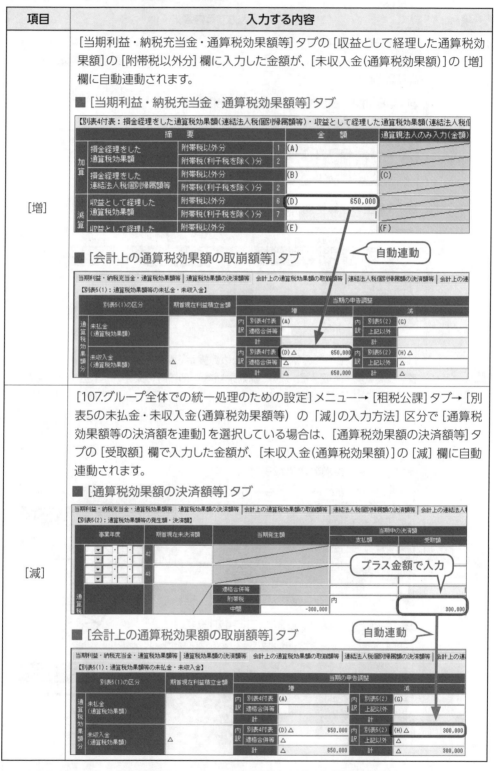
［減］	［107.グループ全体での統一処理のための設定］メニュー→［租税公課］タブ→［別表5の未払金・未収入金(通算税効果額等)の「減」の入力方法］区分で［通算税効果額等の決済額を連動］を選択している場合は、［通算税効果額の決済額等］タブの［受取額］欄で入力した金額が、［未収入金(通算税効果額)］の［減］欄に自動連動されます。 ■［通算税効果額の決済額等］タブ

通算税効果額がある場合の別表4等の入力例

1．前提

　各通算法人において、法人税額・通算税効果額を以下のとおり計算しました。

（注）1．法人税率は20％と仮定し、地方法人税・地方税は考慮していません。
　　　2．**子法人B・Cの通算税効果額は、親法人Aと受け払いするものとして会計処理しています。**
　　　3．親法人Aと子法人Bは、予定申告を行っています。子法人Cは中間申告の義務がありません。
　　　4．予定申告のため、中間申告分の通算税効果額は計算していません。
　　　5．会計上と税務上の法人税額・通算税効果額が一致している前提で作成しています。

■法人税額・通算税効果額の計算

	親法人A	子法人B	子法人C
①通算前所得	1,000,000	500,000	△300,000
②損益通算	△200,000	△100,000	300,000
③損益通算後所得	800,000	400,000	0
④法人税額（③×20％）	160,000	80,000	0
⑤通算税効果額（②×20％）	△40,000	△20,000	60,000

■会計処理

親法人A	中間納付	(借)未払法人税等	60,000	(貸)現預金	60,000
	法人税計上	(借)法人税、住民税及び事業税	160,000	(貸)未払法人税等	160,000
	通算税効果（子法人B）	(借)子会社未収入金	20,000	(貸)法人税、住民税及び事業税	20,000
	通算税効果（子法人C）	(借)法人税、住民税及び事業税	60,000	(貸)子会社未払金	60,000
子法人B	中間納付	(借)未払法人税等	30,000	(貸)現預金	30,000
	法人税計上	(借)法人税、住民税及び事業税	80,000	(貸)未払法人税等	80,000
	通算税効果（親法人A）	(借)法人税、住民税及び事業税	20,000	(貸)親会社未払金	20,000
子法人C	通算税効果（親法人A）	(借)親会社未収入金	60,000	(貸)法人税、住民税及び事業税	60,000

■損益計算書

	親法人A	子法人B	子法人C
税引前当期純利益	1,000,000	500,000	△300,000
法人税、住民税及び事業税	200,000	100,000	△60,000
当期純利益	800,000	400,000	△240,000

■貸借対照表

	親法人A	子法人B	子法人C
未払法人税等	100,000	50,000	0
親会社未払金・子会社未払金	60,000	20,000	0
親会社未収入金・子会社未収入金	20,000	0	60,000

第6章

2．親法人Aの入力・別表処理

上記1の前提をもとに入力した親法人Aの別表処理は、以下のとおりです。

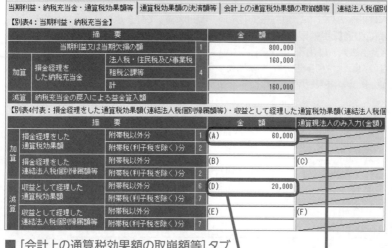

■別表4

	区分	総額・留保
	当期利益又は当期欠損の額	800,000
加算	損金経理をした納税充当金	160,000
	通算法人に係る加算額	60,000
減算	通算法人に係る減算額	20,000
	差引計	1,000,000
	通算対象欠損金額の損金算入額	200,000
	所得金額又は欠損金額	800,000

■別表4付表

	区分		総額・留保
加算	損金経理をした通算税効果額	1	60,000
		2～4	
	通算法人に係る加算額(1～4の計)	5	60,000
減算	収益として経理した通算税効果額	6	20,000
		7～9	
	通算法人に係る減算額(6～9の計)	10	20,000

■別表5(1)

区分	期首	減	増	翌期首
未払金(通算税効果額)			60,000	60,000
未収入金(通算税効果額)			△20,000	△20,000
納税充当金		60,000	160,000	100,000
未納法人税及び未納地方法人税		△60,000	中間 △60,000	△100,000
			確定 △100,000	
未払通算税効果額			中間	△40,000
			確定 △40,000	

■別表1

所得金額又は欠損金額	800,000
法人税額	160,000
中間申告分の法人税額	60,000
差引確定法人税額	100,000

(注) 「納税充当金」の「減」と「未納法人税及び未納地方法人税」の「増（中間）」・「減」には、［5(2)：租税公課の納付状況等］WS→［法人税・地方法人税］で入力した金額が表示されます。

3．子法人Ｂの入力・別表処理

上記1の前提をもとに入力した子法人Ｂの別表処理は、以下のとおりです。

■［当期利益・納税充当金・通算税効果額等］タブ

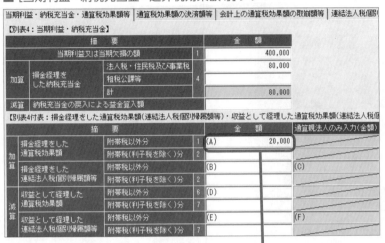

■［会計上の通算税効果額の取崩額等］タブ

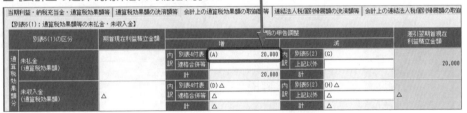

■別表4

区分		総額・留保
当期利益又は当期欠損の額		400,000
加算	損金経理をした納税充当金	80,000
	通算法人に係る加算額	20,000
減算	通算法人に係る減算額	
差引計		500,000
通算対象欠損金額の損金算入額		100,000
所得金額又は欠損金額		400,000

■別表4付表

区分			総額・留保
加算	損金経理をした通算税効果額	1	20,000
		2〜4	
	通算法人に係る加算額(1〜4の計)	5	20,000
減算	収益として経理した通算税効果額	6	
		7〜9	
	通算法人に係る減算額(6〜9の計)	10	

■別表5(1)

区分	期首	減	増		翌期首
未払金(通算税効果額)				20,000	20,000
未収入金(通算税効果額)					
納税充当金		30,000		80,000	50,000
未納法人税及び未納地方法人税		△30,000	中間	△30,000	△50,000
			確定	△50,000	
未払通算税効果額			中間		△20,000
			確定	△20,000	

■別表1

所得金額又は欠損金額	400,000
法人税額	80,000
中間申告分の法人税額	30,000
差引確定法人税額	50,000

(注)　「納税充当金」の「減」と「未納法人税及び未納地方法人税」の「増（中間）」・「減」には、［5(2)：租税公課の納付状況等］WS→［法人税・地方法人税］で入力した金額が表示されます。

4．子法人Cの入力・別表処理

上記1の前提をもとに入力した子法人Cの別表処理は、以下のとおりです。

■［当期利益・納税充当金・通算税効果額等］タブ

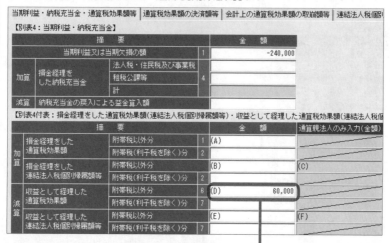

■［会計上の通算税効果額の取崩額等］タブ

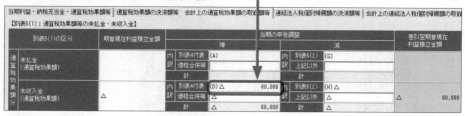

■別表4

区分		総額・留保
当期利益又は当期欠損の額		△240,000
加算	損金経理をした納税充当金	
	通算法人に係る加算額	
減算	通算法人に係る減算額	60,000
差引計		△300,000
通算対象所得金額の益金算入額		300,000
所得金額又は欠損金額		0

■別表4付表

区分			総額・留保
加算	損金経理をした通算税効果額	1	
		2～4	
	通算法人に係る加算額(1～4の計)	5	
減算	収益として経理した通算税効果額	6	60,000
		7～9	
	通算法人に係る減算額(6～9の計)	10	60,000

■別表5(1)

区分	期首	減	増	翌期首
未払金(通算税効果額)				
未収入金(通算税効果額)			△60,000	△60,000
納税充当金				
未納法人税及び未納地方法人税		中間		
		確定		
未払通算税効果額		中間		60,000
		確定	60,000	

■別表1

所得金額又は欠損金額	0
法人税額	0
中間申告分の法人税額	0
差引確定法人税額	0

③ 別表4・5(1)：剰余金処分

　［401.当期純利益・租税公課の納付状況等の入力］メニュー→［剰余金処分］WSでは、別表4に記載する「配当金」や別表5(1)に記載する「利益準備金」、「別途積立金」等の当期増減額を各通算法人が入力します。

　なお、期首利益積立金額は、［301.法人税の前期繰越金額等の確認（修正）］メニュー→［5(1)：前期繰越利益積立金額の確認（入力）］WSで入力します。

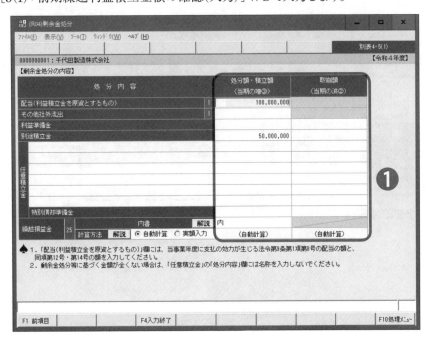

❶剰余金処分の入力

項目	入力する内容
［配当(利益積立金を原資とするもの)］	当期にその支払の効力が生ずる剰余金の配当等の額を入力します。入力した金額は、別表4の「当期利益又は当期欠損の額(1)」の「社外流出③」の「配当」欄に表示されます。
［利益準備金］	剰余金の処分により利益準備金として積み立てた金額や取崩額を入力します。
［特別償却準備金］	剰余金の処分により特別償却準備金として積み立てた金額や取崩額を入力します。
［繰越損益金］	［計算方法］区分で［自動計算］を選択した場合は、別表5(1)の「繰越損益金(25)」の「増」欄や「減」欄の金額が自動計算されます。

4 別表5(1)：税効果(法人税等調整額の内訳)

　　[401.当期純利益・租税公課の納付状況等の入力]メニュー→[税効果(法人税等調整額の内訳)]WSでは、各通算法人が別表5(1)に記載する「繰延税金資産」と「繰延税金負債」の当期の増減額を入力します。

　(注)　1. [当期利益・納税充当金・通算税効果額等の入力(必須)] WS→[当期利益・納税充当金・通算税効果額等]タブ→[税効果会計の適用]区分で[適用初年度]又は[適用2年目以降]を選択している場合に当画面を入力できます。
　　　　　2. その他有価証券に係る分は[その他有価証券の評価差額の別表調理] WS、繰延ヘッジ損益に係る分は[繰延ヘッジ損益に関する別表調理] WSで入力します。

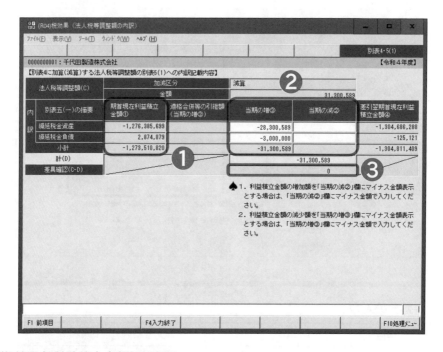

❶[期首現在利益積立金額]の確認

　　[301.法人税の前期繰越金額等の確認(修正)]メニュー→[前期繰越利益積立金額の確認(入力)] WS→[税効果会計の調整額の入力]ボタン→[繰延税金資産等の内訳]タブで入力した金額が表示されます。修正が必要な場合は、当該ワーキングシートで行います。

❷当期の増減額の入力

　　繰延税金資産はマイナス金額、繰延税金負債はプラス金額で入力します。

❸差異の確認

　　[当期利益・納税充当金・通算税効果額等の入力(必須)] WSで入力した[法人税等調整額]と当画面で入力した当期の増減額の[計]欄が一致する場合は、[差異確認(C-D)]欄に「0」と表示されます。

［差異確認(C-D)］欄が「0」となっているかを確認してください。

　［差異確認(C-D)］欄が「0」となっていない場合は、当期の増減額の入力内容が正しいかどうかを確認の上、必要に応じてデータを修正してください。

第6章

5 別表5(2)：租税公課の納付状況等

　[401.当期純利益・租税公課の納付状況等の入力]メニュー→[5(2)：租税公課の納付状況等]WSでは、各通算法人が［法人税・地方法人税］、［法人住民税・事業税等］、［その他の税金］の各画面を入力して、別表5(2)「租税公課の納付状況等に関する明細書」を作成します。

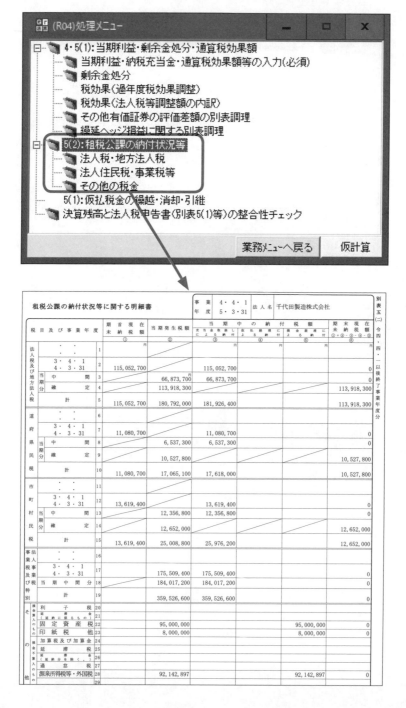

(1) [法人税・地方法人税]

　法人税・地方法人税の納付(還付)状況を入力します。

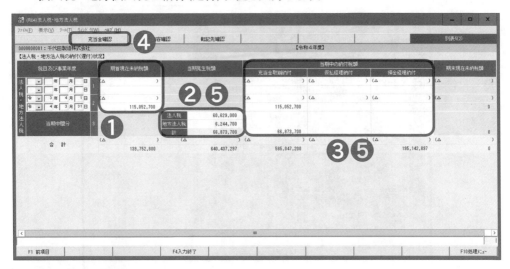

❶ [期首現在未納税額] の入力

　期首現在未納税額は下段、期首現在未収還付税額は上段(△印の欄)に入力します。

　なお、通算親法人の場合で、前期末において未納連結法人税があるときは、[法人税・地方法人税]の[期首現在未納税額]欄に前期末の未納連結法人税を含めて入力します。

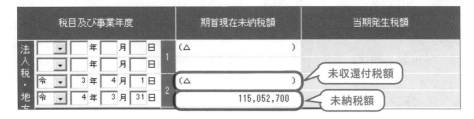

　(注) 前期の処理をeConsoliTax又はe-TAXグループ通算で行った場合は、年度更新により前期末の金額が複写されます。

❷当期中間分の入力

　当期の中間申告分について、[法人税]と[地方法人税]に分けて入力します。

❸ [当期中の納付税額] の入力

　当期に納付した法人税・地方法人税の経理方法に応じて、[充当金取崩納付]欄、[仮払経理納付]欄、[損金経理納付]欄に入力します。

❹納税充当金の確認

　画面上部の[充当金確認]ボタンをクリックすると、別表5(2)の「納税充当金の計算」欄の内容を確認できます。

納税充当金の確認			X
	<納税充当金の確認>	**納税充当金の計算式(PDF)**	

繰入額	期首納税充当金		30	315,262,200
	損金経理をした納税充当金		31	473,700,500
			32	
	計		33	473,700,500
取崩額	法人税額等		34	225,520,600
	事業税等		35	359,526,600
	その他	損金算入のもの	36	
		損金不算入のもの	37	
			38	
	仮払税金消却		39	
	計		40	585,047,200
	期末納税充当金		41	203,915,500

OK

期末納税充当金が、貸借対照表の「未払法人税等」と一致していることを確認してください。

　　画面上部の［充当金確認］ボタンをクリックして、［期末納税充当金］欄が貸借対照表の「未払法人税等」の金額と一致していることを確認してください。

❺別表5(2)から別表4等への自動転記

　　当画面で入力した金額が、別表4・別表5(1)等に次のとおり自動転記されます。

■別表5(2)

税目・事業年度		期首未納税額	当期発生税額		充当金取崩	仮払経理	損金経理
法人税・地方法人税		△			△ A	△ B	△ C
					D	E	F
	中間分		法人税	G	I	J	K
			地方法人税	H			

■別表4

区分		総額・留保	社外流出
加算	損金経理をした法人税及び地方法人税(附帯税を除く。)(2)	E F J K	
	還付仮払法人税及び還付仮払地方法人税	B	
	還付税金の納税充当金受入額	A	
減算	法人税等の中間納付額及び過誤納に係る還付金額 （18）	C	
	未収還付法人税及び未収還付地方法人税	A B	
	仮払法人税及び仮払地方法人税	E J	

■別表5(1)

区分	期首利益積立金額	当期の増減		翌期首利益積立金額
		減	増	
納税充当金 （26）		D I	A	
未納法人税及び未納地方法人税 （27）		D E F I J K	G H	
未収還付法人税及び未収還付地方法人税		A B C		
仮払法人税及び仮払地方法人税		B	E J	

■別表1

中間申告分の法人税額 （14）	G
中間申告分の地方法人税額 （40）	H

（表の見方）例えば、別表5(2)の「中間分・損金経理」に入力した金額（K）は、別表4の「損金経理をした法人税及び地方法人税(附帯税を除く。)」と別表5(1)の「未納法人税及び未納地方法人税」の「減」に表示されることを意味しています。

第6章

(2) [法人住民税・事業税等]

都道府県民税、市町村民税、事業税等の納付（還付）状況を入力します。

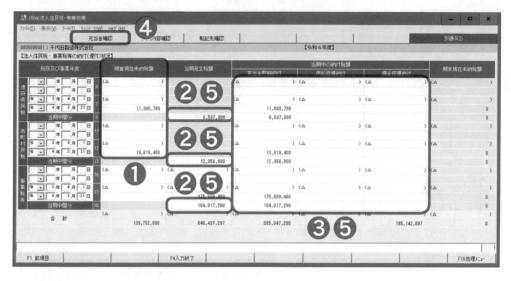

❶ [期首現在未納税額] の入力

期首現在未納税額は下段、期首現在未収還付税額は上段（△印の欄）に入力します。

（注）前期の処理をeConsoliTax又はe-TAXグループ通算で行った場合は、年度更新により前期末の金額が複写されます。

❷ [当期中間分] の入力

当期の中間申告分について、それぞれの税目に係る金額を入力します。

❸ [当期中の納付税額] の入力

当期に納付した都道府県民税、市町村民税、事業税等の経理方法に応じて、［充当金取崩納付］欄、［仮払経理納付］欄、［損金経理納付］欄に入力します。

❹納税充当金の確認

画面上部の［充当金確認］ボタンをクリックすると、別表5(2)の「納税充当金の計算」欄の内容を確認できます（134頁参照）。

❺別表5(2)から別表4等への自動転記

当画面で入力した金額が、別表4・別表5(1)等に次のとおり自動転記されます。

■別表5(2)

税目・事業年度		期首未納税額	当期発生税額	充当金取崩	仮払経理	損金経理
道府県民税		△		△ A	△ B	△ C
				D	E	F
	中間分		G	H	I	J
市町村民税		△		△ K	△ L	△ M
				N	O	P
	中間分		Q	R	S	T
事業税		△		△ U	△ V	△
				W	X	
	中間分			Y	Z	

■別表4

区分		総額・留保	社外流出
加算	損金経理をした道府県民税及び市町村民税（3）	E F I J O P S T	
	還付仮払都道府県民税	B	
	還付仮払市町村民税	L	
	還付仮払事業税等	V	
	還付税金の納税充当金受入額	A K U	
減算	納税充当金から支出した事業税等の金額（13）	W Y	
	法人税等の中間納付額及び過誤納に係る還付金額（18）	C M	
	未収還付道府県民税	A B	
	未収還付市町村民税	K L	
	仮払都道府県民税	E I	
	仮払市町村民税	O S	
	仮払事業税等	X Z	

第6章

■別表5(1)

区分	期首利益積立金額	当期の増減		翌期首利益積立金額
		減	増	
納税充当金（26）		DHNR WY	AK U	
未納道府県民税（29）		DEFH I J	G	
未納市町村民税（30）		NOPR ST	Q	
未収還付道府県民税		ABC		
未収還付市町村民税		KLM		
仮払都道府県民税		B	E I	
仮払市町村民税		L	O S	
仮払事業税等		V	XZ	

　（表の見方）例えば、別表5(2)の「道府県民税」の「中間分・損金経理」に入力した金額
　　（ J ）は、別表4の「損金経理をした道府県民税及び市町村民税」と別表5(1)の「未納
　　道府県民税」の「減」に表示されることを意味しています。

6 決算残高と法人税申告書(別表5(1)等)の整合性チェック

[401.当期純利益・租税公課の納付状況等の入力]メニュー→[決算残高と法人税申告書(別表5(1)等)の整合性チェック]WSでは、決算書の「未払法人税等」等と法人税申告書の「納税充当金」等の金額を比較することで、決算残高と法人税申告書の整合性をチェックできます。

(注) 通算親法人が、[107.グループ全体での統一処理のための設定]メニュー→[利用機能の設定]タブで当機能を[利用する]と選択している場合に当ワーキングシートを入力できます。

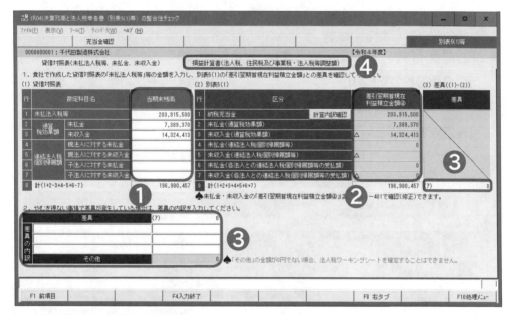

❶貸借対照表の[当期末残高]の入力

貸借対照表の当期末残高を入力します。

❷別表5(1)の当期末残高の確認

[当期利益・納税充当金・通算税効果額等の入力(必須)]WS、[租税公課の納付状況等]WSの入力に基づいて、各区分の当期末残高が表示されます。

❸差異の確認と内訳の入力

上記❶と❷の金額に差異が発生していないかを確認します。差異が発生している場合は、当画面、[当期利益・納税充当金・通算税効果額等の入力(必須)]WS、[租税公課の納付状況等]WSの入力内容を確認し、必要に応じて修正します。

なお、上記ワーキングシートの入力内容に問題がないにもかかわらず、差異が生じている場合は、[差異の内訳]欄を入力し、[その他]欄を0円にしてください。[その他]欄が0円でない場合は、法人税ワーキングシートを確定できません。

❹ 損益計算書と別表4の整合性チェック

　損益計算書と別表4の整合性チェックは、[損益計算書(法人税、住民税及び事業税・法人税等調整額)]タブで行います。

整合性チェックで差異が発生した場合の入力例

　「所得税額控除や外国税額控除がある場合」や「中間申告分の法人税額・地方税額を損金経理(納税充当金を経由しない)した場合」は、差異が発生します。差異が発生する場合は、[差異の内訳]欄を入力し、[その他]欄の金額が0円となるよう調整を行う必要があります。

(例) 源泉所得税（30,000）が発生し、所得税額控除を受ける場合

【源泉所得税の支払い】

　　(借) 法人税、住民税及び事業税　30,000　　(貸)受取配当金　　　30,000

【確定申告分の法人税等の計上】

　　(借) 法人税、住民税及び事業税　90,000　　(貸)未払法人税等　　90,000

■[損益計算書(法人税、住民税及び事業税・法人税等調整額)]タブ

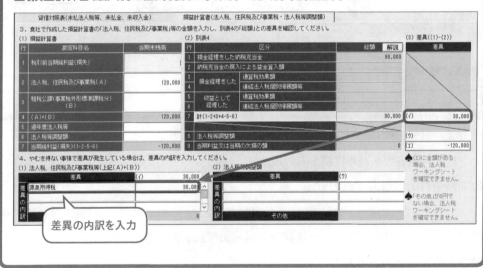

別表4へ自動転記される別表等の入力
（メニュー 402）

1 メニュー 402の概要

　各通算法人は、［402.別表4へ自動転記される別表等の入力］メニューで、以下の①か
ら③の別表に関する法人税ワーキングシートを入力します。

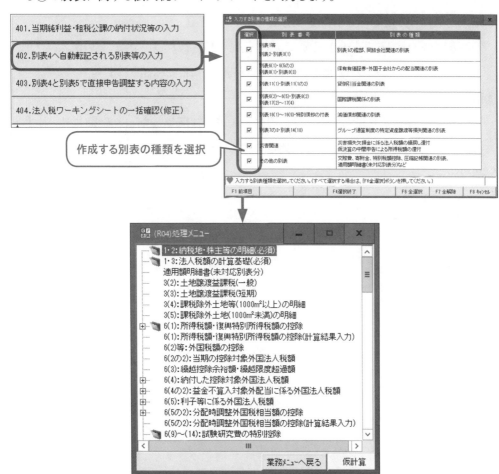

①別表4等に自動転記する申告調整項目を計算する別表

　別表15（交際費）や別表16(1)（減価償却）等の法人税ワーキングシートを入力
した結果、申告調整項目（交際費等の損金不算入、減価償却の償却超過額等）が生
じた場合は、その結果が別表4・別表5(1)に自動転記されます。

（例）

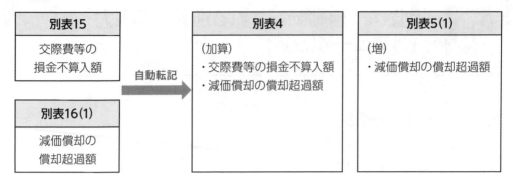

②法人税額からの控除額を計算する別表

　　別表6(1)（所得税額控除）や別表6(9)（試験研究費の特別控除）等の法人税ワーキングシートの入力に基づき計算された控除額が別表1に自動転記されます。

③別表1

　　別表1等に記載する基本情報（税務署名、代表者住所等）を［1・2：納税地・株主等の明細(必須)］WSと［1・3：法人税額の計算基礎(必須)］WSで入力します。

2 別表1・3：法人税額の計算基礎

　[402.別表4へ自動転記される別表等の入力]メニュー→[1・3：法人税額の計算基礎（必須）]WSでは、各通算法人が別表1に記載する項目（売上金額、決算確定の日、添付書類等）や留保金課税（別表3(1)）等の計算基礎を入力します。

(1) [法人税額の計算基礎]タブ

　別表1に記載する項目（売上金額、決算確定の日）等を入力します。

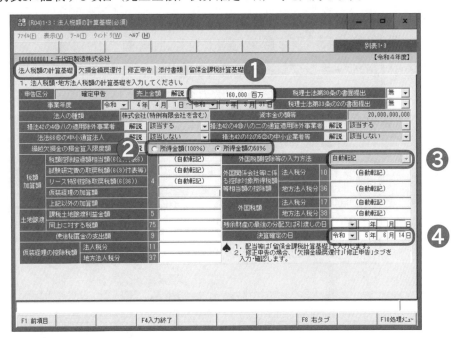

❶ [売上金額]の入力

　損益計算書の売上（収入）金額の合計額（雑収入、営業外収益及び特別損益を除きます）を100万円単位（100万円未満の端数は切り上げます）で入力します。

❷ [繰越欠損金の損金算入限度額]の選択（確認）

　[107.グループ全体での統一処理のための設定]メニュー→[繰越欠損金]タブ→[法人税の繰越欠損金の損金算入限度額]区分で選択した内容（所得金額の100％又は50％）が表示されます。

　なお、メニュー107で[通算法人ごとに設定]を選択している場合は、繰越欠損金の損金算入限度額（所得金額の100％又は50％）を選択します。

❸ [外国税額控除等の入力方法]の確認

　[107.グループ全体での統一処理のための設定]メニュー→[外国税額控除]タブ→[外国税額控除等の入力方法]区分で[計算結果を自動転記する]を選択している場合は、「自動転記」と表示されます。この場合は、外国税額控除に関する別表（別表6(2)等）の

計算結果が別表1・別表4・地方税申告書等に自動転記されます。

❹ ［決算確定の日］の入力

決算確定の日を入力します。

3 別表6(1)：所得税額・復興特別所得税額の控除

［402.別表4へ自動転記される別表等の入力］メニュー→［6(1)：所得税額・復興特別所得税額の控除］WSでは、各通算法人が法人税額から控除する所得税額等の計算基礎を入力して、別表6(1)「所得税額の控除に関する明細書」を作成します。

(1) 別表6(1)のワーキングシートの構成

別表6(1)のワーキングシートは、以下の入力画面で構成されています。

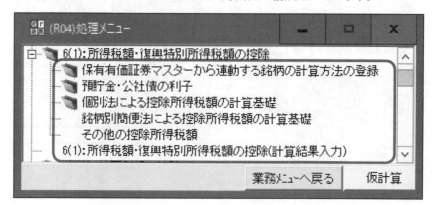

入力画面	入力する内容
［保有有価証券マスターから連動する銘柄の計算方法の登録］	保有有価証券マスター（メニュー103）から連動して別表6(1)を作成する場合に、控除所得税額の計算方法（「個別法」又は「銘柄別簡便法」）を選択します。
［預貯金・公社債の利子］	預貯金の利子や公社債の利子等に係る収入金額や所得税額等を入力します。
［個別法による控除所得税額の計算基礎］	個別法により控除所得税額を計算する剰余金の配当等の明細を入力します。
［銘柄別簡便法による控除所得税額の計算基礎］	銘柄別簡便法により控除所得税額を計算する剰余金の配当等の明細を入力します。
［その他の控除所得税額］	所得税法第174条第3号から第10号に規定する給付補填金等の支払を受けた場合やみなし配当等の額がある場合に入力します。

入力画面	入力する内容
［所得税額・復興特別所得税額の控除（計算結果入力）］	控除所得税額の明細を表計算ソフト等で別途計算している場合で、控除所得税額等の計算結果（合計）を直接入力するときに当画面を利用します。

（注）［所得税額・復興特別所得税額の控除（計算結果入力）］でデータを入力している場合は、その他の画面は入力できません。

（2）保有有価証券マスターから連動する銘柄の計算方法の登録

　　保有有価証券マスター（メニュー103）から連動して別表6(1)を作成すると設定している場合は、当ワーキングシートで控除所得税額の計算方法（「個別法」又は「銘柄別簡便法」）を選択します。

■有価証券マスターと法人税ワーキングシートの連動設定（メニュー103）

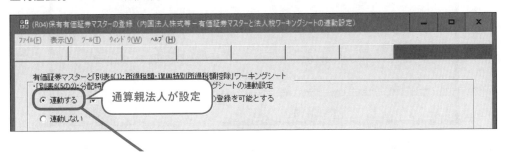

■保有有価証券マスターから連動する銘柄の計算方法の登録（メニュー402）

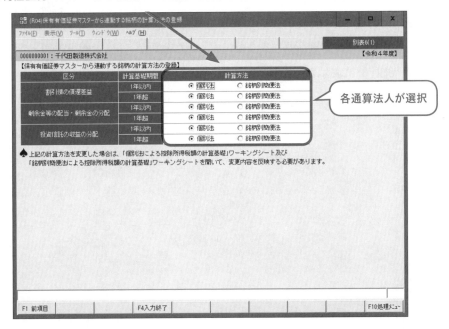

145

(3) 預貯金・公社債の利子

別表6(1)の「1」欄に係る預貯金の利子や公社債の利子等の収入金額や控除所得税額等を入力します。

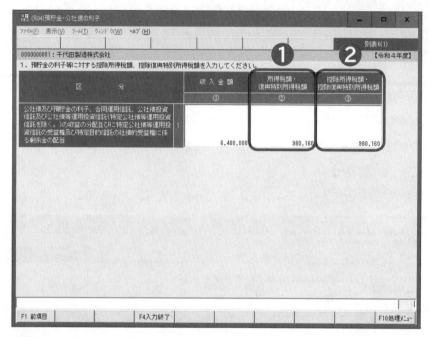

❶ [所得税額・復興特別所得税額] の入力

復興特別所得税額を含めた所得税額等を入力します。

❷ [控除所得税額・控除復興特別所得税額] の自動表示

[所得税額・復興特別所得税額] 欄に入力した金額が、[控除所得税額・控除復興特別所得税額] 欄に表示されます。

(4) 個別法による控除所得税額の計算基礎

個別法により控除所得税額を計算する剰余金の配当等の明細を入力します。

保有有価証券マスター（メニュー103）と連動して別表6(1)を作成する場合は、通算親法人が保有有価証券マスターで登録した有価証券のうち、［保有有価証券マスターから連動する銘柄の計算方法の登録］で「個別法」で計算すると設定（145頁を参照）した有価証券の明細が一覧に表示されます。

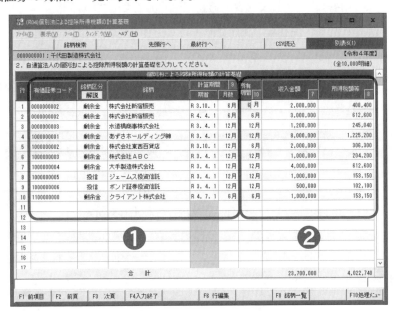

❶保有有価証券マスターから連動する項目

通算親法人が保有有価証券マスター（メニュー103）で登録した［銘柄］、［計算期間］等が表示されます。

❷［収入金額］等の入力

明細ごとに［所有期間］、［収入金額］、［所得税額等］を入力します。

(注) 1. 下記画面で通算親法人が保有有価証券マスターと［連動しない］と設定している場合は、各通算法人が当ワーキングシートで自社が保有する有価証券の銘柄等もあわせて入力します。

2. 下記画面で通算親法人が［保有有価証券マスター以外の銘柄の登録を可能とする］にチェックを付けている場合は、保有有価証券マスターに登録していない銘柄を当ワーキングシートで追加することができます。

■メニュー103→［有価証券マスターと法人税ワーキングシートの連動設定］

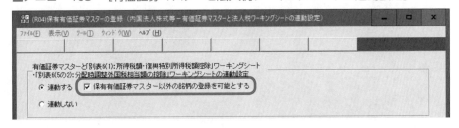

保有する有価証券が一覧に表示されない場合は、有価証券マスターを確認してください。

　保有する有価証券が明細一覧に表示されない場合は、［103.保有有価証券マスター］メニューで以下の点を確認してください。下記(1)〜(2)の登録内容に誤りがある場合は、通算親法人にマスター修正を依頼してください。

(1)　［各法人の保有状況登録］画面で、その有価証券を保有していると登録されているか？

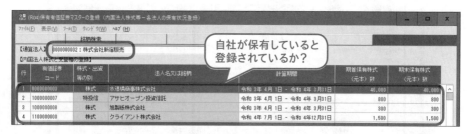

(2)　［銘柄の登録］画面の［所得税額控除の区分］が正しく登録されているか？

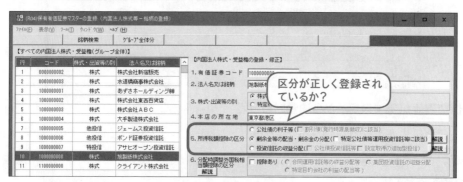

(注) 公社債の利子等の場合は［割引債（発行時源泉徴収）に該当］にチェックがあるもの、剰余金等の配当・剰余金の分配については［特定公社債等運用投資信託等に該当］にチェックが入っていないもの、投資信託の収益分配については［公社債投資信託等］にチェックが入っていないものが、当画面の明細一覧の表示対象となります。

(5) 銘柄別簡便法による控除所得税額の計算基礎

銘柄別簡便法により控除所得税額を計算する剰余金の配当等の明細を入力します。

保有有価証券マスター（メニュー103）と連動して別表6(1)を作成する場合は、通算親法人が保有有価証券マスターで登録した有価証券のうち、［保有有価証券マスターから連動する銘柄の計算方法の登録］で「銘柄別簡便法」で計算すると設定（145頁を参照）した有価証券の明細が一覧に表示されます。

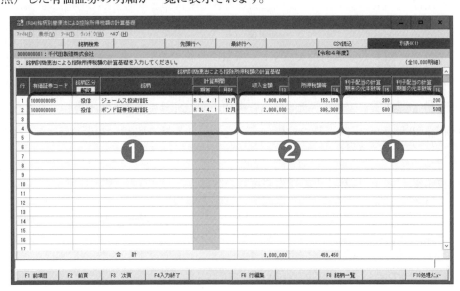

❶保有有価証券マスターから連動する項目

通算親法人が保有有価証券マスター（メニュー103）で登録した［銘柄］、［計算期間］、［利子配当の計算期末の元本数等］等が表示されます。

❷［収入金額］等の入力

明細ごとに［収入金額］、［所得税額等］を入力します。

（注）1. 通算親法人が保有有価証券マスターと［連動しない］と設定している場合（147頁参照）は、各通算法人が当ワーキングシートで自社が保有する有価証券の銘柄等もあわせて入力します。

　　　2. 通算親法人が保有有価証券マスターで［保有有価証券マスター以外の銘柄の登録を可能とする］にチェックを付けている場合（147頁参照）は、保有有価証券マスターに登録していない銘柄を当ワーキングシートで追加することができます。

(6) 別表4等への自動転記

別表6(1)で計算された控除所得税額は、以下のとおり別表4等に自動転記されます。

転記元：別表6(1)	転記先
計(6)の「②のうち控除を受ける所得税額③」	別表4：法人税額から控除される所得税額（29）（加算・流出）
	別表1：所得税の額（16）
	別表6(5)：控除所得税額又は控除所得税額の個別帰属額（20）

4 別表6(2)等：外国税額の控除

[402.別表4へ自動転記される別表等の入力]メニュー→[6(2)等：外国税額の控除]WSでは、各通算法人が法人税額から控除する外国税額の計算基礎を入力して、以下の別表を作成します。

- ●別表6(2)「内国法人の外国税額の控除に関する明細書」
- ●別表6(2)付表1「国外事業所等帰属所得に係る所得の金額の計算に関する明細書」
- ●別表6(2)付表2「国外事業所等に帰せられるべき資本に対応する負債の利子の損金不算入額の計算及び銀行等の資本に係る負債の利子の損金算入額の計算に関する明細書」
- ●別表6(2)付表3「国外事業所等帰属資本相当額の計算に関する明細書」
- ●別表6(2)付表4「保険会社の投資資産超過額に係る投資収益の益金不算入に関する明細書」
- ●別表6(2)付表5「通算法人の控除限度額の計算等に関する明細書」

(注) 上記の別表を作成する場合は、通算親法人が、[107.グループ全体での統一処理のための設定]メニュー→[外国税額控除]タブ→[外国税額控除額等の入力方法]区分で[計算結果を自動転記する]を選択する必要があります。

(1) [その他の国外源泉所得(6(2))]タブ等

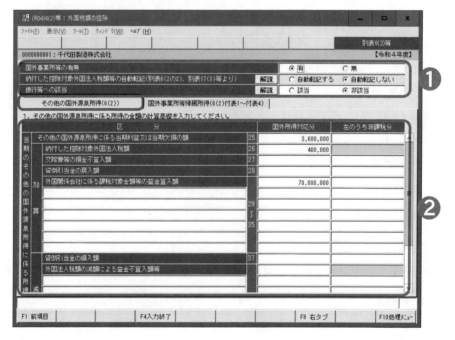

❶区分の選択

区分名	選択する内容
国外事業所等の有無	国外事業所等（国外にある恒久的施設に相当するもの）の有無を選択します。[有]を選択した場合は、[国外事業所等帰属所得(6(2)付表1～付表4)]タブでデータを入力します。 また、[無]を選択した場合は、[納付した控除対象外国法人税額等の自動転記(別表6(2の2)、別表17(3)等より)]区分で[自動転記する]又は[自動転記しない]のいずれかを選択します。
納付した控除対象外国法人税額等の自動転記（別表6(2の2)、別表17(3)等より）	●**国外事業所等を有する場合** 　[国外事業所等の有無]区分で[有]を選択した場合は、[自動転記しない]が固定選択されます。この場合は、[その他の国外源泉所得(6(2))]タブの以下の3つの入力欄が入力可能となります。 　1．[納付した控除対象外国法人税額]の[国外所得対応分]欄 　2．[外国関係会社に係る課税対象金額等の益金算入額]の[国外所得対応分]、[左のうち非課税分]欄 　3．[外国法人税額の減額による益金不算入額等]の[国外所得対応分]欄 ●**国外事業所等を有しない場合** 　国外事業所等を有しない場合は、[自動転記する]又は[自動転記しない]のいずれかを選択します。[自動転記する]を選択した場合は、別表6(2の2)や別表17(3)等の計算結果が、別表6(2)に自動転記されます。
銀行等への該当	[国外事業所等の有無]区分で[有]を選択した場合は、銀行等（法令141の5①に規定する内国法人）に該当するか否かを選択します。[該当]を選択した場合は、[負債利子損金不算入(付表2)]タブと[国外事業所等帰属資本（付表3)]タブで、別表6(2)付表2「Ⅱ 銀行等の資本に係る負債の利子の損金算入額の計算に関する明細書」の計算基礎を入力します。

第6章

❷その他の国外源泉所得の入力

　　[その他の国外源泉所得(6(2))]タブでは、国外事業所等に帰属しない国外源泉所得
(法令141の2第2号に掲げる国外源泉所得) に係る所得金額を入力します。

　　なお、[納付した控除対象外国法人税額等の自動転記(別表6(2の2)、別表17(3)等より)] 区分で [自動転記する]を選択した場合は、別表6(2)の以下の表の項目は、次のとおり計算されます。また、同額が別表4に自動転記されます。

別表6(2)の項目	計算式
「納付した控除対象外国法人税額 (26)」の「国外所得対応分①」	別表6(2の2)「納付した控除対象外国法人税額計又は個別控除対象外国法人税額計 (7)」
外国関係会社に係る課税対象金額等の益金算入額 (29)	別表17(3)「課税対象金額、部分課税対象金額若しくは金融子会社等部分課税対象金額又は個別課税対象金額、個別部分課税対象金額若しくは個別金融子会社等部分課税対象金額 (18)」
外国法人税額の減額による益金不算入額等の 「国外所得対応分①」(空欄行に表示)	以下の1から3の合計額 1. 別表6(2の2)の「納付分に係る減額分 (10)」 2. 別表6(2の2)の「外国関係会社に係る減額分 (12)」のうち、「計 (9)」と相殺された金額 3. [6(2の2):当期の控除対象外国法人税額] WSの [外国関係会社に係る減額分] 欄の金額のうち、別表6(2の2)の「計 (9)」と相殺された金額

(2) [国外事業所等帰属所得(6(2)付表1〜付表4)]タブ

　　当タブでは、別表6(2)付表1から別表6(2)付表4の計算基礎を入力します。

❶明細の新規登録

［F1 新規登録］ボタンをクリックすると以下の画面が表示されます。各タブを選択して、別表6(2)付表1から別表6(2)付表4の計算基礎を入力します。

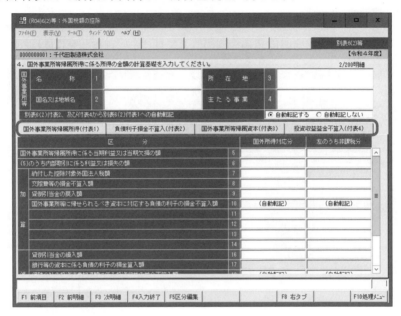

(3) 別表1への自動転記

別表6(2)の計算結果が、以下のとおり、別表1に自動転記されます。

転記元：別表6(2)	転記先：別表1
当期に控除できる金額（24）	別表1：外国税額（17）
外国税額の控除額（57）	別表1（次葉）：外国税額（77）

5 別表6(3)：繰越控除余裕額・繰越限度超過額

　[402.別表4へ自動転記される別表等の入力]メニュー→[6(3)：繰越控除余裕額・繰越限度超過額]WSでは、各通算法人が、地方税の控除限度額を「標準税率」又は「実際税率」のいずれの割合を用いて計算するかを選択して、別表6(3)「外国税額の繰越控除余裕額又は繰越控除限度超過額等の計算に関する明細書」を作成します。

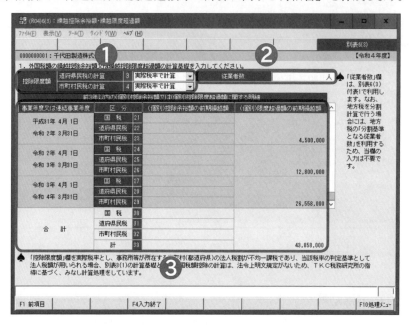

❶「標準税率」又は「実際税率」の選択

　[道府県民税の計算]区分、[市町村民税の計算]区分の選択に応じて、次のとおり道府県民税と市町村民税の控除限度額が計算されます。

選択した区分	道府県民税・市町村民税の控除限度額の計算
[標準税率で計算]を選択した場合	●別表6(3)「法人税（1）」欄の金額に1％を乗じて、道府県民税の控除限度額が計算されます。 ●別表6(3)「法人税（1）」欄の金額に6％を乗じて、市町村民税の控除限度額が計算されます。
[実際税率で計算]を選択した場合	地方税ワーキングシートで入力した「実際税率（超過税率）」と「従業者数」に基づいて、以下の別表において道府県民税と市町村民税の控除限度額が自動計算されます。 ●別表6(3)付表1「地方税の控除限度額の計算の特例に関する明細書」 ●第7号の2様式別表2「控除限度額の計算に関する明細書」 ●第20号の4様式別表2「控除限度額の計算に関する明細書」

外国税額控除の別表を作成する場合は、[6(3)：繰越控除余裕額・繰越限度超過額]WSの入力が必要です。

　外国税額控除等に関する別表（別表6(2)、別表17(3の5)、別表17(3の6)等）を作成する場合は、当画面で地方税の控除限度額を計算するための割合（標準税率又は実際税率）を選択する必要があります。当画面で区分を選択しないで計算処理を行った場合は、当区分が未入力である旨のエキスパートチェックが表示されて、計算処理が中止されます。

[実際税率で計算]を選択した場合は、地方税ワーキングシートの入力が必要です。

　[実際税率で計算]を選択した場合は、地方税ワーキングシートの入力が必要です。地方税ワーキングシートを入力せずに計算処理を行った場合は、未入力である旨のエキスパートチェックが表示され、計算処理が中止されます。

❷従業者数の入力が必要なケース

　控除限度額を実際税率（超過税率）で計算する場合で、地方税を非分割計算で行うときに［従業者数］欄を入力します。

　なお、地方税を分割計算で行う場合は、地方税ワーキングシート（メニュー501）で入力する「分割基準となる従業者数」を利用するため、［従業者数］欄の入力は不要です。

❸控除余裕額・控除限度超過額の前期繰越額の確認

　[301.法人税の前期繰越金額等の確認(修正)]メニュー→[6(3)：繰越控除余裕額・繰越限度超過額]WSで入力した内容が表示されます。修正が必要な場合は、当該ワーキングシートで修正します。

6 別表6(4)：納付した控除対象外国法人税額

　[402.別表4へ自動転記される別表等の入力]メニュー→ [6(4)：納付した控除対象外国法人税額]WSでは、各通算法人が控除対象外国法人税額の計算基礎を入力して、別表6(4)「控除対象外国法人税額又は個別控除対象外国法人税額に関する明細書」を作成します。

(1) 別表の作成方法の選択

　処理メニューから[計算基礎入力分]を選択します。

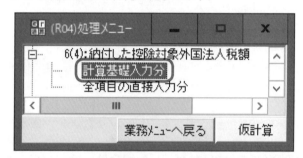

　(注)[計算基礎入力分]は、必要最小限のデータを入力して別表6(4)を作成する方法です。[全項目の直接入力分]は、すべての項目を直接入力して別表6(4)を作成する方法です。

(2) 明細の新規登録

❶明細の新規登録

　[F1 新規登録]ボタンをクリックすると、次の (3) の画面が表示されます。

（3）外国法人税額の明細入力

納付外国法人税額・みなし納付外国法人税額の明細を入力します。

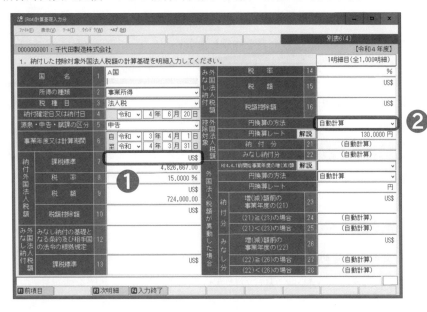

❶通貨単位の入力

　[課税標準] 欄の上段には、US$等の通貨単位を入力します。当欄に入力した通貨単位が、他の金額の記載欄にも自動表示されます。

納付外国法人	課税標準	7	US$ 4,826,667.00
	税　率	8	15.0000 %
	税　額	9	US$ 724,000.00

上段に「通貨単位」を入力

[課税標準]欄で入力した通貨単位を表示

❷ [円換算の方法] の選択

　別表6(4)の控除対象外国法人税額（納付分とみなし納付分）等の円換算の方法（[円換算レートで自動計算] 又は [円換算額の直接入力]）を選択します。

円換算の方法	入力する内容
[円換算レートで自動計算] を選択した場合	[円換算レート] 欄に一外国通貨単位当たり何円であるかを入力します。入力した [円換算レート]に基づいて、控除対象外国法人税額（納付分とみなし納付分）や外国法人税額の異動額（納付分とみなし納付分）の円換算額が自動計算されます。
[円換算額の直接入力]を選択した場合	控除対象外国法人税額（納付分とみなし納付分）や外国法人税額の異動額（納付分とみなし納付分）の円換算額を直接入力します。

7 別表6(9)〜(14)：試験研究費の特別控除

　［402.別表4へ自動転記される別表等の入力］メニュー→［6(9)〜(14)：試験研究費の特別控除］WSでは、各通算法人が法人税額から控除する「試験研究費の特別控除額」の計算基礎を入力して、以下の別表を作成します。

- ●別表6(9)「一般試験研究費に係る法人税額の特別控除に関する明細書」
- ●別表6(9)付表「通算法人の一般試験研究費に係る税額控除可能分配額等の計算に関する明細書」
- ●別表6(10)「中小企業者等の試験研究費に係る法人税額の特別控除に関する明細書」
- ●別表6(10)付表「通算法人である中小企業者等の試験研究費に係る税額控除可能分配額等の計算に関する明細書」
- ●別表6(11)「試験研究を行った場合の法人税額の特別控除における比較試験研究費の額及び平均売上金額の計算に関する明細書」
- ●別表6(12)「試験研究を行った場合の法人税額の特別控除における基準年度比売上金額減少割合及び基準年度試験研究費の額の計算に関する明細書」
- ●別表6(13)「試験研究を行った場合の法人税額の特別控除における基準年度比合算売上金額減少割合等の計算に関する明細書」
- ●別表6(14)「特別試験研究費に係る法人税額の特別控除に関する明細書」
- ●別表6(14)付表「通算法人の特別試験研究費に係る税額控除可能分配額等の計算に関する明細書」

（注）通算親法人は、試験研究費の特別控除制度の適用を受けるか否か等を［107.グループ全体での統一処理のための設定］メニュー→［その他グループ統一設定］タブ→［試験研究費の特別控除（別表6(9)〜6(14)）］区分で設定します。

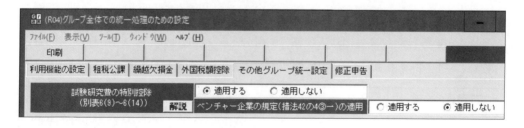

(1) ［試験研究費の額］タブ

各通算法人における試験研究費の額や特別試験研究費の額の明細を入力します。

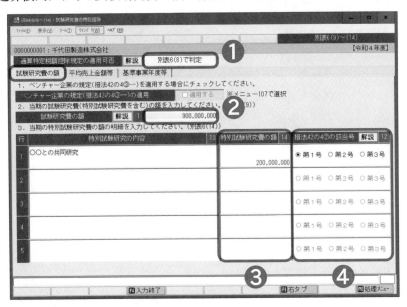

❶ ［通算特定税額控除規定の適用可否］の表示

通算法人が中小企業者等（措法42の4④）に該当しない場合[※]は、［通算特定税額控除規定の適用可否］区分には［別表6(8)で判定］と表示されます。

上記に該当する場合は、［6(7)・(8)：通算特定税額控除規定の適用可否の判定］WSを入力して、試験研究費の特別控除の規定の適用を受けるための要件を満たしているかを判定する必要があります。

なお、各通算法人が入力した結果、別表6(8)の「該当・非該当(4)(8)(13)」のすべてが「非該当」（該当・非該当のいずれにも丸印が付されていない場合を含みます）となった場合は、試験研究費の税額控除限度額が0円で計算されます。

（※）中小企業者等に該当するか否かは、［101.企業マスター］で設定します。

❷ ［試験研究費の額］の入力

別表6(9)又は別表6(10)の「試験研究費の額(1)」を入力します。特別試験研究費の額も含めて入力します。

❸ ［特別試験研究費の額］の入力

別表6(14)の「特別試験研究費の額(14)」を入力します。

❹ ［措法42の4⑦の該当号］の選択

特別試験研究費の額が以下の第1号から第3号のいずれに該当するかを選択します。

第1号	国の試験研究機関、大学その他これらに準ずる者と共同して行う試験研究又はこれらに委託する試験研究に係る一定の試験研究費の額
第2号	研究開発型ベンチャー企業（新事業開拓事業者等又は成果活用促進事業者）との共同研究及び研究開発型ベンチャー企業への委託研究
第3号	上記1号・2号以外の特別試験研究費の額

　なお、選択した区分に応じて、次の割合を第1号から第3号に係る特別試験研究費の額の合計額（グループ全体）にそれぞれ乗じて、特別試験研究費基準額（別表6(14)付表の「7」欄）が計算されます。

- ●［第1号］を選択した場合：30％
- ●［第2号］を選択した場合：25％
- ●［第3号］を選択した場合：20％

(2) ［平均売上金額等］タブ

　別表6(11)の「平均売上金額」、「比較試験研究費の額」の計算基礎を入力します。

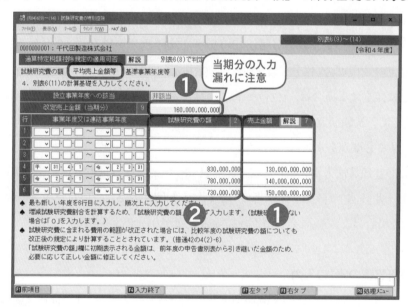

❶売上金額の入力

　以下に該当する場合は、「各通算法人の平均売上金額の合計額」を計算するために、事業年度開始の日前3年以内に開始した各事業年度の売上金額と当期分の改定売上金額を入力します。

●合算試験研究費割合が10％超の場合の控除割増率の特例を受けるとき

　別表6(9)付表「15」欄又は別表6(10)付表「13」欄の計算

●合算試験研究費割合が10%超の場合の税額基準額の特例を受けるとき

別表6(9)付表「20」欄又は別表6(10)付表「19」欄の計算

合算試験研究費割合は、「各通算法人の試験研究費の額の合計額÷各通算法人の平均売上金額の合計額」で計算されます。そのため、試験研究費の額を支出していない通算法人も売上金額の入力が必要です。

❷ [試験研究費の額]の入力

比較試験研究費の額（別表6(11)の「5」欄）を計算するために、適用年度に係る事業年度開始の日前3年以内に開始した各事業年度の試験研究費の額を入力します。

なお、試験研究費の額を支出していない事業年度については、「0」を入力してください。

(3) [基準事業年度等]タブ

[基準事業年度等]タブでは、別表6(13)の「基準年度比合算売上金額減少割合」の計算に必要となる基準事業年度等における「売上金額」や「試験研究費の額」を入力します。

なお、ベンチャー企業の規定（メニュー107で設定）の適用を受ける場合は、当タブを入力できません。

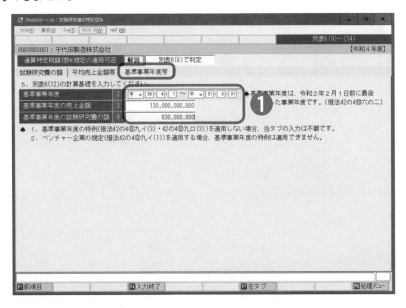

❶基準事業年度の売上金額・試験研究費の額の入力

　基準事業年度（令和2年2月1日前に最後に終了した事業年度）における「売上金額」や「試験研究費の額」を入力します。

（参考）基準年度比合算売上金額減少割合が2％以上である場合の税額控除上限額の特例

　通算親法人の事業年度が令和3年4月1日から令和5年3月31日までの間に開始する各事業年度において、基準年度比合算売上金額減少割合[※1]が2％以上であり、かつ、各通算法人の試験研究費の額の合計額が各通算法人の基準年度試験研究費の額[※2]の合計額を超える場合の税額控除上限額は、次により計算した金額とされています（措法42の4③三、⑧九）。

> 税額控除上限額＝調整前法人税額×25％（原則）＋調整前法人税額×5％（上乗せ）

（※1）基準年度比合算売上金額減少割合とは、その適用を受ける事業年度の各通算法人の売上金額の合計額（一定のものに限ります。以下同じです）が令和2年2月1日前に最後に終了した事業年度の各通算法人の売上金額の合計額に満たない場合のその満たない部分の金額の合計額のその最後に終了した事業年度の売上金額の合計額に対する割合をいいます（措法42の4⑲十三）。

（※2）基準年度試験研究費の額とは、令和2年2月1日前に最後に終了した事業年度の試験研究費の額をいいます（措法42の4⑲六の三）。

　「基準年度比合算売上金額減少割合が2％以上である場合の税額控除上限額の特例」の適用を受ける通算グループは、すべての通算法人が[基準事業年度等]タブを入力する必要があります。

(4) 別表6(6)等への自動転記

別表6(9)等の計算結果は、以下のとおり別表6(6)等に自動転記されます。

転記元	転記先
別表6(9)：法人税額の特別控除額（22）	別表6(6)：法人税額の特別控除額（9）の「①」
	第6号様式別表1、第20号様式別表1：試験研究費の額等に係る法人税額の特別控除額⑨[※1]
別表6(10)：法人税額の特別控除額（21）	別表6(6)：法人税額の特別控除額（9）の「②」
	別表3(1)：「中小企業者等（23）」欄の計算上、当該金額を減算[※2]
別表6(14)：法人税額の特別控除額（11）	別表6(6)：法人税額の特別控除額（9）の「③」
	第6号様式別表1、第20号様式別表1：試験研究費の額等に係る法人税額の特別控除額⑨[※1]
	別表3(1)：「中小企業者等（23）」欄の計算上、当該金額を減算[※2]

（※1）「中小企業者等」に該当しない場合
（※2）「中小企業者等」に該当する場合

8 別表6(31)：給与等支給額増加の特別控除

［402.別表4へ自動転記される別表等の入力］メニュー→［6(31)：給与等支給額増加の特別控除］WSでは、各通算法人が法人税額から控除する「給与等支給額増加の特別控除額」の計算基礎を入力して、以下の別表を作成します。

- 別表6(31)「給与等の支給額が増加した場合の法人税額の特別控除に関する明細書」
- 別表6(31)付表1「給与等支給額及び比較教育訓練費の額の計算に関する明細書」
- 別表6(31)付表2「給与等の支給額が増加した場合の法人税額の特別控除における雇用者給与等支給増加重複控除額の計算に関する明細書」
- 第6号様式別表5の6の3「給与等の支給額が増加した場合の付加価値額の控除に関する明細書」

(1) [適用可否]タブ

　　事業年度終了の時において、資本金の額又は出資金の額が10億円以上であり、かつ、その法人の常時使用する従業員の数が1,000人以上である場合は、マルチステークホルダー方針の公表の有無を選択します。

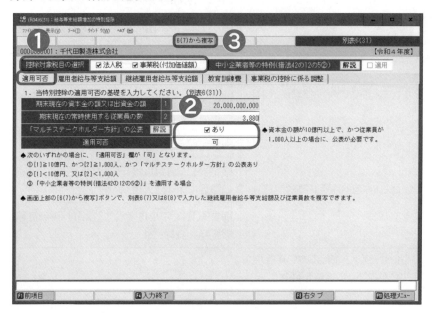

❶ [控除対象税目の選択]

　　別表6(31)を作成する場合は、[法人税]にチェックを付けます。

　　また、第6号様式別表5の6の3「給与等の支給額が増加した場合の付加価値額の控除に関する明細書」を作成する場合は、[事業税(付加価値額)]にチェックを付けます。

❷ [「マルチステークホルダー方針」の公表]の選択

　　[あり]にチェックを付けた場合は、[適用可否]欄に「可」と表示されます。

　　なお、通算法人が中小企業者等の特例（措法42の12の5②）の適用を受ける場合は、[適用可否]タブの入力は不要です。[適用可否]欄には、「可」と表示されます。

(参考) 適用要件の見直し（令和4年度税制改正）

　　給与等の支給額が増加した場合の法人税額の特別控除制度の適用に当たって、その事業年度終了の時において、その法人の資本金の額又は出資金の額が10億円以上であり、かつ、その法人の常時使用する従業員の数が1,000人以上である場合には、その法人は給与等の支給額の引上げの方針、下請事業者その他の取引先との適切な関係の構築の方針その他の事業上の関係者との関係の構築の方針に関する一定の事項（マルチステークホルダー方針）をインターネットを利用する方法により公表し、確定申告書等

に、経済産業大臣のその法人がマルチステークホルダー方針を公表していることについて届出があった旨を証する書類の写しを添付した場合に限りその適用を受けることができることとされています（措法42の12の5①、措令27の12の5①②）。

❸ **別表6(7)WSからのデータ複写**

[6(7)から複写]ボタンをクリックすると、[6(7)・(8)：通算特定税額控除規定の適用可否の判定]WSで入力したデータ（期末現在の常時使用する従業員の数、継続雇用者給与等支給額等）を複写できます。

(2) [雇用者給与等支給額] タブ

別表6(31)付表1の「雇用者給与等支給額（4）」や「比較雇用者給与等支給額（11）」等の計算基礎を入力します。

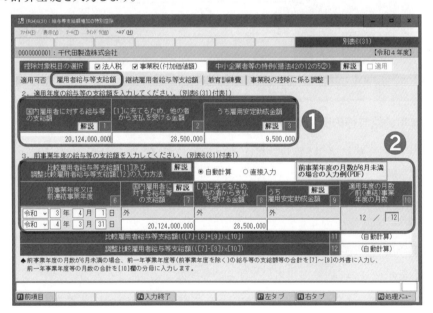

❶ **適用年度の給与等の支給額の入力**

適用年度（当期）の［国内雇用者に対する給与等の支給額］等を入力します。

❷ **前事業年度の給与等の支給額の入力**

適用年度又は前事業年度等に合併等を行っていない場合は、［比較雇用者給与等支給額［11］及び調整比較雇用者給与等支給額［12］の入力方法］区分で［自動計算］を選択した上で、前事業年度の［国内雇用者に対する給与等の支給額］欄等を入力します。これらの入力に基づいて、［比較雇用者給与等支給額］と［調整比較雇用者給与等支給額］が自動計算されます。

(3)［継続雇用者給与等支給額］タブ

「継続雇用者給与等支給額」と「継続雇用者比較給与等支給額」の計算基礎を入力します。

（注）中小企業者等の特例の適用を受ける場合は、当タブの入力は不要です。

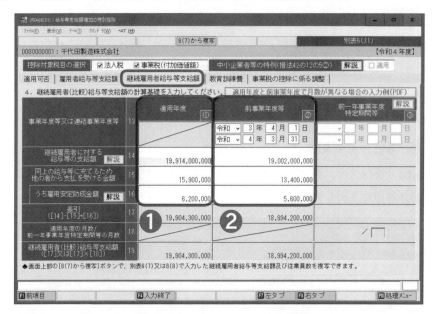

❶適用年度の給与等の支給額の入力

適用年度（当期）の［継続雇用者に対する給与等の支給額］等を入力します。

（注）継続雇用者とは、法人の適用年度及び前事業年度の期間内の各月分のその法人の給与等の支給を受けた国内雇用者^(※)として政令で定めるものをいいます（措法42の12の5③四）。
（※）法人の使用人（その法人の役員の特殊関係者及び使用人兼務役員を除く）のうち、国内の事業所に勤務する雇用者をいいます（措法42の12の5③二）。

❷前事業年度等の給与等の支給額の入力

前事業年度等の［継続雇用者に対する給与等の支給額］等を入力します。

（注）1.「前事業年度等の月数」が「当期の月数」に満たない場合は、［前一年事業年度特定期間等］の各欄に入力します。「前一年事業年度特定期間」とは、適用年度開始の日前一年（適用年度が一年に満たない場合には、当該適用年度の期間）以内に終了した各事業年度（設立の日以後に終了した事業年度に限る）の期間（当該開始の日から起算して一年前の日又は設立の日を含む前一年事業年度にあっては、当該一年前の日又は当該設立の日のいずれか遅い日から当該前一年事業年度終了の日までの期間）をいいます（措令27の12の5⑦二イ）。
　　2.「前事業年度等の月数」が「当期の月数」を超える場合は、［継続雇用者（比較）給与等支給額］欄には、［前事業年度等］の［差引（17）］欄のうち、前事業年度特定期間^(※)に対応する金額を入力します。
　　（※）前事業年度の期間のうち適用年度の期間に相当する期間で前事業年度の終了の日に終了する期間をいいます（措令27の12の5⑦二ロ）。

(4)［教育訓練費］タブ

　教育訓練費の額が増加した場合の税額控除限度額の上乗せ特例の適用を受ける場合に、その適用要件となる教育訓練費増加割合の計算基礎を入力します。

　教育訓練費増加割合が20％（中小企業者等の場合は10％）以上の場合は、差引控除対象雇用者給与等支給増加額の20％（中小企業者等の場合は25％）相当額を法人税額から控除できます（措法42の12の5①②）。なお、**教育訓練費増加割合の計算が不要の場合は、当タブでの入力は必要ありません。**

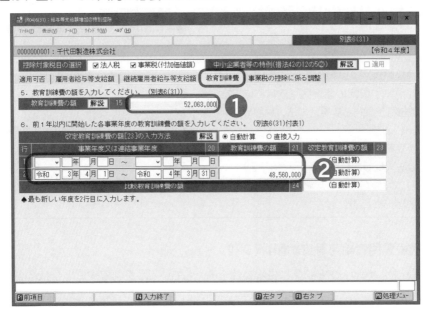

❶［教育訓練費の額］の入力

　当期の教育訓練費の額を入力します。

❷前期の［教育訓練費の額］の入力

　当事業年度開始の日前1年以内に開始した各事業年度の教育訓練費の額を入力します。

(5) 別表6 (6)等への自動転記

　別表6(31)の計算結果は、以下のとおり別表6(6)等に自動転記されます。

転記元	転記先
別表6(31)：法人税額の特別控除額（32）	別表6(6)：「法人税額の特別控除額(9)」の「㉑」欄
	別表3(1)：「中小企業者等（23）」欄の計算上、当該金額を減算[※1]
	第6号様式別表1、第20号様式別表1：試験研究費の額等に係る法人税額の特別控除額⑨[※2]

（※1）中小企業者等に該当する場合
（※2）中小企業者等に該当しない場合

9 別表6(7)・(8)：通算特定税額控除規定の適用可否の判定

　中小企業者等に該当しない通算法人[※]が以下の規定の適用を受ける場合は、[402.別表4へ自動転記される別表等の入力]メニュー→[6(7)・(8)：通算特定税額控除規定の適用可否の判定]WSを入力して、別表6(7)・別表6(8)を作成します。

（※）適用除外事業者又は通算適用除外事業者に該当する通算法人を含みます。

適用を受ける規定	作成する別表
通算特定税額控除規定（試験研究を行った場合の法人税額の特別控除）	●別表6(7)「特定税額控除規定の適用可否の判定に関する明細書」 ●別表6(8)「通算特定税額控除規定の適用可否の判定に関する明細書」
特定税額控除規定（以下の規定をいいます） ●地域経済牽引事業の促進区域内において特定事業用機械等を取得した場合の法人税額の特別控除（別表6(22)） ●認定特定高度情報通信技術活用設備を取得した場合の法人税額の特別控除(別表6(32)) ●事業適応設備を取得した場合等の法人税額の特別控除(別表6(33))	別表6(7)「特定税額控除規定の適用可否の判定に関する明細書」

(1) [継続雇用者給与等支給額]タブ等

　継続雇用者給与等支給額に係る要件を満たしているかを判定する場合は、各通算法人が、別表6(7)の「継続雇用者給与等支給額」と「継続雇用者比較給与等支給額」の計算基礎を入力します。

1．地域経済牽引事業の特定事業用機械等の特別控除等の適用を受ける場合

　当タブで入力したデータに基づいて、通算法人ごとに要件を満たしているかが判定されます。要件を満たす場合は、別表6(7)の「7」欄又は「8」欄の「該当」に丸印が付されます。

2．試験研究を行った場合の特別控除の適用を受ける場合

　各通算法人が当タブで入力したデータに基づいて、グループ全体で要件（174頁を参照）を満たしているかが判定されます。要件を満たす場合は、別表6(8)の「4」欄の「該当」に丸印が付されます。

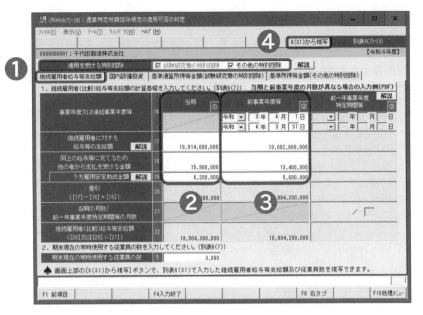

❶ [適用を受ける特別控除]の選択（確認）

区分名	入力する内容
[試験研究費の特別控除]	メニュー107→[その他グループ統一設定]タブ→[試験研究費の特別控除(別表6(9)～6(14))]区分で[適用する]を選択している場合に、当区分にチェックが付きます（修正不可）。この場合、[基準通算所得等金額(試験研究費の特別控除)]タブを入力できます。
[その他の特別控除]	以下の規定の適用を受ける場合は、[その他の特別控除]区分にチェックを付けます。チェックを付けた場合は、[基準所得等金額（その他の特別控除)]タブを入力できます。 ●地域経済牽引事業の促進区域内において特定事業用機械等を取得した場合の法人税額の特別控除(別表6(22)) ●認定特定高度情報通信技術活用設備を取得した場合の法人税額の特別控除(別表6(32)) ●事業適応設備を取得した場合等の法人税額の特別控除(別表6(33))

❷適用年度の給与等の支給額の入力

適用年度（当期）の[継続雇用者に対する給与等の支給額]欄等を入力します。

　(注) 継続雇用者とは、法人の適用年度及び前事業年度の期間内の各月分のその法人の給与等の支給を受けた国内雇用者[※]として政令で定めるものをいいます（措法42の12の5③四）。
　(※) 法人の使用人（その法人の役員の特殊関係者及び使用人兼務役員を除く）のうち、国内の事業所に勤務する雇用者をいいます（措法42の12の5③二）。

❸前事業年度等の給与等の支給額の入力

前事業年度等の［継続雇用者に対する給与等の支給額］欄等を入力します。

(注) 1. 「前事業年度等の月数」が「当期の月数」に満たない場合は、［前一年事業年度特定期間等］の各欄に入力します。「前一年事業年度特定期間」とは、適用年度開始の日前一年（適用年度が一年に満たない場合には、当該適用年度の期間）以内に終了した各事業年度（設立の日以後に終了した事業年度に限る）の期間（当該開始の日から起算して一年前の日又は設立の日を含む前一年事業年度にあっては、当該一年前の日又は当該設立の日のいずれか遅い日から当該前一年事業年度終了の日までの期間）をいいます（措令27の12の5⑦二イ）。
2. 「前事業年度等の月数」が「当期の月数」を超える場合は、［継続雇用者（比較）給与等支給額］欄には、［前事業年度等］の［差引（20）］欄のうち、前事業年度特定期間[※]に対応する金額を入力します。
（※）前事業年度の期間のうち適用年度の期間に相当する期間で前事業年度の終了の日に終了する期間をいいます（措令27の12の5⑦二ロ）。

❹別表6(31)WSからのデータ複写

［6(31)から複写］ボタンをクリックすると、［6(31)：給与等支給額増加の特別控除］WSで入力したデータ（期末現在の常時使用する従業員の数、継続雇用者給与等支給額等）を複写できます。

通算特定税額控除規定の適用可否を判定する場合は、すべての法人の入力が必要です。

試験研究を行った場合の特別控除の適用を受けるために、別表6(8)で通算特定税額控除規定の適用可否を判定する場合は、**すべての通算法人**が当ワーキングシートでデータを入力する必要があります。

(2)［国内設備投資］タブ

　国内設備投資額に係る要件を満たしているかを判定する場合は、各通算法人が国内

設備投資額等を入力します。

1．地域経済牽引事業の特定事業用機械等の特別控除の適用を受ける場合

　当タブで入力したデータに基づいて、**通算法人ごとに要件を満たしているかが判定さ**

れます。要件を満たす場合は、別表6(7)の「12」欄の「該当」に丸印が付されます。

2．試験研究を行った場合の特別控除の適用を受ける場合

　各通算法人が当タブで入力したデータに基づいて、**グループ全体で要件**（174頁を参照）

を満たしているかが判定されます。要件を満たす場合は、別表6(8)の「8」欄の「該当」

に丸印が付されます。

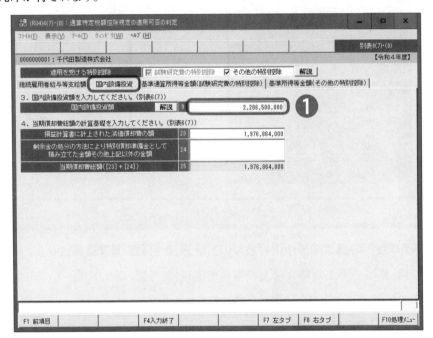

❶［国内設備投資額］の入力

　法人が対象年度において取得等^(※1)をした国内資産^(※2)で、その対象年度終了の日

において有するものの取得価額の合計額を入力します（措法42の13⑤二イ）。

（※1）取得又は製作若しくは建設をいい、合併、分割、贈与、交換、現物出資、現物分配による取
　　　得又は代物弁済としての取得を除きます（措法42の13⑤二イ、措令27の13④）。
（※2）国内資産とは、国内にある法人の事業の用に供する資産で、法人税法施行令第13条各号に掲
　　　げるもの（建物及びその附属設備、機械及び装置等をいいます。ただし、時の経過によりその価
　　　値の減少しないもの並びに棚卸資産、有価証券及び繰延資産に該当するものを除きます。）をいい
　　　ます（措令27の13⑤）。

(3)［基準通算所得等金額(試験研究費の特別控除)］タブ

　　試験研究費の特別控除の適用を受ける場合で、所得金額に係る要件（174頁を参照）を満たしているかを判定するときは、各通算法人が別表6(8)の「前事業年度の基準通算所得等金額の合計額（11)」の計算基礎を入力します。

　　なお、所得金額に係る要件を満たす場合は、別表6(8)の「13」欄の「該当」に丸印が付されます。

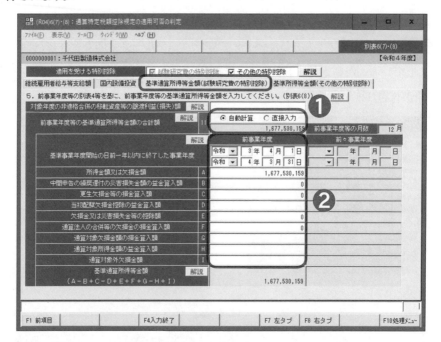

❶ ［前事業年度等の基準通算所得等金額の合計額］を自動計算する場合

　　［自動計算］を選択した場合は、［前事業年度］等の各欄の入力に基づいて前事業年度の基準通算所得等金額の合計額が自動計算されます。

❷ ［前事業年度］の各欄の入力

　　eConsoliTaxを利用して前連結事業年度の処理を行っている場合は、年度更新により、前連結事業年度の別表4の2付表から［所得金額又は欠損金額］欄等の各欄に金額が複写されます。

(4)［基準所得等金額(その他の特別控除)］タブ

　　以下の規定の適用を受ける場合で、所得金額に係る要件(次頁を参照)を満たしているかを判定するときは、別表6(7)の「前事業年度等の基準所得等金額の合計額（14)」の計算基礎を入力します。

●地域経済牽引事業の促進区域内において特定事業用機械等を取得した場合の法人

税額の特別控除

●認定特定高度情報通信技術活用設備を取得した場合の法人税額の特別控除

●事業適応設備を取得した場合等の法人税額の特別控除

　なお、所得金額に係る要件を満たす場合は、別表6(7)の「15」欄の「該当」に丸印
が付されます。

> **（参考）所得金額に係る要件の判定（別表6(7)「15」欄）**
>
> 以下の条件に該当する場合に、所得金額に係る要件を満たすものとされます。
>
> （判定条件）対象年度の基準所得等金額≦前事業年度等の基準所得等金額の合計額

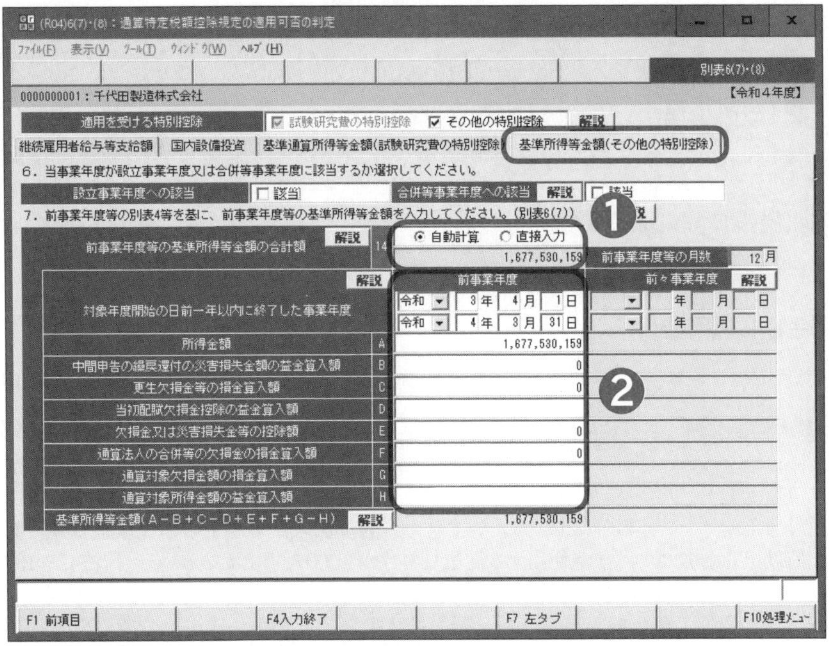

❶ ［前事業年度等の基準所得等金額の合計額］を自動計算する場合

　［自動計算］を選択した場合は、［前事業年度］等の各欄の入力に基づいて前事業年度
の基準所得等金額の合計額が自動計算されます。

❷ ［前事業年度］の各欄の入力

　eConsoliTaxを利用して前連結事業年度の処理を行っている場合は、年度更新により、
前連結事業年度の別表4の2付表から［所得金額］欄等の各欄に金額が複写されます。

（注）前事業年度が欠損の場合は、［所得金額］欄には「0」が表示されます。

(参考)「通算特定税額控除規定」の適用可否の判定

　通算法人が「中小企業者等」に該当しない場合（適用除外事業者又は通算適用除外事業者に該当する場合を含みます）は、別表6(8)を作成して、通算特定税額控除規定（試験研究を行った場合の法人税額の特別控除）の適用可否を判定します。

　以下のいずれかの要件を満たす場合に、通算特定税額控除規定（試験研究を行った場合の法人税額の特別控除）を適用できます。

【要件】

●継続雇用者給与等支給額に係る要件

1．下記（※1）に該当する場合

$$\frac{各通算法人の継続雇用者給与等支給額の合計額-各通算法人の継続雇用者比較給与等支給額の合計額}{各通算法人の継続雇用者比較給与等支給額の合計額} \geqq \underset{(※2)}{1\%}$$

2．上記1以外の場合

　　各通算法人の継続雇用者給与等支給額の合計額＞各通算法人の継続雇用者比較給与等支給額の合計額

●国内設備投資額に係る要件

　　各通算法人の国内設備投資額の合計額＞各通算法人の当期償却費総額の合計額×30％

●所得金額に係る要件

　　各通算法人の対象年度[※3]の基準通算所得等金額[※4]の合計額≦各通算法人の前事業年度の基準通算所得等金額[※4]の合計額を合計した金額

（※1）下記の(1)及び(2)のいずれにも該当する場合
　(1) 対象年度[※3]終了の時において、いずれかの通算法人が資本金の額又は出資金の額が10億円以上であり、かつ、常時使用する従業員の数が1,000人以上である場合（措法42の13⑦三）
　(2) 次のいずれかに該当する場合
　　　●対象年度[※3]が合併等事業年度（通算法人のいずれかが、措法第42条の13第7項第4号に掲げる場合のいずれかに該当する場合におけるそれぞれに定める日を含む事業年度）に該当しない場合であって、前事業年度の各通算法人の所得の金額の合計額が零を超える一定の場合（措法42の13⑦四、措令27の13⑩⑪二、⑬三）
　　　●その対象年度が合併等事業年度である場合
（※2）通算親法人の事業年度が令和4年4月1日から令和5年3月31日までの間に開始する事業年度の場合は、0.5％となります（措法42の13⑦五）。
（※3）事業年度が平成30年4月1日から令和6年3月31日までの間に開始する各事業年度をいいます（措法42の13⑤）。
（※4）所得の金額に、欠損金の繰越控除前の金額とする等の調整が行われた金額をいいます（措令27の13⑬）。

3つ要件のいずれかを満たす場合に、試験研究費の特別控除額等が計算されます。

　通算法人が「中小企業者等」に該当しない場合（適用除外事業者又は通算適用除外事業者に該当する場合を含みます）は、①継続雇用者給与等支給額に係る要件、②国内設備投資額に係る要件、③所得金額に係る要件のいずれかを満たす場合に、試験研究を行った場合の法人税額の特別控除等が計算されます。

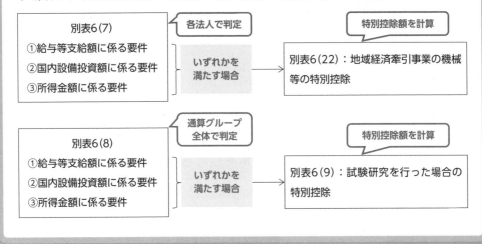

第6章

⑩ 別表7の3：通算対象外欠損金額の計算基礎

　　[402.別表4へ自動転記される別表等の入力]メニュー→[7の3：通算対象外欠損金額の計算基礎]WSでは、5年継続支配関係及び共同事業性の要件を満たさない時価評価除外法人が、損益通算の制限（法法64の6①③）により損益通算の対象外となる当期の欠損金額（通算対象外欠損金額）の計算基礎を入力して、以下の別表を作成します。

> ●別表7の3「通算対象欠損金額又は通算対象所得金額の計算及び通算対象外欠損金額の計算に関する明細書」
> ●別表7の3付表1「特定資産譲渡等損失額からの控除額の計算に関する明細書」

（注）「時価評価除外法人における損益通算の制限」の概要については、21頁を参照してください。

(1) 通算親法人によるマスター設定

　　通算親法人が、メニュー101→[基本情報の登録]→[基本情報②]タブで以下の設定をしている場合に、各通算法人は当ワーキングシートを入力できます。

■メニュー101→[基本情報の登録]→[基本情報②]タブの一部抜粋

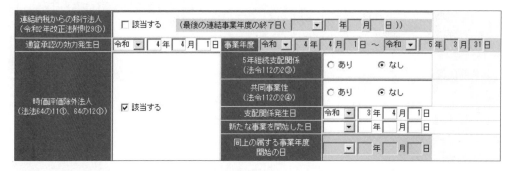

設定内容
● [時価評価除外法人] 区分：[該当する]
● [5年継続支配関係] 区分：[なし]
● [共同事業性]：[なし]
● [新たな事業を開始した日] 欄に「支配関係発生日」から「当事業年度の末日」までの日付を入力していない。
●当事業年度が適用期間^(※)を含む事業年度である
(※) 通算制度の承認の効力が生じた日から同日以後3年を経過する日と支配関係発生日以後5年を経過する日とのうちいずれか早い日までの期間をいいます。

(2)［特定資産譲渡等損失額の計算基礎］タブ

適用期間において生じる特定資産譲渡等損失額の計算基礎を入力します。

❶［多額の償却費の生ずる事業年度］に該当する場合

多額の償却費の生ずる事業年度（21頁を参照）に該当する場合に、［該当］にチェックを付けます。［該当］にチェックを付けた場合は、別表7の3「通算前欠損金額（6）」の全額が損益通算の対象外となり、特定欠損金額として翌期に繰り越されます。

多額の償却費の生ずる事業年度に該当する場合の別表7の3等の記載例

　5年継続支配関係及び共同事業性の要件を満たさない時価評価除外法人において、当期が「多額の償却費の生ずる事業年度」に該当します。そのため、当期の通算前欠損金額50,000,000円の全額が損益通算の対象外となり、当該金額が特定欠損金額として翌期に繰り越されます。

　　■別表7の3の一部抜粋

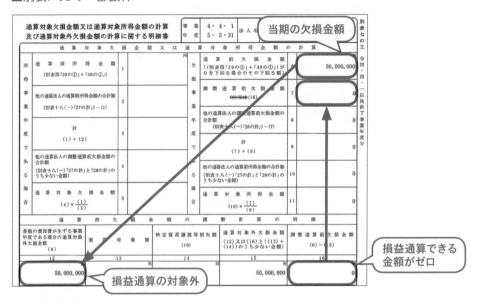

　■別表7(2)の一部抜粋

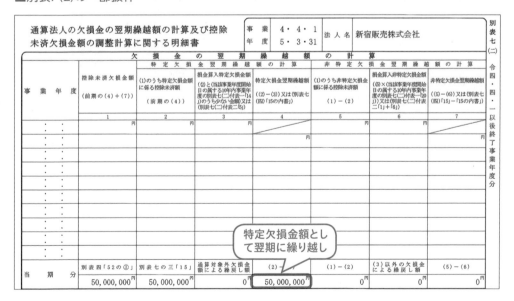

❷ [譲渡等損失額の計算特例(法令131の8⑤において準用する法令123の9①)] の選択

　　損益通算の対象となる欠損金額の特例（法令131の8⑤）において準用する「特定資産譲渡等損失額から控除することができる金額等（法令123の9①）」の規定の適用を受ける場合は、[適用]にチェックを付けます。[適用]にチェックを付けた場合は、[譲渡等損失額の計算特例]タブが入力可能となります。

> **(参考) 特定資産譲渡等損失額から控除することができる金額**
>
> 　支配関係事業年度の前事業年度終了の時において、「時価純資産価額≧簿価純資産価額の場合」又は「時価純資産価額＜簿価純資産価額の場合」に該当するときは、特定資産譲渡等損失額から一定の金額(182頁参照)を控除することができます(法令123の9①、131の8⑤)。
>
> 　なお、この規定は、確定申告書等に明細書の添付があり、かつ、時価純資産価額の算定の基礎となる事項を記載した書類その他の書類を保存している場合に限り、適用することとされています(法令123の9②、131の8⑤)。
>
> （注）時価純資産価額・簿価純資産価額の詳細は182頁を参照

❸ [特定資産譲渡等損失額の計算基礎] の入力

　　[多額の償却費の生ずる事業年度] 区分にチェックを付けていない場合に、以下の項目を入力できます。

項目名	内容
[損失の額] [利益の額]	譲渡等損失額の計算特例を適用しない場合、別表7の3「特定資産譲渡等損失額（19）」欄は、[損失の額] 欄から [利益の額] 欄を控除して計算されます。
[法令131の8③において準用する法令123の8③三口又は法令131の8⑤において準用する法令123の9④]	「損益通算の対象となる欠損金額の特例（法令131の8③）」において準用する「特定資産に係る譲渡等損失額の損金不算入（法令123条の8③三口）」又は法人税法施行令第131条の8第5項において準用する「特定資産譲渡等損失額から控除することができる金額等（法令123の9④）」の規定の適用を受ける場合に、[適用]にチェックを付けます。 なお、[適用]にチェックを付けた場合は、[調整後の特定資産譲渡等損失額（別表7の3付表2 [6]）] 欄を入力できます。

❹支配関係事業年度開始日における時価が帳簿価額を下回っていない資産の明細

　　支配関係発生日の属する事業年度（支配関係事業年度）開始の日において時価が帳簿価額を下回っていない資産は、特定資産から除かれます（法法64の6②一、法令123の8②五、法令131の8③）。上記に該当する資産がある場合は、その明細を入力します。

特定資産譲渡等損失額がある場合の別表7の3等の記載例

　5年継続支配関係及び共同事業性の要件を満たさない時価評価除外法人において、当期の通算前欠損金額50,000,000円のうち特定資産譲渡等損失額が8,000,000円生じています。その特定資産譲渡等損失額は、損益通算の対象外となります。

■別表7の3の一部抜粋

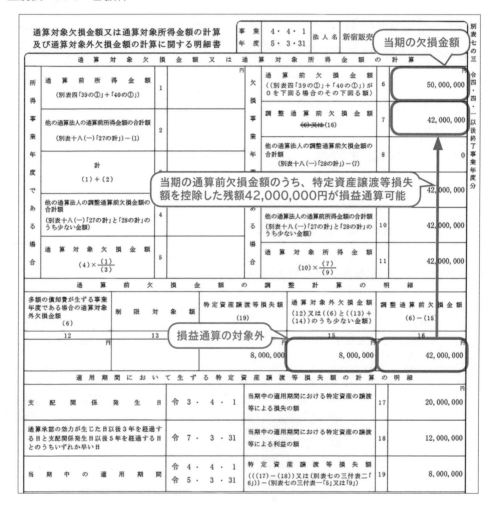

■別表7(2)の一部抜粋

通算法人の欠損金の翌期繰越額の計算及び控除 未済欠損金額の調整計算に関する明細書				事 業 年 度	4・4・1 5・3・31	法 人 名	新宿販売株式会社			別表七(二)令四・四・一以後終了事業年度分
欠　損　金　の　翌　期　繰　越　額　の　計　算										
	特 定 欠 損 金 翌 期 繰 越 額 の 計 算				非 特 定 欠 損 金 翌 期 繰 越 額 の 計 算					
事 業 年 度	控除未済欠損金額 （前期の(4)＋(7)）	(1)のうち特定欠損金額に係る控除未済額 （前期の(4)）	損金算入特定欠損金額 （②と(当該事業年度開始日の属する10年内事業年度の別表七(二)付表一「14」)のうち少ない金額又は(別表七(二)付表二「5」)）	特定欠損金翌期繰越額の計算 （(2)−(3)）又は(別表七(四)「15の内書」)	(1)のうち非特定欠損金額に係る控除未済額 (1)−(2)	損金算入非特定欠損金額 （⑤×(当該事業年度開始日の属する10年内事業年度の別表七(二)付表一「20」))又は(別表七(二)付表二「1」＋「6」)	非特定欠損金翌期繰越額 （(5)−(6)）又は(別表七(四)「15」−「15の内書」)			
	1	2	3	4	5	6	7			
・ ・ ・ ・ ・ ・ ・ ・ ・ ・ ・ ・ ・ ・	円	円	円	円	円	円	円			
当　　期　　分	別表四「52の①」 8,000,000円	別表七の三「15」 8,000,000円	通算対象外欠損金額による繰戻し額 0円	(2)−③ 8,000,000円	(1)−(2) 0円	(3)以外の欠損金による繰戻し額	(5)−(6) 0円			

> 特定欠損金額とし
> て翌期に繰り越し

(3) ［譲渡等損失額の計算特例］タブ

損益通算の対象となる欠損金額の特例（法令131の8⑤）において準用する「特定資産譲渡等損失額から控除することができる金額等（法令123の9①）」の規定の適用を受ける場合に、別表7の3付表1の「支配関係事業年度の前事業年度終了の時における時価純資産価額及び簿価純資産価額の明細」等を入力します。

なお、当タブは、［譲渡等損失額の計算特例(法令131の8⑤において準用する法令123の9①)］区分で［適用］にチェックを付けている場合に入力できます。

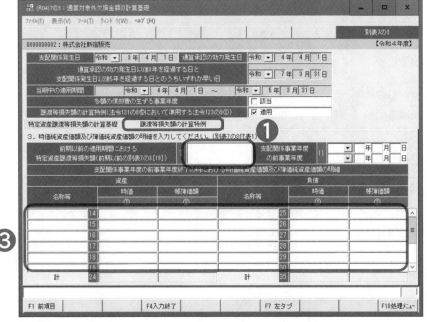

❶ [前期以前の適用期間における特定資産譲渡等損失額]の入力

　　簿価純資産超過額（下記❷を参照）がある場合は、［前期以前の適用期間における特定資産譲渡等損失額(前期以前の別表7の3［19］)］欄に入力した金額が別表7の3付表1の「7」欄に表示されます。

❷ [資産]・[負債]の入力

　　支配関係事業年度の前事業年度終了の時における［資産］と［負債］の［時価］欄・[帳簿価額] 欄をそれぞれ入力します。これらの入力に基づいて、時価純資産価額等が以下のとおり計算されます。

項目	計算式
時価純資産価額	資産の［時価］欄の合計額−負債の［時価］欄の合計額
簿価純資産価額	資産の［帳簿価額］欄の合計額−負債の［帳簿価額］欄の合計額
時価純資産超過額	時価純資産価額が簿価純資産価額以上である場合に以下の算式で計算 （算式）時価純資産超過額＝時価純資産価額−簿価純資産価額 　（注）上記の計算結果が0円である場合も含みます。
簿価純資産超過額	簿価純資産価額が時価純資産価額を超える場合に以下の算式で計算 （算式）簿価純資産超過額＝簿価純資産価額−時価純資産価額

❸ 特定資産譲渡等損失額から控除する金額の計算

　　以下の条件に応じて、特定資産譲渡等損失額から控除する金額(別表7の3付表1「5」欄又は「9」欄)が、以下のとおり計算されます（法令123の9①）。

条件	特定資産譲渡等損失額から控除する金額
時価純資産価額≧ 簿価純資産価額	特定資産譲渡等損失額[※]の全額 （※）［特定資産譲渡等損失額の計算基礎］タブで［調整後の特定資産譲渡等損失額(別表7の3付表2[6])］欄を入力した場合は、その入力した金額
時価純資産価額＜ 簿価純資産価額	特定資産譲渡等損失額[※]−（別表7の3付表1「簿価純資産超過額(6)」−「前期以前の適用期間における特定資産譲渡等損失額(7)」）

(4) 別表4への自動転記

転記元：別表7の3	転記先：別表4
通算対象欠損金額（5）又は通算対象所得金額（11）	通算対象欠損金額の損金算入額又は通算対象所得金額の益金算入額（41）

11 別表8(1)：受取配当等の益金不算入

　[402.別表4へ自動転記される別表等の入力]メニュー→ [8(1)：受取配当等の益金不算入]WSでは、各通算法人が「受取配当等の益金不算入額」の計算基礎を入力して、以下の別表を作成します。

> ●別表8(1)「受取配当等の益金不算入に関する明細書」
>
> ●別表8(1)付表1「支払利子等の額及び受取配当等の額に関する明細書」
>
> ●別表8(1)付表2「通算法人の関連法人株式等に係る配当等の額から控除する利子の額の計算に関する明細書」

(1) 入力画面の構成

　当ワーキングシートの入力画面の構成は、以下のとおりです。

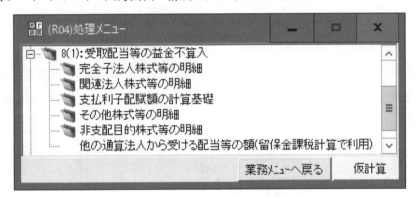

入力画面	入力する内容
[完全子法人株式等の明細]	完全子法人株式等の明細データを入力します。
[関連法人株式等の明細]	関連法人株式等の明細データを入力します。
[支払利子配賦額の計算基礎]	関連法人株式等を有する通算グループでは、受取配当等がない通算法人も当画面の入力が必要となる場合があります。 (注) 詳細は、次頁を参照
[その他株式等の明細]	その他株式等の明細データを入力します。
[非支配目的株式等の明細]	非支配目的株式等の明細データを入力します。
[他の通算法人から受ける配当等の額(留保金課税計算で利用)]	別表3(1)付表1の「受取配当等の益金不算入額 (11)」の計算上控除する「他の通算法人から受ける配当等の額」を入力します。留保金課税の適用がない通算グループは入力の必要がありません。

関連法人株式等を有する通算グループで、支払利子配賦額を計算する場合は、すべての法人が「負債利子等の額」を入力する必要があります。

　関連法人株式等に係る受取配当等の額から控除する「負債利子等の額」の計算において、支払利子配賦額を計算する場合は、**グループ全体**で計算する必要があります。そのため、関連法人株式等を有する通算グループの場合は、受取配当等がない通算法人も、「支払利子配賦額の計算基礎」の入力が必要です。

(2)　[完全子法人株式等の明細]、[関連法人株式等の明細]、[その他株式等の明細]、[非支配目的株式等の明細]

　処理メニューの一覧から、受取配当金の種類（完全子法人株式等、関連法人株式等、その他株式等、非支配目的株式等）に応じた画面を選択して、それぞれの明細データを入力します。

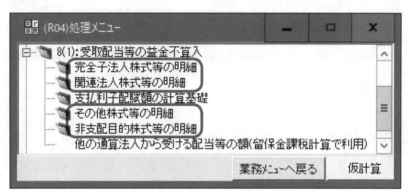

　例えば、［関連法人株式等の明細］を選択すると、［6(1)：所得税額・復興特別所得税額の控除］WS（以下、別表6(1)WS）で入力したデータの複写画面が表示されます。［OK］ボタンをクリックすると、別表6(1)WSで入力した有価証券（関連法人株式等に該当するもの）に係る収入金額が［受取配当等の額］欄に複写されます。

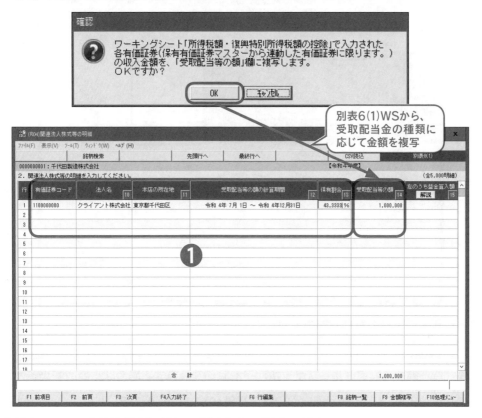

❶保有している有価証券が一覧に表示されない場合の対応

　保有している有価証券が一覧に表示されない場合は、［103.保有有価証券マスター］メニューの登録内容を確認する必要があります（詳細は187頁を参照）。

(3)［支払利子配賦額の計算基礎］

　　関連法人株式等に係る受取配当等の額から控除する「負債利子等の額」の計算において、支払利子配賦額を計算する場合^(※)に、その計算基礎を入力します。

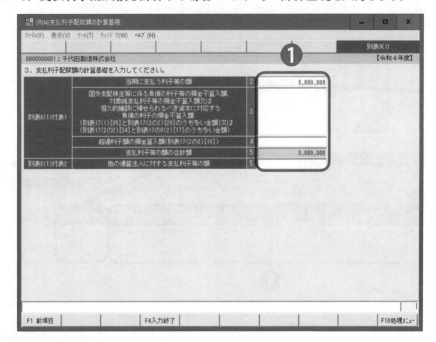

❶支払利子配賦額の計算基礎の入力

　　支払利子配賦額は、グループ全体で計算する必要があります。そのため、**関連法人株式等を有する通算グループが支払利子配賦額を計算する場合は、受取配当等がない通算法人も、［支払利子配賦額の計算基礎］の入力が必要です。**

（※）［107.グループ全体での統一処理のための設定］メニュー→［その他グループ統一設定］タブ→［関連法人株式等に係る負債利子控除の計算］区分で［「適用関連法人配当等の額の合計額の4％相当額」と「支払利子配賦額の10％相当額」のいずれか少ない金額］を選択している場合に、当画面の入力が必要です。

■メニュー107→［その他グループ統一設定］タブの一部抜粋

受取配当等の益金不算入（別表8（1））	関連法人株式等に係る負債利子控除の計算	◉「適用関連法人配当等の額の合計額の4％相当額」と「支払利子配賦額の10％相当額」のいずれか少ない金額
		◯「適用関連法人配当等の額の合計額の4％相当額」

> **(参考) 関連法人株式等に係る負債利子控除額の計算**
>
> 　関連法人株式等に係る負債利子控除額は、「適用関連法人配当等の額の合計額の4％相当額」とされています（法法23①、法令19①）。ただし、「支払利子配賦額の10％相当額」が「適用関連法人配当等の額の合計額の4％相当額」以下であるときは、確定申告書等に一定の事項を記載した書類を添付することにより、関連法人株式等に係る負債利子控除額を「支払利子配賦額の10％相当額」とすることができます（法令19②④⑨）。

保有する有価証券が明細一覧に表示されない場合の対応方法

　保有する有価証券が明細一覧に表示されない場合は、[103.保有有価証券マスター]メニューで以下の点を確認します。マスターの修正が必要な場合は、通算親法人に依頼してください。

● [各法人の保有状況登録]で、その有価証券を保有していると登録されているか？

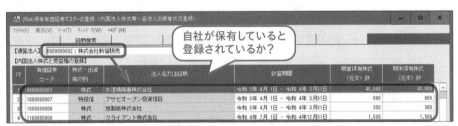

● [受取配当等の益金不算入額計算上の株式区分の登録]で、その有価証券の株式区分が正しく登録されているか？

仮計算時点では、別表8(1)付表2の「支払利子配賦額（10）」等には暫定値が表示されます。

　仮計算は、自社の入力データに基づいて計算されます。そのため、グループ全体の計算が必要となる「支払利子配賦額（10）」等に表示される金額は、暫定値となります。通算親法人による全体計算（メニュー701）後に、確定値を確認してください。

（4）別表4等への自動転記

　別表8(1)の受取配当等の益金不算入額は、以下のとおり別表4等に自動転記されます。

転記元：別表8(1)	転記先
受取配当等の益金不算入額（13）	別表4：受取配当等の益金不算入額（14）（減算・流出）
	別表6(5)：受取配当等の益金不算入額又は受取配当等の益金不算入額の個別帰属額（17）

🔢 別表14(2)等：寄附金の損金算入・特定寄附金の特別控除

　[402.別表4へ自動転記される別表等の入力] メニュー→ [14(2)等：寄附金の損金算入・特定寄附金の特別控除]WSでは、各通算法人が「寄附金の損金不算入額」の計算基礎となる寄附金の明細を入力して、以下の別表を作成します。

- ●別表14(2)「寄附金の損金算入に関する明細書」
- ●別表6(25)「認定地方公共団体の寄附活用事業に関連する寄附をした場合の法人税額の特別控除に関する明細書」
- ●第7号の3様式、第20号の5様式「特定寄附金を支出した場合の税額控除の計算に関する明細書」

(1) ［寄附金損金算入］タブ

別表14(2)の「その他の寄附金額（3）」、「完全支配関係がある法人に対する寄附金額
（5）」等を入力します。

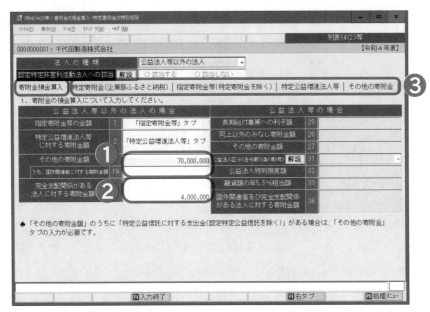

❶ ［その他の寄附金額］の入力

指定寄附金等、特定公益増進法人等及び完全支配関係がある法人に対する寄附金以
外の寄附金額（国外関連者への寄附金額を含む）を［その他の寄附金額］欄に入力し
ます。

また、措法第66条の4第3項の規定により損金の額に算入されない国外関連者に対す
る寄附金の額がある場合は、［うち、国外関連者に対する寄附金額］欄に入力します。

（注）その他の寄附金額のうち、特定公益信託（認定特定公益信託を除く）に対する支出金がある
　　場合は、その明細を［その他の寄附金］タブで入力します。

❷ ［完全支配関係がある法人に対する寄附金額］の入力

入力した金額は、全額が損金不算入となります（法法37②）。

❸ 寄附金の明細データの入力

寄附金の種類ごとに、それぞれのタブで明細データを入力します。

(2) 別表4への自動転記

別表14(2)の計算結果は、以下のとおり別表4に自動転記されます。

転記元：別表14(2)	転記先：別表4
「計（24）」	寄附金の損金不算入額（27）（加算・流出）

⓭ 別表14(10)：特定資産譲渡等損失額の損金不算入

　　[402.別表4へ自動転記される別表等の入力]メニュー→[14(10)：特定資産譲渡等損失額の損金不算入]WSでは、5年継続支配関係及び共同事業性の要件を満たさない時価評価除外法人が支配関係発生日以後に新たな事業を開始した場合に、適用期間[※]における特定資産譲渡等損失額の計算基礎を入力して以下の別表を作成します。

> ● 別表14(10)「特定資産譲渡等損失額の損金不算入に関する明細書」
>
> ● 別表14(10)付表1「特定資産譲渡等損失額からの控除額の計算に関する明細書」

（※）適用期間とは、通算承認の効力が生じた日と新たな事業を開始した日の属する事業年度開始の日とのうちいずれか遅い日からその効力が生じた日以後3年を経過する日と支配関係発生日以後5年を経過する日とのうちいずれか早い日までの期間をいいます。

（注）「特定資産譲渡等損失額の損金不算入」の概要については、23頁を参照してください。

(1) 通算親法人によるマスター設定

　　通算親法人が、メニュー101→[基本情報の登録]→[基本情報②]タブで以下の設定をしている場合に、各通算法人は当ワーキングシートを入力できます。

■メニュー101→[基本情報の登録]→[基本情報②]タブの一部抜粋

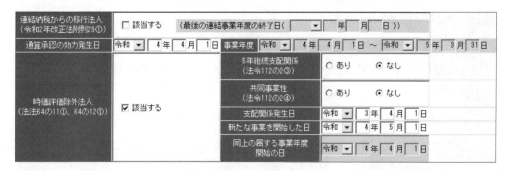

設定内容
● [時価評価除外法人]区分：[該当する]
● [5年継続支配関係]区分：[なし]
● [共同事業性]：[なし]
● [新たな事業を開始した日]欄に「支配関係発生日」から「当事業年度の末日」までの日付を入力している。
●当事業年度が適用期間（上記の（※）を参照）を含む事業年度である。

(2) ［特定資産譲渡等損失額の計算基礎］タブ等

当期中の適用期間において生じる特定資産譲渡等損失額の計算基礎を入力します。

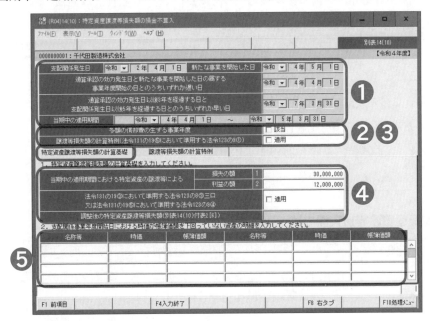

❶マスターの登録内容の確認

各通算法人は、通算親法人がメニュー101→［基本情報の登録］→［基本情報②］タブで登録した内容を確認します。修正が必要な場合は、通算親法人に依頼します。

❷［多額の償却費の生ずる事業年度］に該当する場合

多額の償却費の生ずる事業年度（21頁を参照）に該当する場合に、［該当］にチェックを付けます。［該当］にチェックを付けた場合は、当期の通算前欠損金額が損益通算の対象外（別表7の3の「通算対象外欠損金額（15）」欄に表示）となり、当該通算前欠損金額が別表7(2)において「特定欠損金」として翌期に繰り越されます。

❸譲渡等損失額の計算特例の適用を受ける場合

「特定資産に係る譲渡等損失額の損金不算入（法令131の19⑤）」において準用する「特定資産譲渡等損失額から控除することができる金額等（法令123の9①）」の規定の適用を受ける場合は、［譲渡等損失額の計算特例(法令131の19⑤において準用する法令123の9①)］区分の［適用］にチェックを付けます。なお、［適用］にチェックを付けた場合は、［譲渡等損失額の計算特例］タブが入力可能となります。

(注)［適用］のチェックを外した場合は、［譲渡等損失額の計算特例］タブで入力済みのデータは削除されます。

（参考）特定資産譲渡等損失額から控除することができる金額

　支配関係事業年度の前事業年度終了の時において、「時価純資産価額≧簿価純資産価額の場合」又は「時価純資産価額＜簿価純資産価額の場合」に該当するときは、特定資産譲渡等損失額から一定の金額（195頁参照）を控除することができます（法令123の9①、131の19⑤）。

　なお、この規定は、確定申告書等に明細書の添付があり、かつ、時価純資産価額の算定の基礎となる事項を記載した書類その他の書類を保存している場合に限り、適用することとされています（法令123の9②、131の19⑤）。

　（注）時価純資産価額・簿価純資産価額の詳細は194頁を参照

❹特定資産譲渡等損失額の計算基礎の入力

項目名	内容
［損失の額］ ［利益の額］	別表14(10)「特定資産譲渡等損失額（3）」欄は、［損失の額］欄から［利益の額］欄を控除して計算されます。
［法令131の19③において準用する法令123の8③三ロ又は法令131の19⑤において準用する法令123の9④］	「特定資産に係る譲渡等損失額の損金不算入（法令131の19③）」において準用する「特定資産に係る譲渡等損失額の損金不算入（法令123条の8③三ロ）」又は法人税法施行令第131条の19第5項において準用する「特定資産譲渡等損失額から控除することができる金額等（法令123の9④）」の規定の適用を受ける場合に、［適用］にチェックを付けます。 なお、［適用］にチェックを付けた場合は、［調整後の特定資産譲渡等損失額（別表14(10)付表2 [6]）］欄を入力できます。

❺支配関係事業年度開始日における時価が帳簿価額を下回っていない資産の明細

　支配関係発生日の属する事業年度（支配関係事業年度）開始の日において時価が帳簿価額を下回っていない資産は、特定資産から除かれます（法法64の14②一、法令123の8②五、法令131の19③）。上記に該当する資産がある場合は、その明細を入力します。

特定資産譲渡等損失額がある場合の別表14(10)等の記載例

　5年継続支配関係及び共同事業性の要件を満たさない時価評価除外法人が、新たな事業を開始した当事業年度において特定資産を譲渡したことにより特定資産譲渡等損失額18,000,000円が生じました。その特定資産譲渡等損失額は損金不算入となり、別表4において加算（損金不算入）されます。

■別表14(10)の一部抜粋

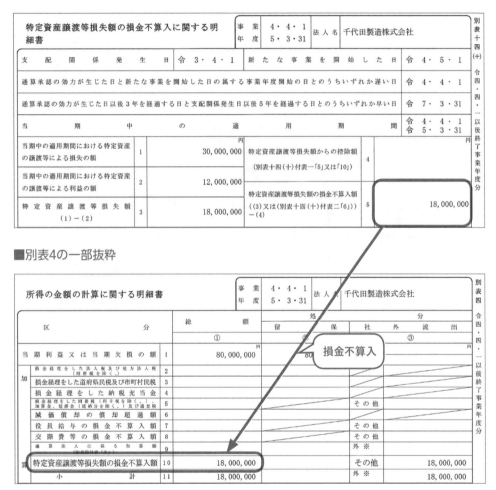

■別表4の一部抜粋

(3)［譲渡等損失額の計算特例］タブ

「特定資産に係る譲渡等損失額の損金不算入（法令131の19⑤）」において準用する
「特定資産譲渡等損失額から控除することができる金額等（法令123の9①）」の規定の
適用を受ける場合に、別表14(10)付表1の「支配関係事業年度の前事業年度終了の時
における時価純資産価額及び簿価純資産価額の明細」等を入力します。

なお、当タブは、［譲渡等損失額の計算特例(法令131の19⑤において準用する法令
123の9①)］区分で［適用］にチェックを付けている場合に入力できます。

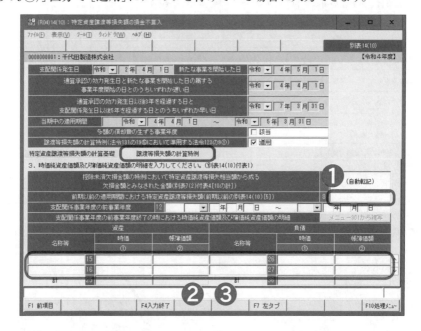

❶［前期以前の適用期間における特定資産譲渡等損失額］の入力

簿価純資産超過額（下記❷を参照）がある場合は、当欄に入力した金額が別表14(10)
付表1の「8」欄に表示されます。

❷［資産］・［負債］の入力

支配関係事業年度の前事業年度終了の時における［資産］と［負債］の［時価］欄・［帳
簿価額］欄をそれぞれ入力します。これらの入力に基づいて、時価純資産価額等が以下
のとおり自動計算されます。

項目	計算式
時価純資産価額	資産の［時価］欄の合計額−負債の［時価］欄の合計額
簿価純資産価額	資産の［帳簿価額］欄の合計額−負債の［帳簿価額］欄の合計額

項目	計算式
時価純資産超過額	時価純資産価額が簿価純資産価額以上である場合に以下の算式で計算 （算式）時価純資産超過額＝時価純資産価額−簿価純資産価額 （注）上記の計算結果が 0 円である場合も含みます。
簿価純資産超過額	簿価純資産価額が時価純資産価額を超える場合に以下の算式で計算 （算式）簿価純資産超過額＝簿価純資産価額−時価純資産価額

❸特定資産譲渡等損失額から控除する金額の計算

　以下の条件に応じて、特定資産譲渡等損失額から控除する金額（別表14(10)の「4」欄）が、以下のとおり計算されます（法令123の9①）。

条件	特定資産譲渡等損失額から控除する金額
時価純資産価額≧ 簿価純資産価額	特定資産譲渡等損失額[※]の全額 （※）[特定資産譲渡等損失額の計算基礎]タブで[調整後の特定資産譲渡等損失額（別表14(10)付表2[6])]欄を入力している場合は、その入力した金額
時価純資産価額＜ 簿価純資産価額	特定資産譲渡等損失額[※]−(別表14(10)付表1「簿価純資産超過額(6)」−「控除未済欠損金額の特例計算において特定資産譲渡等損失相当額から成る欠損金額とみなされた金額(7)」−「前期以前の適用期間における特定資産譲渡等損失額の損金不算入額(8)」)

(4) 別表4への自動転記

　別表14(10)の計算結果は、以下のとおり別表4に自動転記されます。

転記元：別表14(10)	転記先：別表4
特定資産譲渡等損失額の損金不算入額（5）	特定資産譲渡等損失額の損金不算入額（加算・流出）

第6章

14 別表15：交際費等の損金算入

[402.別表4へ自動転記される別表等の入力]メニュー→[15：交際費等の損金算入]WSでは、各通算法人が「交際費等の損金不算入額」の計算基礎を入力して、別表15「交際費等の損金算入に関する明細書」を作成します。

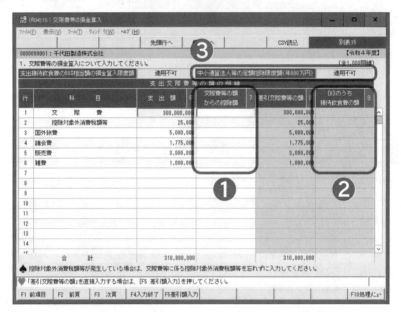

❶［交際費等の額からの控除額］の入力

支出額のうちに、支出交際費等の額に該当しない費用[※]を入力します。

（※）専ら従業員の慰安のための旅行等に通常要する費用、飲食費（専らその法人の役員・従業員等に対する接待等のために支出する分を除く）で1人あたりの金額が5,000円以下である費用などが該当します（措法61の4⑥）。

❷接待飲食費の額の入力

科目ごとに接待飲食費（専らその法人の役員・従業員等に対する接待等のために支出する分を除く）を[[8]のうち接待飲食費の額]欄に入力します。当欄で入力した金額の合計額の50％相当額が、別表15「支出接待飲食費損金算入基準額（2）」欄に表示されます。

（注）[107.グループ全体での統一処理のための設定]メニュー→[その他グループ統一設定]タブ→[支出接待飲食費の50％相当額]区分で[適用可]を選択している場合に、当欄を入力できます。
　　なお、いずれかの通算法人の事業年度終了の日における資本金の額又は出資金の額が100億円を超える場合は、「支出接待飲食費の50％相当額を損金算入できる特例」を適用できません（措法61の4①）。

■［その他グループ統一設定］タブの一部抜粋

	自社摘要	⦿ 利用する　　○ 利用しない		
交際費等の損金算入（別表15）	損金算入限度額	支出接待飲食費の50％相当額	⦿ 適用可	○ 適用不可
	解説　中小通算法人等の定額控除限度額		○ 適用可	⦿ 適用不可

❸中小通算法人等の定額控除限度額の特例の適用を受ける場合

　［107.グループ全体での統一処理のための設定］メニュー→［その他グループ統一設定］タブ→［中小通算法人等の定額控除限度額］区分（前頁参照）で［適用可］を選択した場合は、別表15付表「通算定額控除限度分配額の計算に関する明細書」において「通算定額控除限度分配額（5）」（通算定額控除限度額のうち自社に分配された金額）が計算されます。

　次に、別表15においては、「支出交際費等の額（1）」と別表15付表「通算定額控除限度分配額（5）」のうちいずれか少ない金額が「中小法人等の定額控除限度額（3）」として計算されます。

　なお、［107.グループ全体での統一処理のための設定］メニュー→［支出接待飲食費の50％相当額］区分で［適用可］を選択している場合は、「支出接待飲食費の50％相当額」と「中小法人等の定額控除限度額」のうち、いずれか有利な方を自動判定して、交際費等の損金算入限度額が計算されます。

> **(参考) 中小通算法人等の定額控除限度額（年800万円）の特例**
>
> 　いずれかの通算法人が、次に掲げる場合に該当するときは、「中小通算法人等の定額控除限度額（年800万円）の特例」を適用できません（措法61の4②）。
> 1. 事業年度終了の日において、資本金の額又は出資金の額が1億円を超える場合
> 2. 普通法人のうち事業年度終了の日において、法人税法第66条第5項第2号又は第3号に掲げる法人（資本金の額が5億円以上である法人との間に完全支配関係がある普通法人等）に該当する場合

(2) 別表4への自動転記

　別表15の計算結果は、以下のとおり別表4に自動転記されます。

転記元：別表15	転記先：別表4
損金不算入額（5）	交際費等の損金不算入額（8）（加算・流出）

15 別表16(1)：定額法による減価償却資産の償却計算

　［402.別表4へ自動転記される別表等の入力］メニュー→［16(1)：定額法による減価償却資産の償却計算］WSでは、各通算法人が定額法による減価償却資産の明細を入力して、別表16(1)「旧定額法又は定額法による減価償却資産の償却額の計算に関する明細書」を作成します。

　なお、当ワーキングシートは、5,000明細まで登録可能です。

(1) 減価償却資産の新規登録

　［F1 新規登録］ボタンをクリックすると、次の(2)の画面が表示されます。

❶CSVファイルから明細データを読み込む場合

　［CSV読込］ボタンから、減価償却資産の明細データ(CSVファイル)を読み込むことができます。

(2)［取得価額・帳簿価額・当期普通償却限度額等］タブ

別表16(1)に記載する「取得価額」、「当期分の普通償却限度額」等のデータを入力します。

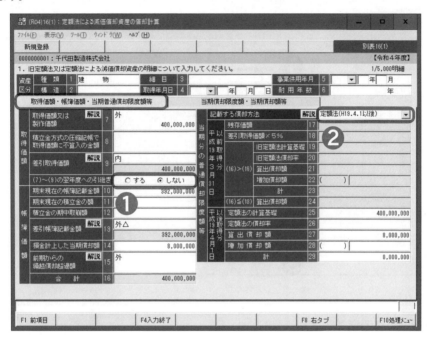

❶取得価額等を翌年度に引き継ぐ場合

［する］を選択した場合は、［取得価額又は製作価額（7）］欄から［差引取得価額（9）］欄で入力した金額が、翌期にそのまま引き継がれます。

❷［記載する償却方法］の選択

減価償却資産の償却方法を選択します。選択した償却方法に応じ、当期分の普通償却限度額等（「17」～「29」欄）の入力可能欄は次のように異なります。

なお、同一種類の資産について、旧定額法と定額法の普通償却限度額等を1行にまとめて入力する場合は、［旧定額法・定額法を併記］を選択します。

償却方法	入力できる欄
旧定額法（H19.3.31以前取得）	別表16(1)の「17」～「24」欄
定額法（H19.4.1以後取得）	別表16(1)の「25」～「29」欄
旧定額法・定額法を併記	別表16(1)の「17」～「29」欄

第6章

(3)［当期償却限度額・当期償却額等］タブ

別表16(1)に記載する当期分の償却限度額、償却超過額等のデータを入力します。

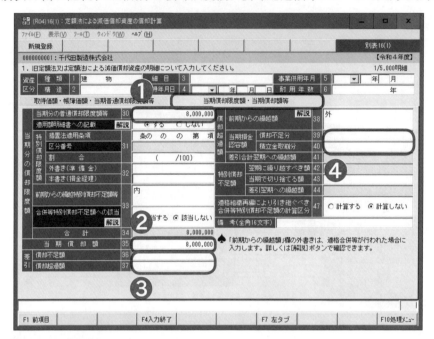

❶［当期分の普通償却限度額等］の入力

［当期分の普通償却限度額等］欄をクリックすると、［取得価額・帳簿価額・当期普通償却限度額等］タブで入力した［計（23）］欄、［算出償却額（24）］欄、［計（29）］欄の金額が初期表示されます（［当期分の普通償却限度額等］欄が空欄の場合のみ）。

❷［当期償却額］の入力

会計上償却費として計上した金額を入力します。

❸［償却不足額］・［償却超過額］の計算

［当期分の償却限度額］の［合計(34)］＞［当期償却額(35)］の場合は、［償却不足額(36)］欄に金額が初期表示されます。また、［当期償却額(35)］＞［当期分の償却限度額］の［合計(34)］の場合は、［償却超過額(37)］欄に金額が初期表示されます。

(注) 1.［償却不足額(36)］欄・［償却超過額(37)］欄に金額の入力がない場合のみ初期表示されます。
　　 2. 償却超過額がある場合にのみ、別表4・別表5(1)に自動転記されます。

❹［当期損金認容額］の入力

［償却不足分(39)］欄・［積立金取崩分(40)］欄に入力した金額は、別表4・別表5(1)に自動転記されます。

（4）別表4等への自動転記

別表16⑴の計算結果は、以下のとおり別表4・別表5⑴に自動転記されます。

転記元：別表16⑴	転記先	
	別表4	別表5⑴
償却超過額（37）	（加算・留保）減価償却の償却超過額（6）	(増③)減価償却超過額
償却不足によるもの（39） 積立金取崩しによるもの（40）	（減算・留保）減価償却超過額の当期認容額（12）	(減②)減価償却超過額

16 別表16(6)：繰延資産の償却

　　[402.別表4へ自動転記される別表等の入力]メニュー→ [16(6)：繰延資産の償却]WS
では、各通算法人が繰延資産の明細を入力して、別表16(6)「繰延資産の償却額の計
算に関する明細書」を作成します。

(1) 繰延資産 （均等償却資産）の新規登録

　　[F1 新規登録]ボタンをクリックすると、次の(2)の画面が表示されます。

(2) 繰延資産の明細入力

　　別表16(6)に記載する「当期分の償却限度額」等のデータを入力します。

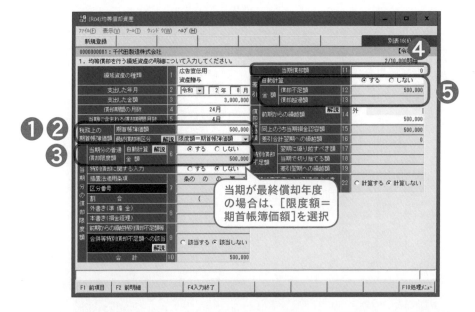

❶[期首帳簿価額]の入力

　前期以前に取得した繰延資産の場合は、[期首帳簿価額]欄は必須入力項目です。期首の時点において、税務上損金の額に算入されていない金額を入力します。当欄に入力した金額は、当期分の償却限度額の計算基礎となります。

❷[最終償却年区分]の選択

　当期が最終償却年度に該当する場合は、償却限度額の計算方法(期首帳簿価額を償却限度額とするか否か)を選択します。下記❸の区分で[する]を選択している場合は、当期分の普通償却限度額が以下のとおり計算されます。

計算方法	普通償却限度額の計算
[通常の限度額計算]	支出した金額 (3) × $\dfrac{\text{当期に含まれる償却期間月数 (5)}}{\text{償却期間の月数 (4)}}$ (注) [期首帳簿価額]を限度として計算されます。
[限度額＝期首帳簿価額]	[期首帳簿価額]欄の金額

❸[当期分の普通償却限度額]の計算方法の選択

　当期分の償却限度額を自動計算するかしないかを選択します。

　[する]を選択した場合は、当画面の入力データに基づき自動計算された償却限度額が[金額]欄に表示されます。

【計算例】

　繰延資産の支出金額は1,000,000円、償却期間は3年とします。各年度において、「当期分の償却限度額」が、そのまま「税務上の損金算入額」になるものとします(下記の(注)を参照)。なお、3年目においては、[最終償却年区分]で[限度額＝期首帳簿価額]を選択しています。

	1年目	2年目	3年目
1. 税務上の期首帳簿価額	1,000,000	666,667	333,334
2. 償却限度額 (税務上の損金算入額)	333,333	333,333	333,334
3. 税務上の期末帳簿価額 (1−2)	666,667	333,334	0

> 税務上の期首帳簿価額333,334円を償却限度額とする。

(注) 税務上の損金算入額
1年目：当期償却額 (会計) 1,000,000円＞償却限度額333,333円 (1,000,000×12/36)
　　　∴税務上の損金算入額333,333円、償却超過額666,667円 (1,000,000円−333,333円) が発生

第6章

2年目：当期償却額（会計）0円＜償却限度額333,333円（1,000,000×12/36）　∴償却不足額333,333円
　　　　償却超過額（1年目からの繰越し）666,667円＞償却不足額333,333円
　　　　∴税務上の損金算入額333,333円
3年目：当期償却額（会計）0円＜償却限度額333,334円（未算入額）　∴償却不足額333,334円
　　　　償却超過額（2年目からの繰越し）333,334円＝償却不足額333,334円
　　　　∴税務上の損金算入額333,334円

❹［当期償却額］の入力

　　会計上の償却額を入力します。

❺［償却不足額］・［償却超過額］の計算方法の選択

　　［当期分の償却限度額］の［合計(10)］欄と［当期償却額(11)］欄との差額で［償却不足額(12)］又は［償却超過額(13)］を計算する場合は、［自動計算］区分で［する］を選択します。

　　また、［償却不足額(12)］と［償却超過額(13)］の両方を入力する場合は、当区分で［しない］を選択した上で、金額を直接入力します。

(3) 別表4等への自動転記

　　別表16(6)の計算結果は、以下のとおり別表4・別表5(1)に自動転記されます。

転記元：別表16(6)	転記先	
	別表4	別表5(1)
償却超過額（13）	（加算・留保）繰延資産償却超過額	(増③) 繰延資産償却超過額
同上のうち当期損金認容額（15）	（減算・留保）繰延資産償却超過額認容	(減②) 繰延資産償却超過額

⓱ 別表16(8)：一括償却資産の損金算入

[402.別表4へ自動転記される別表等の入力]メニュー→[16(8)：一括償却資産の損金算入]WSでは、各通算法人が一括償却資産の取得価額の合計額を事業の用に供した事業年度ごとに入力して、別表16(8)「一括償却資産の損金算入に関する明細書」を作成します。

(1) 一括償却資産の明細入力

当期分を最下段に入力し、順次上段につめて一括償却資産の明細を入力します。

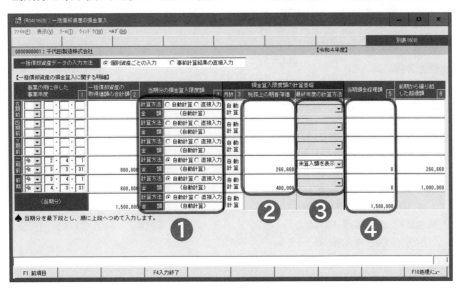

❶ [当期分の損金算入限度額]の[計算方法]の選択

当期分の損金算入限度額の計算方法（自動計算又は直接入力）を選択します。

❷ [税務上の期首簿価]の入力

前期以前に取得した明細については、[税務上の期首簿価]欄は必須入力項目です。期首の時点において、税務上損金の額に算入されていない金額を入力します。当欄に入力した金額は、当期分の損金算入限度額の計算基礎となります。

❸ [最終年度の計算方法]の選択

当期が最終償却年度に該当する場合は、[最終年度の計算方法]区分で損金算入限度額の計算方法(未算入額を損金算入限度額とするか否か)を選択します。なお、上記❶で[自動計算]を選択した場合は、以下のとおり計算されます。

計算方法	損金算入限度額の計算
[通常の限度額計算]	一括償却資産の取得価額の合計額（2）× $\dfrac{当期の月数}{36}$ (注)[税務上の期首簿価]を限度として計算されます。
[未算入額＝限度額]	[税務上の期首簿価]欄の金額

【計算例】

　　一括償却資産の取得価額合計額は1,000,000円です。各年度において、「当期分の損金算入限度額」が、そのまま「税務上の損金算入額」になるものとします（下記の（注）を参照）。なお、3年目においては、[最終年度の計算方法] 区分で [未算入額＝限度額] を選択しています。

	1年目	2年目	3年目
1．税務上の期首簿価	1,000,000	666,667	333,334
2．損金算入限度額 （税務上の損金算入額）	333,333	333,333	333,334
3．税務上の期末簿価(1−2)	666,667	333,334	0

> 税務上の期首簿価333,334円を損金算入限度額とする。

（注）税務上の損金算入額

1年目：損金経理した金額（会計）1,000,000円＞損金算入限度額333,333円（1,000,000×12/36）
　　　∴税務上の損金算入額333,333円
　　　※損金算入限度超過額666,667円（1,000,000円−333,333円）が発生

2年目：損金経理した金額（会計）0円＜損金算入限度額333,333円（1,000,000×12/36）
　　　∴損金算入不足額333,333円
　　　損金算入限度超過額（1年目からの繰越し）666,667円＞損金算入不足額333,333円
　　　∴税務上の損金算入額333,333円

3年目：損金経理した金額（会計）0円＜損金算入限度額333,334円（未算入額）
　　　∴損金算入不足額333,334円
　　　損金算入限度超過額（2年目からの繰越し）333,334円＝損金算入不足額333,334円
　　　∴税務上の損金算入額333,334円

❹ [当期損金経理額] の入力

　　一括償却資産について、当期において損金経理をした金額を入力します。

(2) 別表4等への自動転記

　　別表16(8)の計算結果は、以下のとおり別表4・別表5(1)に自動転記されます。

転記元：別表16(8)	転記先	
	別表4	別表5(1)
損金算入限度超過額（7）	（加算・留保） 一括償却資産損金算入限度超過額	（増③） 一括償却資産損金算入限度超過額
同上のうち当期損金認容額（9）	（減算・留保） 一括償却資産損金算入限度超過額認容	（減②） 一括償却資産損金算入限度超過額

IV 別表4と別表5で直接申告調整する内容の入力（メニュー403）

1 メニュー403の概要

　［403.別表4と別表5で直接申告調整する内容の入力］メニューでは、別表4と別表5(1)に記載する申告調整項目（留保、社外流出）を直接入力します。

　また、別表5(1)に記載する「資本金等の額」の期中の増減額を入力します。

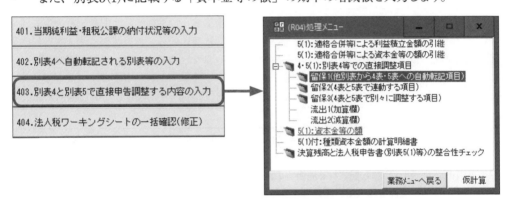

　当メニューで入力する法人税ワーキングシートの概要は、以下のとおりです。

ワーキングシート名	入力する内容
［適格合併等による利益積立金額の引継］WS	適格合併等で引き継いだ別表5(1)の利益積立金額を入力します。
［適格合併等による資本金等の額の引継］WS	適格合併等で引き継いだ別表5(1)の資本金等の額を入力します。
［留保1（他別表から4表・5表への自動転記項目）］WS	特定の留保項目は、システムに固定の入力欄が設けられています（賞与引当金繰入額否認等）。入力欄がない留保項目については、［留保2（4表と5表で連動する項目）］WS又は［留保3（4表と5表で別々に調整する項目）］WSで入力します。
［留保2（4表と5表で連動する項目）］WS	別表4と別表5(1)を連動させて申告調整する項目を入力します。
［留保3（4表と5表で別々に調整する項目）］WS	別表4と別表5(1)を各々独立させて申告調整する項目を入力します。なお、当ワーキングシートは、［107.グループ全体での統一処理のための設定］メニューで当機能を［利用する］と設定している場合に入力できます。

ワーキングシート名	入力する内容
［流出1（加算欄）］WS	別表4に記載する社外流出の加算項目（役員給与の損金不算入額等）を入力します。
［流出2（減算欄）］WS	別表4に記載する社外流出の減算項目（受贈益の益金不算入額等）を入力します。
［資本金等の額］WS	別表5(1)の「Ⅱ　資本金等の額の計算に関する明細書」を作成するための「資本金等の額」の増減額を入力します。
［種類資本金額の計算明細書］WS	別表5(1)付表（種類資本金額の計算に関する明細書）を作成します。
［決算残高と法人税申告書(別表5(1)等)の整合性チェック］WS	決算書の残高（未払法人税等など）と別表5(1)の期末残高（納税充当金等）を比較し、決算残高と法人税申告書の整合性をチェックできます。なお、当ワーキングシートは、［107.グループ全体での統一処理のための設定］メニューで当機能を[利用する]と設定している場合に入力できます。

(注) 1.　期首利益積立金額や期首資本金等の額は、[301.法人税の前期繰越金額等の確認(修正)]メニューで入力します。

　　　2.　[402.別表4へ自動転記される別表等の入力]メニューで作成した各別表で生じた申告調整項目（一括償却資産損金算入限度超過額、交際費等の損金不算入額等）は、システムで自動転記されるため、入力不要です。

2 留保1（他別表から4表・5表への自動転記項目）

　[403.別表4と別表5で直接申告調整する内容の入力]メニュー→[留保1（他別表から4表・5表への自動転記項目）]WSには、別表4と別表5(1)に記載する留保項目のうち特定の留保項目（賞与引当金繰入額否認、特別償却準備金認容額等）について、固定の入力欄が用意されています（下図参照）。

　[加算(当期の増)]欄に入力した金額は、**別表4の「加算」、別表5(1)の「増③」**に表示されます。

　また、[減算(当期の減)]欄に入力した金額は、**別表4の「減算」、別表5(1)の「減②」**に表示されます。

> 期首の金額は、メニュー301→[5(1)：前期繰越利益積立金額の確認(入力)]WSで入力

～29行目から38行目の留保項目は掲載を省略～

■剰余金処分に関する項目
当期の増減は、メニュー401→[剰余金処分]WSで入力します。

■当WSで直接入力する留保項目
1．期首の「賞与引当金繰入額否認」等を当期認容する場合は、[減算(当期の減)]欄に認容額を入力します。
2．[自動転記]と表示されている留保項目は、メニュー402で作成した各別表から別表4と別表5(1)への申告調整が自動的に行われます。
　例えば、「一括償却資産損金算入限度超過額」は、別表16(8)から別表4の「加算」、別表5(1)の「増」に自動転記されます。

第6章

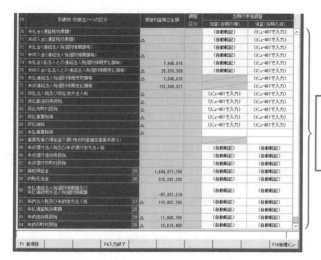

■通算税効果額・租税公課に関する項目
　メニュー401等の入力に基づき、別表4・別表5(1)に表示されます

（注）上記画面に入力欄がない留保項目については、［留保2（4表と5表で連動する項目）］WS又は［留保3（4表と5表で別々に調整する項目）］WSで入力します。

❶［特別償却準備金認容額］の入力

　過年度に積み立てた特別償却準備金を取崩した場合は、益金算入額を［加算（当期の増）］欄に入力します。当欄に入力した金額は、次のとおり別表4・別表5(1)に表示されます。

●別表4：特別償却準備金益金算入額（加算）

●別表5(1)：特別償却準備金認容額（減に△表示）

（注）別表4の「減算」、別表5(1)の「増（△表示）」に表示される金額は、別表16(9)から自動転記されます。

❷［一括評価／貸倒引当金の繰入限度超過額］の入力

　［一括評価／貸倒引当金の繰入限度超過額］の［減算（当期の減）］欄に入力した金額は、次のとおり別表4・別表5(1)に表示されます。

●別表4：一括評価／貸倒引当金の繰入限度超過額認容（減算）

●別表5(1)：一括評価／貸倒引当金の繰入限度超過額（減）

（注）別表4の「加算」、別表5(1)の「増」に表示される金額は、別表11(1の2)から自動転記されます。

賞与引当金繰入額を否認・認容する場合の入力例

「賞与引当金繰入額否認」の前期繰越金額 2 億 6,000 万円を当期に全額認容し、当期に計上した賞与引当金繰入額 2 億 8,000 万円を全額否認しました。（単位：円）

行	別表四・別表五(一)の区分	期首利益積立金額	調整区分	当期の申告調整	
				加算（当期の増）	減算（当期の減）
18	賞与引当金繰入額否認	260,000,000		280,000,000	260,000,000

■別表4 (単位：円)

	区分	総額	留保	社外流出
加算	賞与引当金繰入額否認	280,000,000	280,000,000	
減算	賞与引当金繰入額認容	260,000,000	260,000,000	

■別表5(1) (単位：円)

区分	期首利益積立金額	減	増	翌期首利益積立金額
賞与引当金繰入額否認	260,000,000	260,000,000	280,000,000	280,000,000

3 留保2（4表と5表で連動する項目）

　［403.別表4と別表5で直接申告調整する内容の入力］メニュー→［留保2（4表と5表で連動する項目）］WSでは、各通算法人が別表4と別表5(1)を連動させて申告調整する項目を入力します。

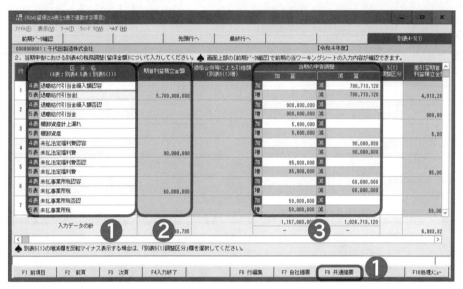

❶[区分名]の入力

　別表4・別表5(1)に表示する区分名を入力します。

　なお、［F8 共通摘要］ボタンをクリックすると、通算親法人が［105.グループ共通摘要（別表4等）］メニューで登録した「グループ共通摘要」の一覧画面が表示されます。

　一覧から区分名を選択すると、同一の調整項目について通算グループで区分名を統一できます。

❷［期首利益積立金額］の確認

　［301.法人税の前期繰越金額等の確認(修正)］メニュー→[5(1)：前期繰越利益積立金額の確認(入力)］WSで入力した金額が［期首利益積立金額］欄に表示されます。修正が必要な場合は、当該ワーキングシートで修正します。

❸［加算］・［減算］の入力

　別表4で加算・減算する金額を入力します。［加算］欄に入力した金額は、別表5(1)の「増」に表示されます。また、［減算］欄に入力した金額は、別表5(1)の「減」に表示されます。

別表5(1)の「増減額」を1行で表示する場合の入力例

　当期において退職給付引当金の当期認容額800万円と当期否認額900万円がある場合は、1行目に当期認容額(別表4:減算、別表5(1)：減)、2行目に当期否認額(別表4:加算、別表5(1)：増)を入力します。

　上記のように入力することで、別表5(1)の区分名(退職給付引当金)が一致する行のデータが紐付けされて、別表5(1)には、1行にまとめて当期の増減額が表示されます。

行	区　分　名 (4表：別表4,5表：別表5(1))	期首利益積立金額	適格合併等による引継額 (別表5(1)増)	当期の申告調整 加算		当期の申告調整 減算	
1	4表 退職給付引当金繰入額認容	600,000,000		加		減	8,000,000
	5表 退職給付引当金			増		減	8,000,000
2	4表 退職給付引当金繰入額否認			加	9,000,000	減	
	5表 退職給付引当金			増	9,000,000	減	

■別表4

区分		総額	留保	社外流出
加算	退職給付引当金繰入額否認	9,000,000	9,000,000	
減算	退職給付引当金繰入額認容	8,000,000	8,000,000	

■別表5(1)

区分	期首利益積立金額	当期の増減 減	当期の増減 増	翌期首利益積立金額
退職給付引当金	600,000,000	8,000,000	9,000,000	601,000,000

別表5(1)では、期中の増減額を1行で表示

---

4 留保3（4表と5表で別々に調整する項目）

　[403.別表4と別表5で直接申告調整する内容の入力]メニュー→[留保3（4表と5表で別々に調整する項目）]WSでは、各通算法人が別表4と別表5(1)を各々独立させて申告調整する項目を入力します。

　なお、別表5(1)のみに表示する金額の入力も可能です。

（注）1. 当画面の入力例を90頁に掲載しています。
　　　2. 当ワーキングシートは、[107.グループ全体での統一処理のための設定]メニュー→[利用機能の設定]タブ→[別表4と別表5(1)の「留保3」]区分が[利用する]の場合に入力できます。

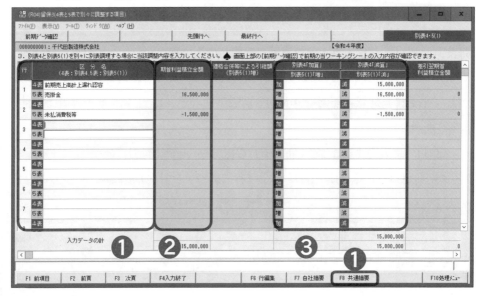

❶[区分名]の入力

　別表4・別表5(1)に表示する区分名を入力します。

　なお、[F8 共通摘要]ボタンをクリックすると、通算親法人がメニュー105で登録した「グループ共通摘要」の一覧画面（212頁参照）が表示されます。一覧から区分名を選択すると、同一の調整項目について通算グループで区分名を統一できます。

❷[期首利益積立金額]の確認

　[301.法人税の前期繰越金額等の確認（修正）]メニュー→[5(1)：前期繰越利益積立金額の確認（入力）]WSで入力した金額が[期首利益積立金額]欄に表示されます。修正が必要な場合は、当該ワーキングシートで修正します。

❸別表4の加算・減算、別表5(1)の増減の入力

　別表4で加算・減算する金額、別表5(1)の「増」、「減」に表示する金額をそれぞれ入力します。

5 流出1（加算欄）

　[403.別表4と別表5で直接申告調整する内容の入力]メニュー→[流出1（加算欄）]WS
では、各通算法人が別表4の「加算・社外流出」欄に記載する申告調整項目を入力します。

　なお、システムで作成した各別表から別表4に自動転記される金額は、当画面では入
力不要です。**例えば、「交際費等の損金不算入額」は、別表15から別表4に自動転記
されるため、当画面では入力しません。**

❶[役員給与の損金不算入額]の入力

　法人税法第34条の規定により、役員に対して支給する給与のうち損金の額に算入さ
れない金額を入力します。

❷[税額控除の対象となる外国法人税の額]、[外国関係会社等に係る控除対象所得税
額等相当額]の自動計算

　システムで外国税額控除関連の別表を作成する場合は、[税額控除の対象となる外国
法人税の額]欄と[外国関係会社等に係る控除対象所得税額等相当額]欄には[（自動
転記）]と表示されます（入力不可）。

　なお、[107.グループ全体での統一処理のための設定]メニュー→[外国税額控除]タ
ブ→[外国税額控除等の入力方法]区分で[計算結果を実額入力する]を選択している場
合は、これらの欄が入力可能となります。

6 流出２（減算欄）

　[403.別表4と別表5で直接申告調整する内容の入力]メニュー→[流出２（減算欄）]WS
では、各通算法人が別表4の「減算・社外流出」欄に記載する調整項目を入力します。

　なお、システムで作成した各別表から別表4に自動転記される金額（受取配当等の
益金不算入額等）は、当画面では入力不要です。

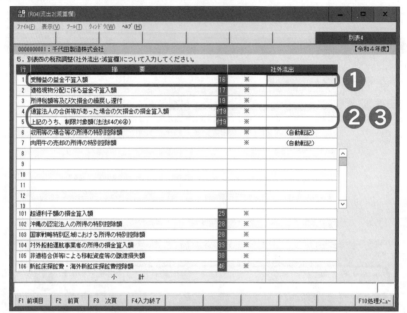

❶[受贈益の益金不算入額]の入力

　法人による完全支配関係がある他の内国法人から受けた受贈益の額で、法人税法第
25条の２第1項（受贈益）の規定により益金の額に算入されない金額を入力します。

❷[通算法人の合併等があった場合の欠損金の損金算入額]の入力

　法人税法第64条の８（通算法人の合併等があった場合の欠損金の損金算入）の規
定により当期の所得の金額の計算上、損金の額に算入される金額を入力します。

　なお、事業税の課税標準の算定においては法人税法第64条の８の規定によらないと
されているため、入力した金額が第６号様式の所得金額の計算上、加算されます（地
法72の23②）。

❸[上記のうち、制限対象額（法法64の6④）]の入力

　以下のすべての条件に該当する場合は、当欄に入力した金額が、別表7の３「制限対
象額（13）」欄に表示されます。

- メニュー402→[７の３：通算対象外欠損金額の計算基礎]WSの[多額の償却費の生
  ずる事業年度]区分で[該当]にチェックなし
- 別表7の３「通算前欠損金額（6）」欄に金額がある。

7 別表5(1)：資本金等の額

　[403.別表4と別表5で直接申告調整する内容の入力]メニュー→[5(1)：資本金等の額]WSでは、各通算法人が別表5(1)の「Ⅱ　資本金等の額の計算に関する明細書」に記載する当期の資本金等の額の「増減額」を入力します。

　資本金等の額は、地方税における「均等割額」の自動計算等の基礎データとなります。**地方税ワーキングシートを入力する前に、必ず入力します。**

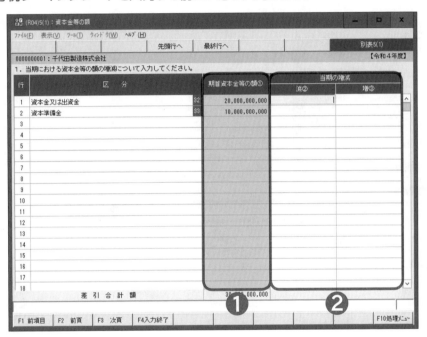

❶［期首資本金等の額①］の確認

　［期首資本金等の額①］欄には、[301.法人税の前期繰越金額等の確認（修正）]メニュー→[5(1)：前期繰越資本金等の額の確認（入力）]WSで入力した金額が表示されます。修正の必要がある場合は、[5(1)：前期繰越資本金等の額の確認（入力）]WSで行います。

❷当期の増減額の入力

　資本金等の額の期中の増減額を［減②］欄、［増③］欄に入力します。

地方税WSを入力後に、当画面で資本金等の額を入力した場合は、メニュー 501で［分割基準の確認］WS又は［均等割額計算のための従業者数］WSを再度選択する必要があります。

法人税の仮計算（メニュー 405)

各通算法人は、[405.法人税の仮計算]メニューを選択して、法人税の仮計算を行います。

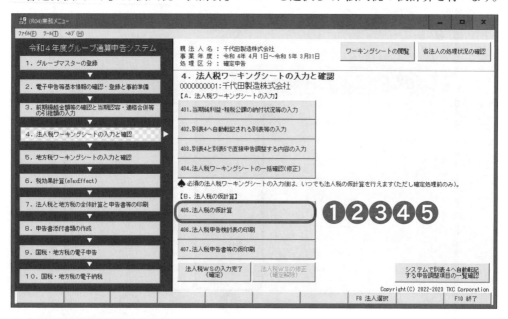

❶全体計算と仮計算の仕組み

全体計算は、すべての通算法人が入力したワーキングシートに基づいて計算処理が行われます。

一方、仮計算は、**自社が入力したワーキングシートに基づいて計算処理が行われます**。そのため、仮計算に基づく申告書は、すべての通算法人の入力内容を反映しておらず、**暫定的な申告書**となります。

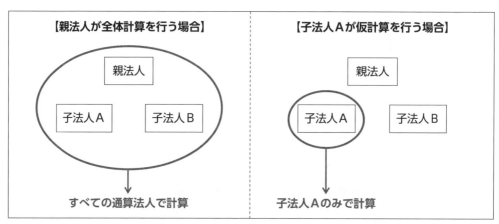

❷仮計算が終了した場合

仮計算が終了した場合は、以下の画面が表示されます。

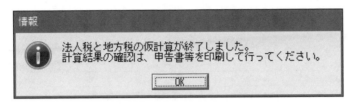

仮計算の終了後は、法人税申告検討表の印刷（メニュー406）や法人税申告書等の仮印刷（メニュー407）が行えます。

(注) 1. 地方税ワーキングシート（メニュー501・502）を入力済みの場合は、地方税の計算処理もあわせて行われるため、地方税申告書の仮印刷（メニュー507）も行えます。
　　 2. ワーニングメッセージ（下記❺を参照）が表示された場合は、上記の画面は表示されませんが、計算処理は完了しています。

❸ワーキングシートの確定後に再計算を行う場合

法人税ワーキングシートの確定処理（［法人税WSの入力完了(確定)］ボタンをクリック）後は、仮計算を行えません。ワーキングシートの修正を行う場合は、ワーキングシートの確定解除が必要です。なお、通算親法人がワーキングシートの確定を解除できます。通算子法人は、通算親法人にワーキングシートの確定解除を依頼してください。

❹エキスパートチェックの自動表示

入力したワーキングシートの内容に不足や不整合がある場合は、計算処理時（メニュー405）にエキスパートチェックが表示されて、計算処理が中止されます。表示された対処方法に従い、ワーキングシートの内容を修正した上で、再度計算処理を行ってください。

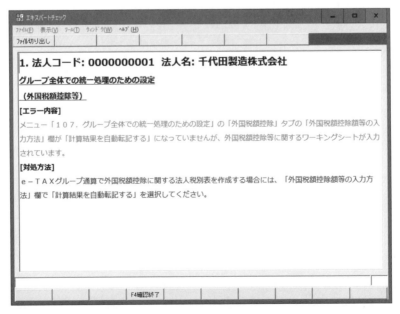

❺ワーニングメッセージの自動表示

　入力したワーキングシートの内容に入力漏れや入力誤りの可能性がある場合は、計算処理時（メニュー405）にワーニングメッセージが表示されます。

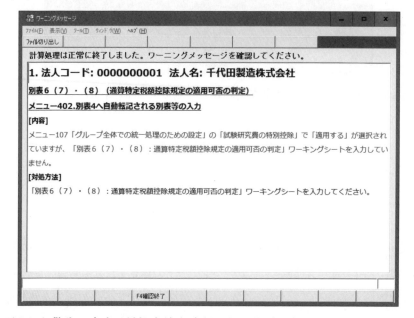

　表示された警告の内容・対処方法を確認の上、必要に応じてワーキングシートを修正してください。

　なお、ワーニングメッセージが表示された場合でも、計算処理は完了していますので、申告書の仮印刷（メニュー407）は行えます。

（注）ワーニングメッセージは、表示すべきエキスパートチェック（上記❹を参照）がない状態で計算処理を行った際に表示されます。

VI 法人税申告検討表の印刷（メニュー406）

各通算法人は、［406.法人税申告検討表の印刷］メニューを選択して、「「別表4」と「別表5(1)」の検算式確認表」等を確認します。

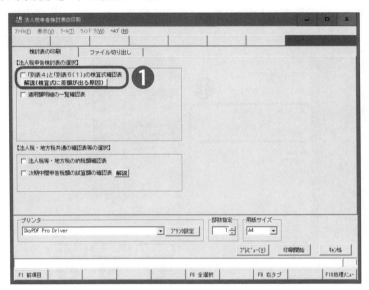

❶ 「別表4」と「別表5(1)」の検算式確認表

検算式に差額が出ていないかを確認します。「差額⑦」欄が0円でない場合は、別表4と別表5(1)に関するワーキングシートの入力に不整合が生じている可能性があります。

（注）適格合併等により被合併法人等から引き継いだ利益積立金額がある場合は、検算式に差額が生じます。

	【検算式の確認】		
行	項　目　名		金　　額
1	別表5(1)の「差引合計額[31]」の「期首現在利益積立金額①」	①	16,593,842,154
2	別表4の留保総計	②	1,086,214,359
3	通算税効果額	③	-5,594,618
4	中間分・確定分の法人税・地方法人税・住民税等	④	153,947,400
5	①+②-③-④	⑤	17,531,703,731
6	別表5(1)の「差引合計額[31]」の「差引翌期首現在利益積立金額④」	⑥	17,531,703,731
7	差　額(⑤-⑥)	⑦	0　　　　（注）

検算式に差額が生じているかを確認

第6章

VII　法人税申告書等の仮印刷（メニュー 407）

　各通算法人は、[407.法人税申告書等の仮印刷]メニューを選択して、仮計算に基づく
法人税申告書を印刷（プレビュー）します。入力した内容が法人税申告書に反映している
か、入力漏れがないかを確認します。

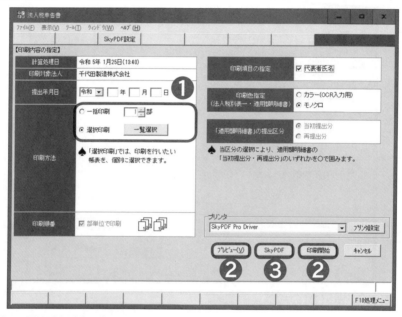

❶申告書の[印刷方法]の選択

　[一括印刷]を選択すると、システムで計算したすべての法人税申告書を印刷（プレ
ビュー）することができます。また、特定の法人税申告書を印刷（プレビュー）する場合は、
[選択印刷]→[一覧選択]ボタンをクリックして、一覧から法人税申告書を選択します。

❷申告書の印刷・プレビュー

　［印刷開始］ボタンにより、法人税申告書を印刷できます。また、［プレビュー］ボタンにより、法人税申告書を申告書イメージで確認できます。

■仮計算に基づく別表1

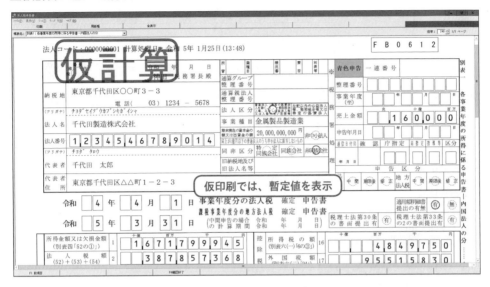

（注）仮印刷における制限事項

　仮計算は、**自社**が入力したワーキングシートに基づいて、計算処理が行われます。そのため、全体計算が必要となる別表1、別表4、別表5(1)、別表7(1)、別表6(2)等には、すべての通算法人のワーキングシートの入力内容が反映しておらず、**暫定値が表示されます**（全体計算と仮計算の仕組みについては、218頁参照）。これらの申告書別表については、通算親法人による全体計算（メニュー701）後に、［704.法人税申告書等の印刷］メニューで、確定値を確認してください。

　なお、仮印刷では、別表の左上に、「仮計算」の文字が表示されます。

❸［SkyPDF］ボタン

　指定した法人税申告書をまとめて1つのPDFファイルに出力できます。

（注）［SkyPDF］ボタンを利用する場合は、ご利用のパソコンに「SkyPDF」のインストールが必要です。

VIII 法人税ワーキングシートの入力完了(確定)

　　法人税ワーキングシートの入力が完了した各通算法人は、[法人税ＷＳの入力完了(確定)]ボタンをクリックして、法人税ワーキングシートを確定します。

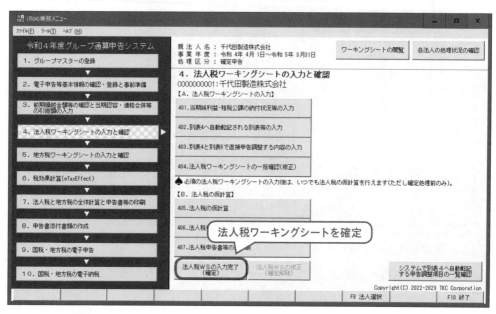

(注)1.　法人税ワーキングシートを確定していない通算法人がある場合、通算親法人はグループ全体の計算（メニュー701）が行えません。各通算法人のワーキングシートの処理状況は、[各法人の処理状況の確認]で確認できます（269頁参照）。

　　　2.　通算子法人の場合は、[法人税ＷＳの入力完了(確定)]ボタンのみが表示されます。

地方税ワーキングシートの
入力

第7章

地方税申告書（都道府県民税・事業税等・市町村民税）の
作成方法を解説します。

Ⅰ　地方税ワーキングシートの入力の概要

　業務プロセス［5．地方税ワーキングシートの入力と確認］では、各通算法人が以下の手順で地方税申告書を作成します。

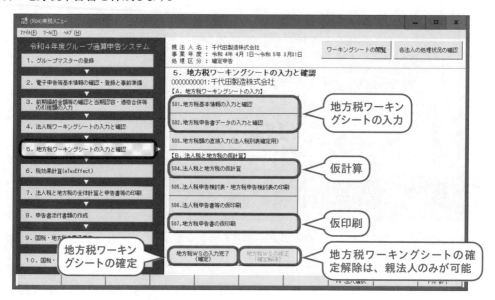

●地方税ワーキングシートの入力

各通算法人は、地方税ワーキングシート（メニュー 501・502）を入力します。

●仮計算

［504.法人税と地方税の仮計算］メニューを選択して、仮計算を行います。

●申告書の仮印刷

［507.地方税申告書の仮印刷］メニューで、地方税ワーキングシートで入力した内容が申告書に反映しているか、入力漏れがないかを申告書イメージにより確認します。

●地方税ワーキングシートの確定

［地方税WSの入力完了(確定)］ボタンをクリックして、地方税ワーキングシートを確定します。
（注）通算子法人の場合は、［地方税WSの入力完了(確定)］ボタンのみが表示されます。

Ⅱ 地方税基本情報の入力と確認（メニュー501）

1 メニュー501の概要

[501.地方税基本情報の入力と確認] メニューでは、地方税申告書を作成するための基本情報を入力します。

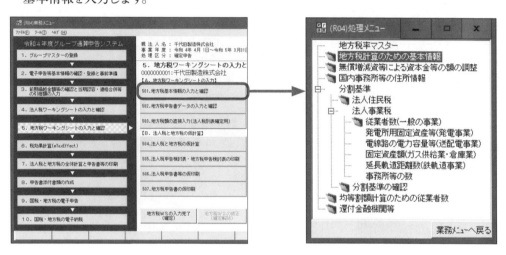

(1) 入力内容

各ワーキングシートの入力内容は、以下のとおりです。

ワーキングシート名	入力する内容
[地方税計算のための基本情報] WS	地方税の分割計算区分（分割計算又は非分割計算）や事業税の事業区分など、地方税を計算するための基本情報を入力します。
[無償増減資等による資本金等の額の調整] WS	無償増減資等を行っている場合は、第6号様式等の均等割額の判定基礎となる「資本金等の額」と第6号様式別表5の2の3の資本割の課税標準となる「資本金等の額」の計算基礎を入力します。
[国内事務所等の住所情報] WS	国内に所在する事務所等と寮等を入力します。
[分割基準(法人住民税)] WS	分割計算の場合に、住民税の分割基準（従業者数等）を入力します。
[分割基準(法人事業税)] WS	分割計算の場合に、事業税の分割基準（従業者数等）を入力します。[分割基準(法人住民税)] WSのデータを複写することもできます。

ワーキングシート名	入力する内容
［分割基準の確認］WS	分割計算の場合は、［分割基準（法人住民税）］WS・［分割基準（法人事業税）］WSの入力に基づき自動計算された分割基準を確認します。 なお、当ワーキングシートは、地方税額の計算に必要となる地方税率、分割基準、均等割額計算のための従業者数等のデータを［502.地方税申告書データの入力と確認］メニューの各ワーキングシートに一括して連動させる機能を有しています。そのため、分割計算の法人は、当ワーキングシートを選択する必要があります（241頁参照）。
［均等割額計算のための従業者数］WS	分割計算の場合は、均等割額算定のための従業者数が正しく表示されているかを確認します（必要に応じて補正します）。 非分割計算の場合は、均等割額を自動計算するための従業者数を入力します。
［還付金融機関等］WS	第6号様式・第20号様式に記載する「還付を受ける金融機関」や「翌期の中間申告の要否」等を入力します。

(2) 入力順

　［501.地方税基本情報の入力と確認］メニューは、以下の矢印の順序に従って入力します。

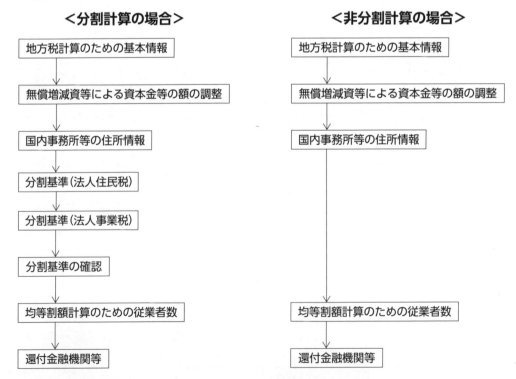

＜分割計算の場合＞

地方税計算のための基本情報
↓
無償増減資等による資本金等の額の調整
↓
国内事務所等の住所情報
↓
分割基準（法人住民税）
↓
分割基準（法人事業税）
↓
分割基準の確認
↓
均等割額計算のための従業者数
↓
還付金融機関等

＜非分割計算の場合＞

地方税計算のための基本情報
↓
無償増減資等による資本金等の額の調整
↓
国内事務所等の住所情報
↓
均等割額計算のための従業者数
↓
還付金融機関等

2 地方税率マスター

　e-TAXグループ通算には、全国の都道府県と市町村の地方税率を登録した「地方税率マスター」が搭載されています。この「地方税率マスター」から適用税率を連動させて地方税の申告計算が行えます。

　処理メニューから［地方税率マスター］を選択すると、都道府県・市町村ごとに地方税率の登録内容を確認することができます。地方税率マスターには、TKCで確認済みの事業税、都道府県民税及び市町村民税の税率とその適用基準が登録されています。

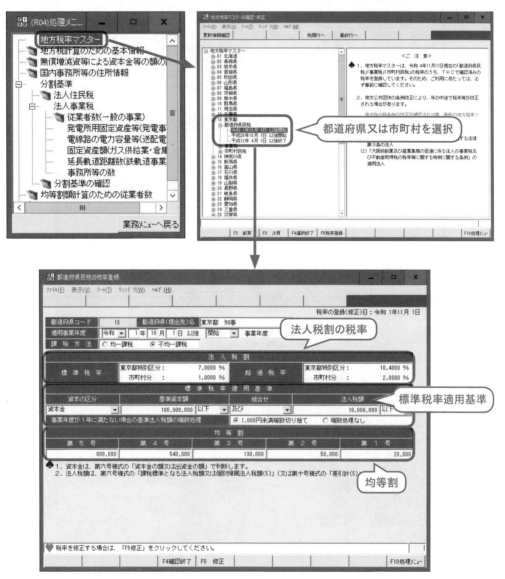

　なお、登録済みの地方税率マスターを申告計算で適用するためには、市町村民税、都道府県民税、事業税の地方税ワーキングシート（メニュー502）で、地方税率マスターと連動させる必要があります。

■［都道府県民税の税額計算基礎］WS（メニュー502）

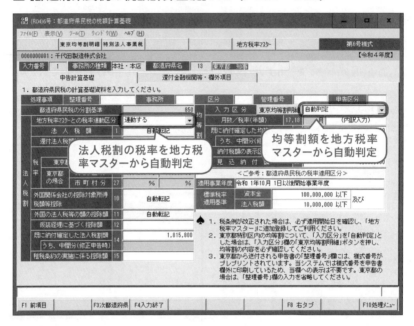

■［事業税の税額計算基礎］WS（メニュー502）

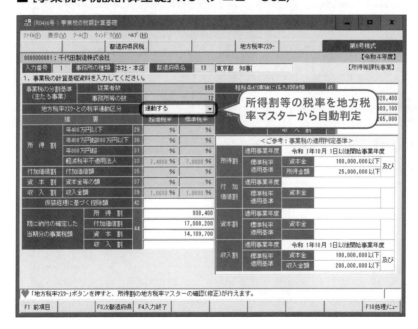

3 地方税計算のための基本情報

　［501.地方税基本情報の入力と確認］メニュー→［地方税計算のための基本情報］WS
では、各通算法人が地方税計算に必要となる基本情報（分割計算区分、事業区分等）
や申告期限の延長情報等を入力します。

(1)［地方税基本情報］タブ

　地方税を計算するために必要となる基本情報（分割計算区分、事業区分等）を登録
します。

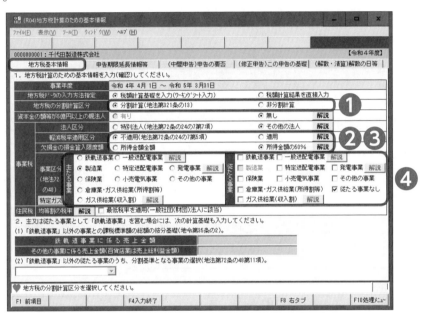

❶［地方税の分割計算区分］の選択

区分	内　容
［分割計算］	当期において、2以上の都道府県又は市町村に事務所等を有する場合や東京都の特別区と市町村に事務所等を有する場合に［分割計算］を選択します。この場合は、［分割基準（法人住民税）］WS・［分割基準（法人事業税）］WSを入力します。
［非分割計算］	上記の［分割計算］の条件に該当しない場合は、［非分割計算］を選択します。この場合は、［均等割額計算のための従業者数］WSの入力が必要です。

(注) 1. 東京都特別区のみに複数の事務所等を有している場合は、［非分割計算］を選択します。
　　　2. 事業年度を通じて、事務所等の数が1事務所等だけであっても、期中にその事務所等が別の市町
　　　　村（都道府県）に移転した場合は、［分割計算］を選択します。

分割計算と非分割計算の選択例

●東京都の千代田区と新宿区のみに事務所等がある場合→「非分割計算」

●東京都の中央区と東京都八王子市のみに事務所等がある場合→「分割計算」

●大阪府大阪市と大阪府堺市のみに事務所等がある場合→「分割計算」

●京都府京都市から兵庫県神戸市に本店が移転した場合（事務所等は本店のみ）
　→「分割計算」

❷ ［軽減税率適用区分］の選択

［軽減税率適用区分］で事業税の軽減税率を適用するかどうかを選択します。

なお、外形標準課税の対象法人は、［不適用］が固定選択されます。

区分	内　　容
［不適用］	3以上の都道府県に事務所等がある資本金の額（出資金の額）が1,000万円以上の法人は、［不適用］を選択します。
［適用］	上記の［不適用］の条件に該当しない法人は、［適用］を選択します。

❸ ［欠損金の損金算入限度額］の選択

［欠損金の損金算入限度額］区分の設定（所得金額の全額又は50%）に基づき、事業税の欠損金の損金算入限度額（第6号様式別表9の②欄）が計算されます。

❹ ［事業区分（地法72の48）］の選択

［事業区分（地法72の48）］で主たる事業と従たる事業（複数選択可）を選択します。事業区分は、事業税の分割基準の判定と事業税収入割が課される法人の判定の基礎となります。

選択した事業区分に応じて、［分割基準(法人事業税)］WSで分割基準（従業者数、事務所等の数等）を入力します。

(2) [申告期限延長情報等] タブ

　第6号様式・第20号様式の「申告期限の延長の処分（承認）の有無」、「法人税の申告書の種類」等に記載する区分を選択します。

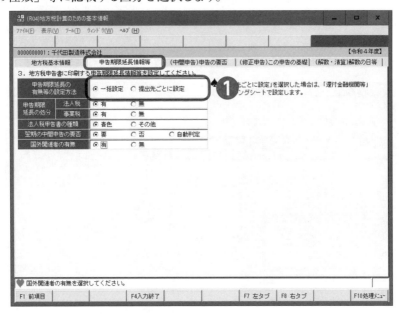

❶ [申告期限延長の有無等の設定方法] の選択

区分の選択	内　　容
[一括設定] を選択した場合	当画面で選択した [申告期限延長の処分] 等の区分が第6号様式・第20号様式に表示されます。
[提出先ごとに設定]を選択した場合	[還付金融機関等]WSの [第20号様式(中間申告要否等)] タブ、[第6号様式(中間申告要否等)] タブで、提出先ごとに [申告期限延長の処分] 等の区分を選択します。

申告期限を延長している場合は、必ず [有] を選択してください。

　申告期限を延長している場合は、[申告期限延長の処分]区分で、[有]を選択してください（提出先ごとに設定する場合は、[還付金融機関等]WSで選択）。[有]を選択した場合は、納付書の作成画面（メニュー 1002・1003）における納期限の延長に係る延滞金の計算対象となります。なお、当区分で[無]を選択している場合は、納期限の延長に係る延滞金は計算されません。

4 無償増減資等による資本金等の額の調整

　[501.地方税基本情報の入力と確認]メニュー→[無償増減資等による資本金等の額の調整]WSでは、均等割額と外形標準課税の資本割の課税標準の計算基礎となる「資本金等の額」について、各通算法人が、無償増減資等の金額を入力します。

（注） 無償増減資等の調整計算が不要である法人は、当ワーキングシートの入力を省略できます。入力を省略した場合は、下記❶の区分で[自動計算]を選択したものとして処理されます。

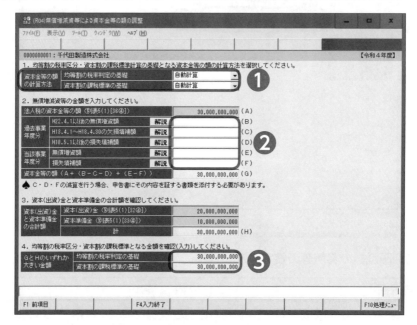

❶[均等割の税率判定の基礎]、[資本割の課税標準の基礎]の選択

　[自動計算]を選択した場合は、均等割額及び資本割の課税標準の計算基礎となる「資本金等の額」は、以下の1又は2のいずれか大きい金額で計算されます（地法23、52④～⑥、72の21①②、312⑥～⑧）。

　1．資本金等の額（別表5(1)の「36④」欄）－欠損塡補額－損失塡補額＋無償増資額

　2．資本金の額＋資本準備金の合算額（別表5(1)の「32④」欄＋「33④」欄）

❷無償増減資等の金額の入力

　無償増減資等を行っている場合は、資本金等の額に加減算する金額（欠損塡補額、損失塡補額、無償増資額）を過去事業年度分と当事業年度分に分けて入力します。

❸[均等割の税率判定の基礎]・[資本割の課税標準の基礎]の確認

　上記❶で[自動計算]を選択している場合は、無償増減資等の金額を調整後の「資本金等の額」と「資本金の額と資本準備金の合算額」のいずれか大きい金額が、均等割額の判定基礎となる「資本金等の額」・資本割の課税標準となる「資本金等の額」となります。

5 国内事務所等の住所情報

　［501.地方税基本情報の入力と確認］メニュー→［国内事務所等の住所情報］WSでは、
各通算法人が地方税を計算するために必要となる国内の事務所等と寮等を登録します。

(1)［事務所等］タブ

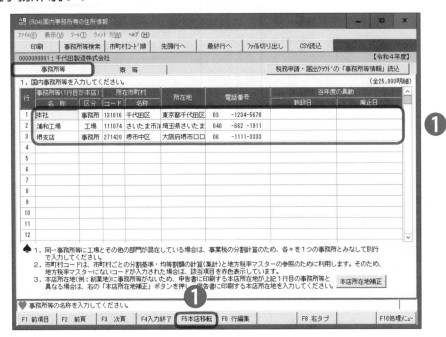

❶各項目の入力

項目	入力する内容
［事務所等］	本店（本社）に該当する事務所等は、1行目に登録します。第6号様式と第20号様式には、1行目に登録した所在地が本店所在地として表示されます。 （注）本店が移転した場合は、［F5 本店移転］ボタンを利用します。
［区分］	資本金の額（出資金の額）が1億円以上の製造業を行う法人で、［工場］を選択した場合は、［分割基準（法人事業税）］WSで入力した工場の期末従業者数を1.5倍した数値が事業税の分割基準として計算されます。 （注）製造業で同一事務所等に工場・その他の部門が混在している場合は、工場とその他の部門をそれぞれ一つの事務所等とみなして別行に入力することにより、分割基準となる従業者数が正しく計算されます。
［コード］	［コード］欄をクリックすると、［市町村一覧］画面が表示されます。一覧から、該当する事務所等の市町村コードを選択します。 市町村コードは、地方税率マスターの参照、地方税電子申告の受付団体の判定、分割基準の集計及び均等割額の計算に利用されます。東京都特別区や政令指定都市に所在する事務所等は、均等割を区ごとに計算するため、「区」のコードを選択します。例えば、東京都特別区の場合は、「東京都特別区（131008）」ではなく、区のコード（千代田区（131016）等）を選択します。

第7章

項目	入力する内容
[コード]	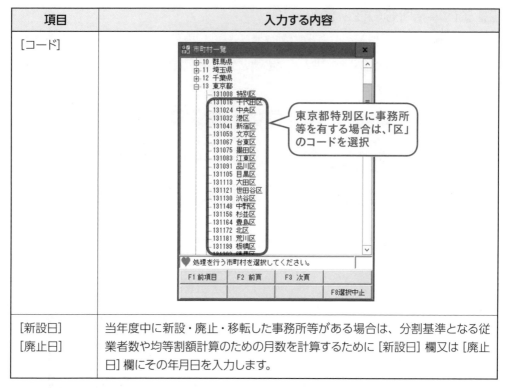 東京都特別区に事務所等を有する場合は、「区」のコードを選択
[新設日] [廃止日]	当年度中に新設・廃止・移転した事務所等がある場合は、分割基準となる従業者数や均等割額計算のための月数を計算するために [新設日] 欄又は [廃止日] 欄にその年月日を入力します。

(2) [寮等]タブ

均等割の計算基礎となる寮等を登録します。

(参考) 寮等を有する場合

寮等を有する法人で、その市町村内及び都道府県内に事務所等を有しない法人は、均等割のみが課税されます（地法24①、294①）。

（3）主な事務所等の選択

　［事務所等］タブ又は［寮等］タブで［F4 入力終了］ボタンをクリックすると、以下の確認画面が表示されます。［OK］ボタンをクリックして、申告書の提出先として第6号様式と第20号様式に記載する主な事務所等・寮等を指定します。［都道府県］タブと［市町村］タブで、それぞれ指定します。

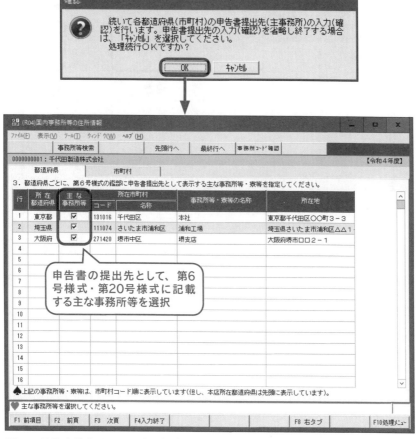

（注）同一の都道府県内又は同一市町村内に複数の事務所等がある場合は、いずれか1か所を選択します。

　同一の都道府県内又は同一市町村内に事務所等が1か所の場合は、「主な事務所等」が初期選択されます。

6 分割基準(法人住民税)

　[501.地方税基本情報の入力と確認]メニュー→[分割基準(法人住民税)]WSでは、分割計算を行う通算法人が、事務所等ごとに住民税の分割基準となる従業者数を入力します。

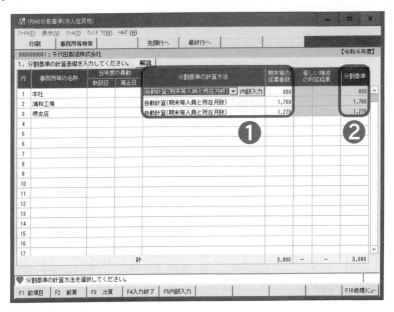

❶[分割基準の計算方法]の選択

区分	入力する内容
[自動計算(期末等人員と所在月数)]	従業者数に著しい変動がない場合は、当区分を選択した上で、[期末等の従業者数]欄を入力します。
[自動計算(各月末人員と所在月数)]	従業者数に著しい変動がある場合は、当区分を選択した上で、[内訳入力]ボタンをクリックして表示される画面で[各月末の従業者数]欄と[期末等の従業者数]欄を入力します。
[分割基準直接入力]	分割基準を直接入力する場合は、当区分を選択した上で、[分割基準]欄に分割基準となる従業者数を直接入力します。

❷[分割基準]の確認

　第10号様式・第22号の2様式「課税標準の分割に関する明細書」において分割課税標準額を計算する際の分割基準を確認します。

7 分割基準(法人事業税)

　［501.地方税基本情報の入力と確認］メニュー→［分割基準(法人事業税)］WSでは、分割計算を行う通算法人が、事業税の分割基準を入力します。

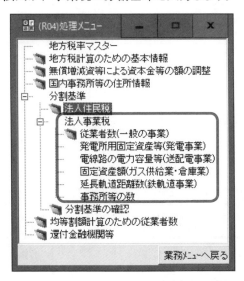

　なお、［地方税計算のための基本情報］WSで選択した主たる事業の［事業区分］に応じて、事業税の分割基準が以下のとおり判定されます。

[事業区分]		分割基準
[製造業]		従業者の数
電気供給業	[発電事業]	課税標準の3/4…固定資産で発電所の用に供するものの価額 課税標準の1/4…固定資産の価額 (注)「固定資産で発電所の用に供するものの価額」を入力しなかった場合は、課税標準の総額が「固定資産の価額」により分割されます。
	[一般送配電事業]、[特定送配電事業]	課税標準の3/4…発電所に接続している電線路の電力の容量 課税標準の1/4…固定資産の価額 (注)「発電所に接続している電線路の電力の容量」を入力しなかった場合は、課税標準の総額が「固定資産の価額」により分割されます。
	[小売電気事業]	課税標準の1/2…事務所等の数 課税標準の1/2…従業者の数
[ガス供給業(収入割)]、[倉庫業・ガス供給業(所得割等)]		固定資産の価額
[鉄軌道事業]		軌道の延長キロメートル数

第7章

[事業区分]	分割基準
[保険業]、[その他の事業]	課税標準の1/2…事務所等の数 課税標準の1/2…従業者の数

(注) 1. 従たる事業が「一般送配電事業」の場合は、「一般送配電事業」の分割基準が適用されます。
　　 2. 主たる事業及び従たる事業が「一般送配電事業」以外の場合で、従たる事業が発電事業の場合は、発電事業の分割基準が適用されます。

(1) 一般事業の場合　（従業者数）

　[事業区分]が［製造業]、[保険業]、[その他の事業] 又は［小売電気事業］に該当する法人が、処理メニューから[従業者数（一般の事業）]を選択すると、以下の画面が表示されます。

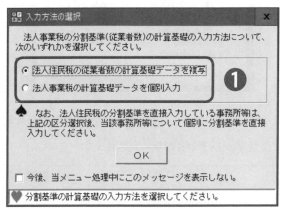

❶入力方法の選択

　[分割基準（法人住民税）]WSで入力した内容を複写するかどうかを選択します。

　[法人住民税の従業者数の計算基礎データを複写]を選択した場合（分割基準を自動計算している場合に限ります）は、[分割基準（法人住民税）]WSで入力した内容に基づいて、事業税の分割基準となる従業者数が自動計算されます。

(注) 別表5(1)の資本金（出資金）の額が1億円以上の製造業を行う法人の「工場」については、工場の従業者数（期末まで所在する工場に限ります）に1.5倍をした数値が分割基準として計算されます。

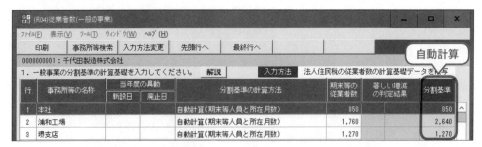

　なお、[法人事業税の計算基礎データを個別入力]を選択した場合は、[分割基準（法人住民税）]WSと同様に、事業税の分割基準の計算基礎（分割基準の計算方法、期末等の従業者数等）を入力します。

8　分割基準の確認

　[501.地方税基本情報の入力と確認]メニュー→[分割基準の確認]WSでは、各通算法人が法人住民税と法人事業税の分割基準を事務所等ごとに確認します。

　なお、当ワーキングシートは、地方税額の計算に必要となる地方税率、分割基準、均等割額計算のための従業者数等のデータを[502.地方税申告書データの入力と確認]メニューの各ワーキングシートに一括して連動させる機能を有しています。そのため、分割計算の法人は、当ワーキングシートを必ず選択する必要があります。

分割計算の場合に地方税WS等を修正した場合は、[分割基準の確認]WSを選択してください。

　分割計算の場合に以下のデータを修正した場合は、[分割基準の確認]WSを選択してください。選択しない場合は、修正内容が計算に反映されません。

- ●メニュー301・403→[前期繰越資本金等の額の確認（入力）]WS
- ●メニュー101→[基本情報の登録]→[基本情報②]タブ→[通算承認の効力発生日]
- ●メニュー501→[地方税率マスター]
- ●メニュー302・501→[地方税計算のための基本情報]WSの[事業区分（地法72の48）]等
- ●メニュー501→[無償増減資等による資本金等の額の調整]WS
- ●メニュー302・501→[国内事務所等の住所情報]WS
- ●メニュー501→[分割基準（法人住民税）]WS、[分割基準（法人事業税）]WS
- ●メニュー501→[均等割額計算のための従業者数]WS

9 均等割額計算のための従業者数

　[501.地方税基本情報の入力と確認]メニュー→［均等割額計算のための従業者数］
WSでは、各通算法人が均等割額の計算基礎となる従業者数を入力（確認）します。

　なお、均等割額計算のための従業者数は、市町村民税と東京都特別区の均等割額
の計算要素となります。

(1) 分割計算の場合

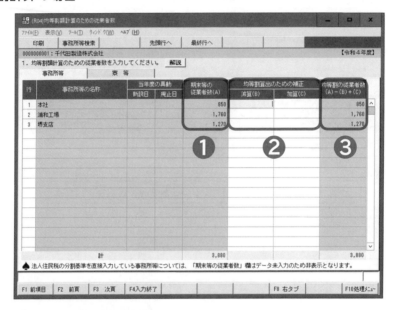

❶[期末等の従業者数]の自動表示

　[分割基準(法人住民税)]WSで分割基準を自動計算している事務所等については、
当該ワーキングシートで入力した［期末等の従業者数］が表示されます。

❷均等割算出のための従業者数を補正する場合

　[分割基準(法人住民税)]WSで分割基準を直接入力している場合やアルバイト・パー
トタイマー等についての特例計算（取扱通知（市）第2章）により「期末等の従業者数」
を補正する場合に［減算］欄・［加算］欄に入力します。

❸[均等割の従業者数]の確認

　均等割額を計算するための従業者数が表示されます。

(2) 非分割計算の場合

非分割計算の場合は分割基準となる従業者数を入力しないため、当画面で均等割額計算のための従業者数を直接入力します。

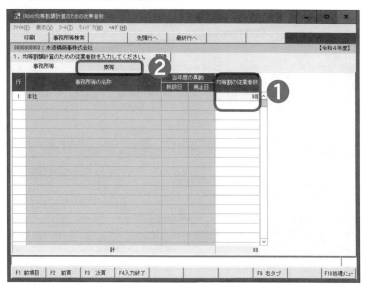

❶[均等割の従業者数]の入力

均等割額を計算するための従業者数を入力します。

❷寮等がある場合

[寮等]タブで、均等割額を計算するために必要となる寮等の従業者数を入力します。

非分割計算の場合に地方税WS等を修正した場合は、[均等割額計算のための従業者数]WSを選択してください。

非分割計算の場合で、以下のデータを修正した場合は、[均等割額計算のための従業者数]WSを選択してください。選択しない場合は、修正内容が計算に反映されません。

- メニュー 301・403→[前期繰越資本金等の額の確認（入力）] WS
- メニュー 101→[基本情報の登録]→[基本情報②]タブ→[通算承認の効力発生日]
- メニュー 501→[地方税率マスター]
- メニュー 302・501→[地方税計算のための基本情報]WSの事業税の[法人区分]
- メニュー 501→[無償増減資等による資本金等の額の調整]WS
- メニュー 302・501→[国内事務所等の住所情報]WS

10 還付金融機関等

[501.地方税基本情報の入力と確認]メニュー→[還付金融機関等]WSでは、各通算法人が第6号様式と第20号様式に記載する「還付を受けようとする金融機関」、「翌期の中間申告の要否」、「申告期限の延長の処分（承認）の有無」、「法人税の申告書の種類」等を入力します。

（注） [地方税計算のための基本情報]WS→[申告期限延長情報等]タブの[申告期限延長の有無等の設定方法]区分で[一括設定]を選択している場合は、[第20号様式(中間申告要否等)]タブと[第6号様式(中間申告要否等)]タブでは区分を変更できません。

❶[還付金融機関の印刷の条件]の設定

[「還付請求税額」欄に表示する金額がある場合に印刷する]を選択した場合は、還付請求税額がある場合に、還付金融機関名等が第6号様式・第20号様式に印刷されます。

また、[常に印刷する]を選択した場合は、還付請求税額の有無にかかわらず、常に第6号様式・第20号様式に還付金融機関名等が印刷されます。

申告期限を延長している場合は、必ず［有］を選択してください。

　申告期限を延長する提出先については、［第20号様式(中間申告要否等)］タブと［第6号様式(中間申告要否等)］タブの［申告期限延長の処分］区分で、［有］を選択してください（※）。［有］を選択した提出先だけが、納付書の作成画面（メニュー1002・1003）における納期限の延長に係る延滞金の計算対象となります。

（※）区分を一括設定する場合は、[地方税計算のための基本情報]WS→[申告期限延長情報等]タブの[申告期限延長の処分]区分で［有］を選択します。

第20号様式(還付金融機関名)		第20号様式(中間申告要否等)		第6号様式(還付金融機関名)		第6号様式

行	所在市町村		主な事務所等・寮等の名称	法人税申告書の種類	翌期の中間申告の要否	申告期限延長の処分
	コード	名称				
1	111007	さいたま市	浦和工場	⊙書　○他	要	有
2	271403	堺市中区	堺支店	青色	要	有

　なお、当区分で［無］を選択した提出先については、納期限の延長に係る延滞金は計算されません。

III　地方税申告書データの入力と確認（メニュー 502）

1 メニュー 502の概要

　［502.地方税申告書データの入力と確認］メニューでは、以下の地方税申告書を作成します。

- ●第20号様式（市町村民税）
- ●第6号様式（都道府県民税・事業税・特別法人事業税等）
- ●第6号様式別表4の3（東京都特別区の均等割）
- ●第6号様式別表5（所得金額の計算書）
- ●第6号様式別表5の2等（外形標準課税に関連する申告書）
- ●第6号様式別表6 ～ 8（収入割）

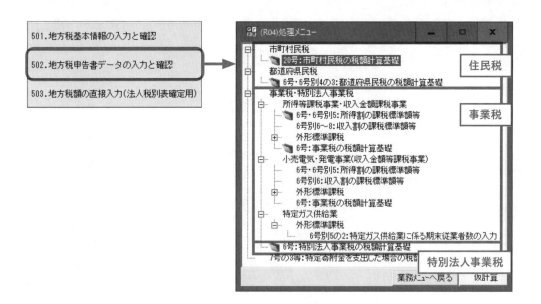

（注）所得等課税事業、収入金額課税事業、収入金額等課税事業とは、以下の事業をいいます。
　　　なお、以下の表では、［地方税計算のための基本情報］WS（メニュー 302・501）の［事業区分（地法72の48）］の名称を記載しています。

事業の種類	事業区分等
所得等課税事業	［製造業］、［その他の事業］、［倉庫業・ガス供給業（所得割等）］、［鉄軌道事業］で、所得割（外形標準課税法人の場合は、付加価値割・資本割も含む）が課される事業
収入金額課税事業	［保険業］、［ガス供給業（収入割）］、［一般送配電事業］、［特定送配電事業］で、収入割が課される事業
収入金額等課税事業	［発電事業］、［小売電気事業］で、収入割と所得割（外形標準課税法人の場合は、収入割と付加価値割・資本割）が課される事業

2 20号：市町村民税の税額計算基礎

　［502.地方税申告書データの入力と確認］メニュー→［20号：市町村民税の税額計算基礎］WSでは、各通算法人が以下の地方税申告書を作成します。

●第20号様式「市町村民税の確定申告書」

●第20号様式別表4の3「均等割額の計算に関する明細書」

（注）第20号様式別表1「通算法人又は通算法人であった法人の課税標準となる法人税額に関する計算書」は、法人税ワーキングシートや地方税ワーキングシートの入力データに基づき、自動作成されます。

（1）入力方法の選択

　処理メニューから［20号：市町村民税の税額計算基礎］を選択すると、［入力方法の選択］画面が表示されます。［一市町村ごとの詳細入力］を選択して、［OK］ボタンをクリックします。

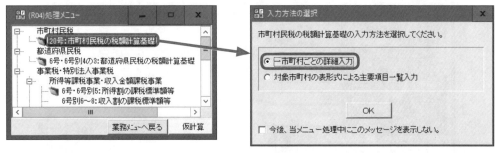

（注）［対象市町村の表形式による主要項目一覧入力］を選択した場合は、提出先となるすべての市町村のデータを一画面で入力できます。

第7章

(2) 入力を開始する市町村の選択

市町村の一覧画面から、入力を開始する市町村を選択してダブルクリックします。

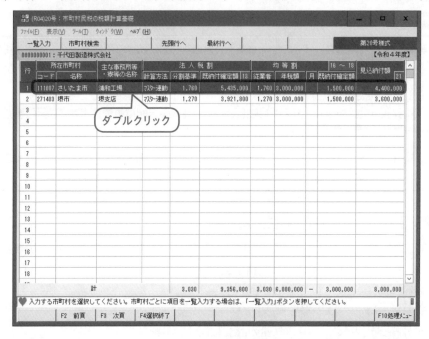

(3) [申告計算基礎] タブ

提出先の市町村ごとに、第20号様式（市町村民税）の計算基礎を入力します。

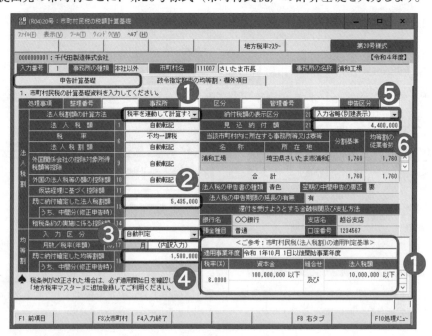

❶法人税割の税率を地方税率マスターから連動する場合

法人税割の適用税率を地方税率マスターから連動する場合は、[税率を連動して計

算する]を選択します。不均一課税の市町村では、画面右下に表示されている適用判定基準に基づき、適用税率が計算処理時に自動判定されます。

❷中間申告分の法人税割額の入力

中間申告分として納付した法人税割額を［既に納付確定した法人税割額］欄に入力します。e-TAXグループ通算を利用して中間申告を行った場合は、金額が初期表示されます。

❸均等割額を地方税率マスターから自動判定する場合

均等割額を地方税率マスターから自動判定する場合は、［自動判定］を選択します。メニュー301・403で入力した「資本金等の額^(※)」とメニュー501→［均等割額計算のための従業者数］WSで入力（確認）した「従業者数」に基づいて、均等割額（年額）が自動判定されます。

（※）以下の1又は2のいずれか大きい金額
1．メニュー501→［無償増減資等による資本金等の額の調整］WSで入力した「無償増減資等の金額」を調整した後の資本金等の額
2．資本金の額と資本準備金の合算額

❹中間申告分の均等割額の入力

中間申告分として納付した均等割額を［既に納付確定した均等割額］欄に入力します。

e-TAXグループ通算を利用して中間申告を行った場合は、金額が初期表示されます。

❺［納付税額の表示区分］の選択

法人税割が還付で均等割が納付となるような場合に、還付額と納付額の相殺後の金額を第20号様式の「この申告により納付すべき市町村民税額」欄に表示するときは［相殺表示］を選択します。納付額のみ表示する場合は〔入力省略（別建表示）〕を選択します。

なお、地方税eLTAX仕様では、「別建表示」のみ対応しています。そのため、［相殺表示］を選択した市町村については、電子申告できません。

❻［見込納付額］の入力

市町村民税の見込納付額を入力します。

なお、［1003.市町村民税の納付書の作成］メニューで入力した見込納付額を［見込納付額］欄に複写できます。

第**7**章

(4) [政令指定都市の均等割・欄外項目] タブ

第20号様式「指定都市に申告する場合の⑰の計算」欄と申告書欄外に印刷する内容を確認（入力）します。

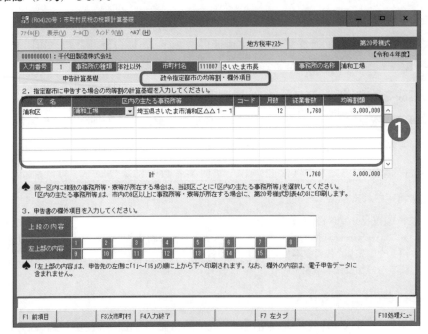

❶政令指定都市の均等割の確認（入力）

[申告計算基礎] タブの均等割の [入力区分] で [自動判定] を選択した場合は、区ごとに従業者数や均等割額が自動表示されます（修正不可）。

なお、均等割の [入力区分] で [直接入力（指定都市の内訳入力）] を選択した場合は、[従業者数] 欄や [均等割額] 欄を直接入力します（[均等割額] 欄には所在月数を加味した後の金額を入力します）。

(注) 同一区内に複数の事務所等が所在する場合は、その区ごとに [区内の主たる事務所等] を選択します。「区内の主たる事務所等」は、市内の9区以上に事務所等・寮等が所在する場合に、第20号様式別表4の3に印刷されます。

3 6号・6号別4の3：都道府県民税の税額計算基礎

[502.地方税申告書データの入力と確認]メニュー→[6号・6号別4の3：都道府県民税の税額計算基礎]WSでは、各通算法人が以下の地方税申告書を作成します。

- 第6号様式「道府県民税・事業税・特別法人事業税の確定申告書」
- 第6号様式別表4の3「均等割額の計算に関する明細書」

（注）第6号様式別表1「通算法人又は通算法人であった法人の課税標準となる法人税額に関する計算書」は、法人税ワーキングシートや地方税ワーキングシートの入力データに基づき、自動作成されます。

（1）入力方法の選択

処理メニューから［6号・6号別4の3：都道府県民税の税額計算基礎］を選択すると、［入力方法の選択］画面が表示されます。［一都道府県ごとの詳細入力］を選択して、［OK］ボタンをクリックします。

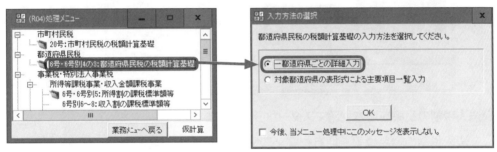

（注）［対象都道府県の表形式による主要項目一覧入力］を選択した場合は、提出先となるすべての都道府県のデータを一画面で入力できます。

（2）入力を開始する都道府県の選択

都道府県の一覧画面から、入力を開始する都道府県を選択してダブルクリックします。

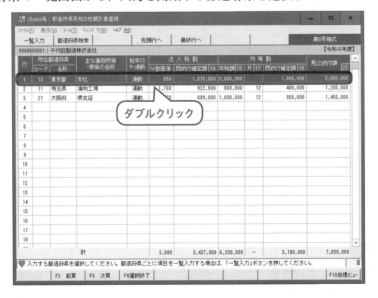

(3)［申告計算基礎］タブ

提出先の都道府県ごとに、第6号様式（都道府県民税）の計算基礎を入力します。

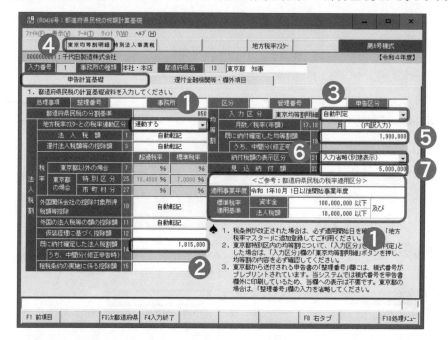

❶法人税割の税率を地方税率マスターから連動する場合

法人税割の適用税率を地方税率マスターから連動する場合は、［連動する］を選択します。不均一課税の都道府県では、画面右下に表示されている標準税率適用基準に基づき、適用税率（超過税率又は標準税率）が計算処理時に自動判定されます。

❷中間申告分の法人税割額の入力

中間申告分として納付した法人税割額を［既に納付確定した法人税割額］欄に入力します。e-TAXグループ通算を利用して中間申告を行った場合は、金額が初期表示されます。

❸均等割額を地方税率マスターから自動判定する場合

均等割額を地方税率マスターから自動判定する場合は、［自動判定］を選択します。メニュー301・403で入力した「資本金等の額(※)」に基づいて、均等割額（年額）が自動判定されます。

（※）以下の1又は2のいずれか大きい金額
1. メニュー501→［無償増減資等による資本金等の額の調整］WSで入力した「無償増減資等の金額」を調整した後の資本金等の額
2. 資本金の額と資本準備金の合算額

❹第6号様式別表4の3（均等割額の計算に関する明細書）を作成する場合

東京都特別区に事務所等がある場合は、［東京均等割明細］ボタンをクリックして、第

6号様式別表4の3「均等割額の計算に関する明細書」の計算基礎を入力します（詳細は254頁を参照）。

❺中間申告分の均等割額の入力

中間申告分として納付した均等割額を［既に納付確定した均等割額］欄に入力します。

e-TAXグループ通算を利用して中間申告を行った場合は、金額が初期表示されます。

❻［納付税額の表示区分］の選択

法人税割が還付で均等割が納付となるような場合に、還付額と納付額の相殺後の金額を第6号様式の「この申告により納付すべき道府県民税額」欄に表示するときは、［相殺表示］を選択します。納付額のみ表示する場合は［入力省略（別建表示）］を選択します。

なお、地方税eLTAX仕様では、「別建表示」のみ対応しています。そのため、［相殺表示］を選択した都道府県については、電子申告できません。

❼［見込納付額］の入力

都道府県民税の見込納付額を入力します。

なお、［1002.都道府県税の納付書の作成］メニューで入力した見込納付額を［見込納付額］欄に複写できます（332頁参照）。

第7章

(4) 東京都特別区の均等割額の計算基礎（第6号様式別表4の3）

東京都特別区に事務所等を有する通算法人は、[申告計算基礎]タブで[東京均等割明細]ボタンをクリックして、第6号様式別表4の3を作成します。

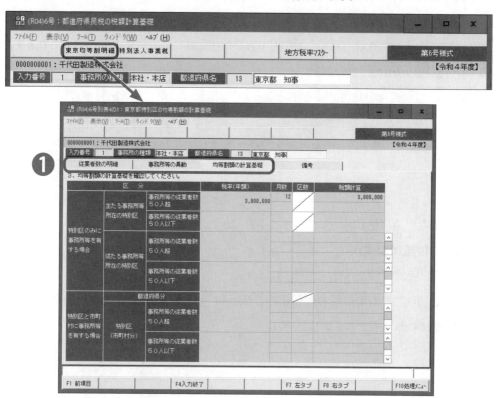

❶各タブの入力

タブ名	入力する内容
[従業者数の明細]タブ	メニュー501→[国内事務所等の住所情報]WS、[均等割額計算のための従業者数]WSから連動された「主たる事務所等」と「従たる事務所等」の従業者数等を確認します。
[事務所等の異動]タブ	事務所等の異動内容を入力します。主たる事務所等が当期に異動した場合は、異動年月日を入力し、旧の主たる事務所等を選択します。
[均等割額の計算基礎]タブ	メニュー501→[国内事務所等の住所情報]WS、[均等割額計算のための従業者数]WSの入力に基づいて自動計算された均等割額を確認します。

4 6号・6号別5：所得割の課税標準額等

[502.地方税申告書データの入力と確認]メニュー→[6号・6号別5：所得割の課税標準額等]WSでは、各通算法人が以下の地方税申告書を作成します。

> ●第6号様式「道府県民税・事業税・特別法人事業税の確定申告書」
> ●第6号様式別表5「所得金額に関する計算書」

（注）事業の種類に応じて、[6号・6号別5：所得割の課税標準額等]WSを選択します。

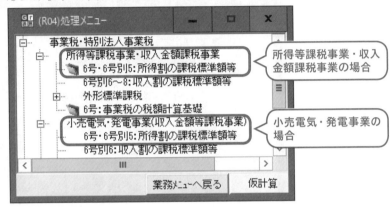

(1) [計算基礎①]タブ～[備考等]タブ

事業税（所得割）の課税標準の計算基礎を入力します。

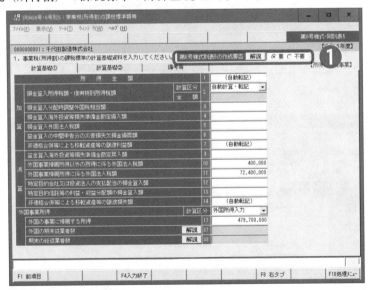

❶第6号様式別表5を作成する場合

外国の事業に帰属する所得や非課税等所得がある場合は、[第6号様式別表5の作成要否]区分で[要]を選択します。第6号様式別表5の計算結果は、第6号様式の「所得金額総額」欄に自動転記されます。

5 6号別6～8：収入割の課税標準額等

　[502.地方税申告書データの入力と確認]メニュー→ [6号別6～8：収入割の課税標準額等]WSでは、収入金額課税法人が収入割の課税標準となる収入金額の計算基礎を入力します。

（注）事業の種類に応じて、[6号別6～8：収入割の課税標準額等]WSを選択します。

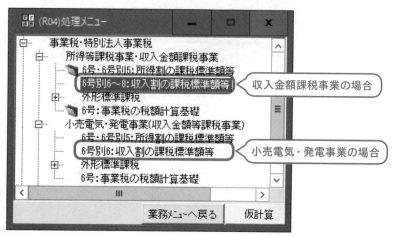

(1) 収入割の課税標準の計算基礎

　それぞれのタブで「収入金額に関する計算書」を作成します。

> ●[電気供給業]タブ：第6号様式別表6「収入金額に関する計算書」
>
> ●[ガス供給業]タブ：第6号様式別表6「収入金額に関する計算書」
>
> ●[生命保険業]タブ：第6号様式別表7「収入金額に関する計算書」
>
> ●[損害保険業]タブ：第6号様式別表8「収入金額に関する計算書」
>
> ●[少額短期保険業]タブ：第6号様式別表8「収入金額に関する計算書」

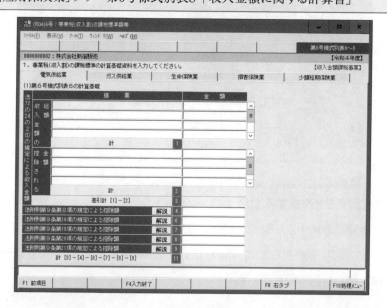

6　外形標準課税

　　外形標準課税適用法人は、［502.地方税申告書データの入力と確認］メニュー→［6号別5の2：付加価値額及び資本金等の額の計算書］等の各ワーキングシートで、外形標準課税に関する地方税申告書を作成します。

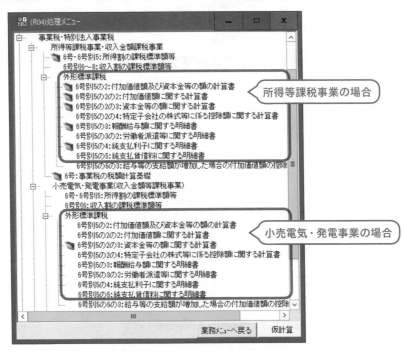

■［6号別5の2：付加価値額及び資本金等の額の計算書］WS

　　付加価値額及び資本金等の額の計算基礎を入力（確認）して、第6号様式別表5の2「付加価値額及び資本金等の額の計算書」を作成します。

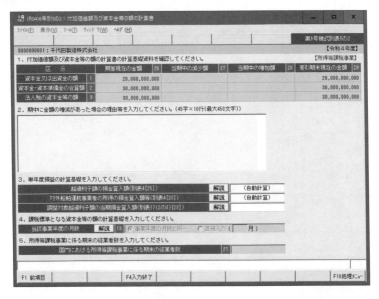

■ [6号別5の3：報酬給与額に関する明細書] WS

役員又は使用人に対する給与の明細や役員又は使用人のために支出する掛金等を入力して、第6号様式別表5の3「報酬給与額に関する明細書」を作成します。

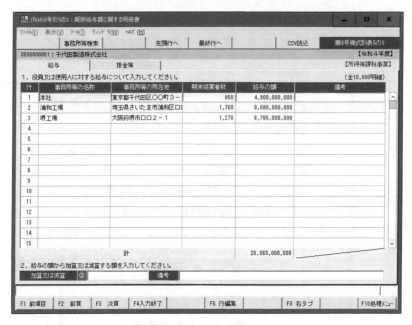

■ [6号別5の4：純支払利子に関する明細書] WS

支払利子と受取利子の明細を入力して、第6号様式別表5の4「純支払利子に関する明細書」を作成します。

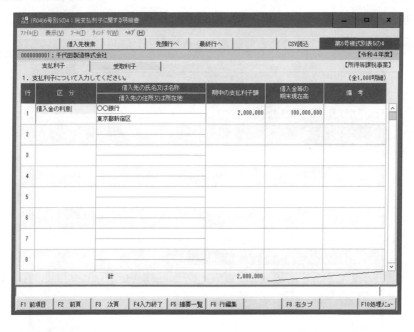

7 6号：事業税の税額計算基礎

　　[502.地方税申告書データの入力と確認]メニュー→[6号：事業税の税額計算基礎]
WSでは、各通算法人が提出先の都道府県ごとに事業税の計算基礎を入力して、第6号
様式「道府県民税・事業税・特別法人事業税の確定申告書」を作成します。

(1) 入力方法の選択

　　処理メニューから[6号：事業税の税額計算基礎]を選択すると、[入力方法の選択]
画面が表示されます。[一都道府県ごとの詳細入力]を選択して、[OK]ボタンをクリック
します。

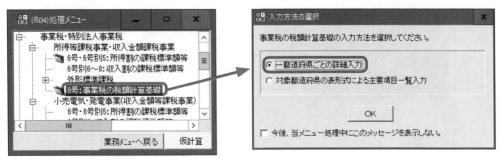

　(注)　1.　小売電気事業・発電事業を行う場合は、[小売電気事業・発電事業（収入金額等課税事業）]
　　　　　の[6号：事業税の税額計算基礎]WSを選択します。
　　　　2.　[対象都道府県の表形式による主要項目一覧入力]を選択した場合は、提出先となるすべて
　　　　　の都道府県のデータを一画面で入力できます。

(2) 入力を開始する都道府県の選択

　　都道府県の一覧画面から、入力を開始する都道府県を選択してダブルクリックします。

(3) 事業税の税額計算基礎

提出先の都道府県ごとに、第6号様式（事業税）の計算基礎を入力します。

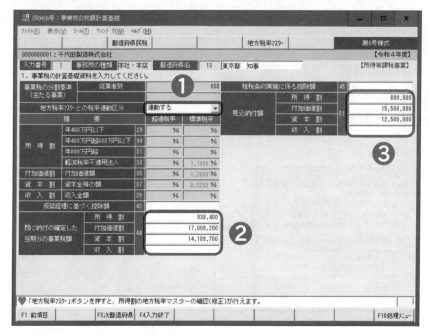

❶税率を地方税率マスターから連動する場合

事業税の適用税率を地方税率マスターから連動する場合は、[連動する]を選択します。不均一課税の都道府県では、画面右下に参考表示されている標準税率適用基準に基づき、適用税率（超過税率又は標準税率）が計算処理時に自動判定されます。

❷中間申告分の事業税額の入力

中間申告分として納付した事業税額を[既に納付の確定した当期分の事業税額]の各欄に入力します。e-TAXグループ通算を利用して中間申告を行った場合は、金額が初期表示されます。

❸[見込納付額]の入力

事業税の見込納付額を税目ごとに入力します。

なお、[1002.都道府県税の納付書の作成]メニューで入力した見込納付額を[見込納付額]欄に複写できます（332頁参照）。

⑧ 6号：特別法人事業税の税額計算基礎

[502.地方税申告書データの入力と確認]メニュー→ [6号：特別法人事業税の税額計算基礎]WSでは、各通算法人が提出先の都道府県ごとに特別法人事業税の計算基礎を入力して、以下の地方税申告書を作成します。

> ●第6号様式「道府県民税・事業税・特別法人事業税の確定申告書」
> ●第6号様式別表14「基準法人所得割額及び基準法人収入割額に関する計算書」(※)
> （※）事業税に超過税率が適用される場合に自動作成されます。

(1) 入力方法の選択

処理メニューから[6号：特別法人事業税の税額計算基礎]WSを選択すると、[入力方法の選択] 画面が表示されます。[一都道府県ごとの詳細入力]を選択して、[OK]ボタンをクリックします。

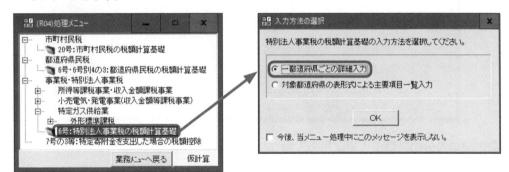

第7章

(2) 入力を開始する都道府県の選択

都道府県の一覧画面から、入力を開始する都道府県を選択してダブルクリックします。

（注）［一覧入力］ボタンをクリックすると、提出先となるすべての都道府県のデータを一画面で入力できます。

(3) 特別法人事業税の税額計算基礎

提出先の都道府県ごとに、第6号様式（特別法人事業税）の計算基礎を入力します。

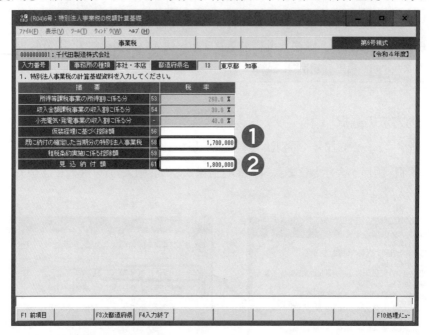

❶ 中間申告分の特別法人事業税の入力

中間申告分として納付した特別法人事業税を［既に納付の確定した当期分の特別法人事業税］欄に入力します。e-TAXグループ通算を利用して中間申告を行った場合は、金額が初期表示されます。

❷ ［見込納付額］の入力

特別法人事業税の見込納付額を入力します。

なお、［1002.都道府県税の納付書の作成］メニューで入力した見込納付額を［見込納付額］欄に複写できます（332頁参照）。

（注）事業税に超過税率が適用される場合は、特別法人事業税の課税標準額を算定するための第6号様式別表14「基準法人所得割額及び基準法人収入割額に関する計算書」が自動作成されます。

法人税と地方税の仮計算（メニュー504）

　地方税ワーキングシートを入力後は、［504.法人税と地方税の仮計算］メニューを選択して、法人税と地方税の仮計算を行います。

　仮計算では、**自社が入力したワーキングシートに基づいて、計算処理が行われます。**そのため、仮計算に基づく申告書は、全通算法人の入力データを反映しておらず、暫定的な申告書となります。

　例えば、第6号様式の事業税額や都道府県民税の法人税割額は、仮計算による所得金額や法人税額に基づいて計算されるため、暫定値となります。

　これらの項目については、通算親法人が全体計算（メニュー701）を行った後に、［705.地方税申告書の印刷］メニューで確認してください。

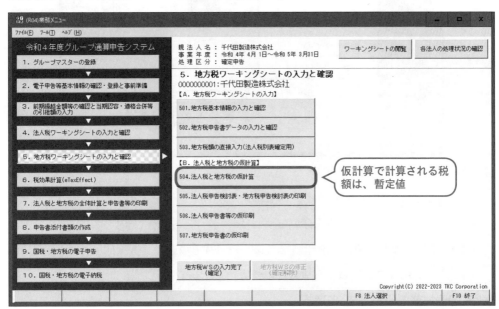

（注）　1．仮計算は、法人税・地方税ワーキングシートの入力を確定した後は行うことができません。ワーキングシートの修正が必要な場合は、通算親法人に連絡し、ワーキングシートの確定解除を依頼してください。
　　　　2．［501.地方税基本情報の入力と確認］メニューで、均等割額計算のための従業者数等のデータを修正した場合は、［分割基準の確認］WS（分割計算の場合）又は［均等割額計算のための従業者数］WS（非分割計算の場合）を選択した上で、計算処理を行ってください。
　　　　　なお、［分割基準の確認］WS又は［均等割額計算のための従業者数］WSを選択しないで計算処理を行った場合は、変更した内容が申告書に反映されません。
　　　　3．仮計算時にワーニングメッセージが表示された場合でも、計算処理は完了しています。

地方税申告書の仮印刷（メニュー507）

　各通算法人は、［507.地方税申告書の仮印刷］メニューを選択して仮計算に基づく地方税申告書を印刷（プレビュー）します。入力した内容が地方税申告書に反映しているか、入力漏れがないかを確認します。

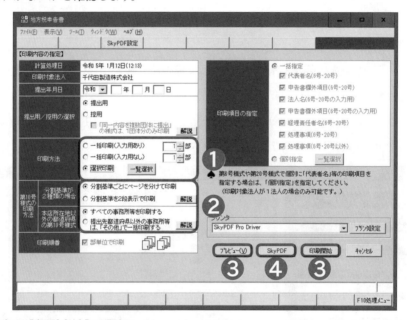

❶申告書の［印刷方法］の選択

　［一括印刷（入力用あり）］又は［一括印刷（入力用なし）］を選択すると、システムで計算したすべての地方税申告書を印刷（プレビュー）することができます。

　また、特定の地方税申告書を印刷（プレビュー）する場合は、［選択印刷］→［一覧選択］ボタンをクリックして、一覧から地方税申告書を選択します。

❷［第10号様式の印刷方法］の選択

1）［分割基準が2種類の場合］区分

　事業税の分割基準が2種類（例：「従業者数」と「事務所又は事業所数」）ある場合は、第10号様式の明細欄の印刷方法（分割基準ごとにページを分けて印刷、分割基準を2段表示で印刷）を選択します。

2）［本店所在地以外の都道府県の第10号様式］区分

　本店所在地以外の都道府県提出分の第10号様式について、その提出先都道府県

　　以外の都道府県に所在する事務所等の明細欄の印刷方法（すべての事務所等を印刷、提出先都道府県以外の事務所等は、「その他」で一括印刷する）を選択します。

❸申告書の印刷・プレビュー

　　［印刷開始］ボタンをクリックすると、地方税申告書を印刷できます。

　　また、［プレビュー］ボタンをクリックすると、地方税申告書を申告書イメージで確認できます。

■仮計算に基づく第6号様式

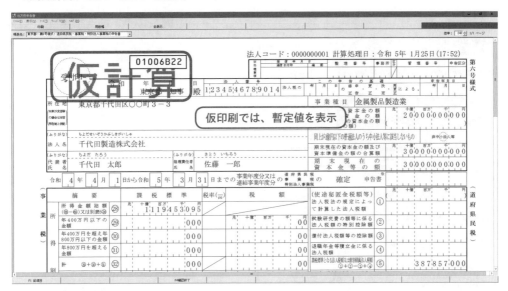

（注）仮印刷における制限事項

　　仮計算では、自社が入力したワーキングシートに基づいて、計算処理が行われます。そのため、仮計算に基づく申告書には、全通算法人の入力データを反映しておらず、暫定値が表示されます（全体計算と仮計算の仕組みについては、218頁参照）。

　　通算親法人による全体計算（メニュー701）後に、［705.地方税申告書の印刷］メニューで、確定値を確認してください。

　　なお、仮印刷では、地方税申告書の左上に、「仮計算」の文字が表示されます。

❹［SkyPDF］ボタン

　　指定した地方税申告書をまとめて1つのPDFファイルに出力できます。

（注）［SkyPDF］ボタンを利用する場合は、ご利用のパソコンに「SkyPDF」のインストールが必要です。

VI　地方税ワーキングシートの入力完了(確定)

　地方税ワーキングシートの入力が完了した各通算法人は、［地方税ＷＳの入力完了(確定)］
ボタンをクリックして、地方税ワーキングシートを確定します。

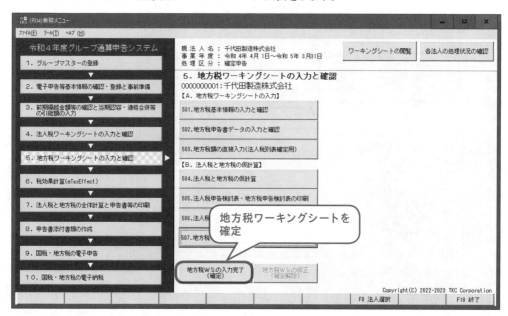

　(注)　1.　地方税ワーキングシートを確定していない通算法人がある場合、通算親法人はグループ全
　　　　　体の計算（メニュー701）が行えません。各通算法人のワーキングシートの処理状況は、［各
　　　　　法人の処理状況の確認]で確認できます（269頁参照）。
　　　　2.　通算子法人の場合は、［地方税ＷＳの入力完了(確定)]ボタンのみが表示されます。

全体計算と申告書等の印刷

第**8**章

グループ全体の計算や法人税・地方税申告書の
印刷方法等について解説します。

I 全体計算と申告書等の印刷の概要

　業務プロセス［7．法人税と地方税の全体計算と申告書等の印刷］では、**最初に通算親法人が全体計算を行います**。次に、各通算法人が法人税申告書と地方税申告書を印刷（プレビュー）して、税額の計算結果を確認します。

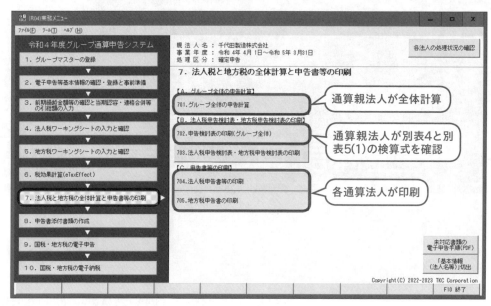

通算親法人	通算子法人

●**全体計算（メニュー701）**
　通算親法人が全体計算を行います。

●**申告検討表の印刷（メニュー702）**
　「全通算法人の「別表4」と「別表5(1)」の検算式の一覧確認表」を印刷して、検算式に差額が生じている法人がないかを確認します。

●**法人税申告書の印刷（メニュー704）**
　法人税申告書を印刷して、法人税額を確認します。

●**法人税申告書の印刷（メニュー704）**
　法人税申告書を印刷して、法人税額を確認します。

●**地方税申告書の印刷（メニュー705）**
　地方税申告書を印刷して、地方税額を確認します。

●**地方税申告書の印刷（メニュー705）**
　地方税申告書を印刷して、地方税額を確認します。

Ⅱ グループ全体の申告計算（メニュー701）

1 各法人の処理状況の確認 親法人

　通算親法人は、［各法人の処理状況の確認］→［ワーキングシートの確定・解除］タブ
を選択します。

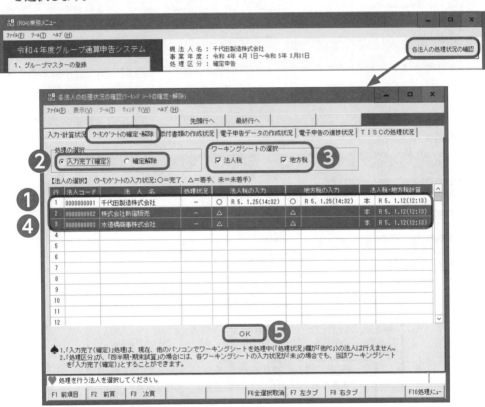

❶ワーキングシートの処理状況の確認

　通算親法人は、ワーキングシートの入力を確定していない通算法人の有無を確認しま
す。［法人税の入力］と［地方税の入力］に○印が付いていない通算法人がある場合は、
以下の❷から❺の手順でワーキングシートの入力を確定します。

❷ ［処理の選択］

　［入力完了(確定)］を選択します。

❸ ［ワーキングシートの選択］

　入力を確定するワーキングシートを選択します。

❹通算法人の選択

ワーキングシートを確定する通算法人を選択します。

❺[OK]ボタンのクリック

[OK]ボタンをクリックすると、ワーキングシートの入力を確定できます（○印が付されます）。

【法人の選択】〈ワーキングシートの入力状況：○＝完了、△＝着手、未＝未着手〉

行	法人コード	法　人　名	処理状況	法人税の入力		地方税の入力		法人税・地方税計算	
1	0000000001	千代田製造株式会社	－	○	R 5. 1.25(14:32)	○	R 5. 1.25(14:32)	本	R 5. 1.12(12:13)
2	0000000002	株式会社新宿販売	－	○	R 5. 1.25(14:33)	○	R 5. 1.25(14:33)	本	R 5. 1.12(12:13)
3	0000000003	水道橋商事株式会社	－	○	R 5. 1.25(14:33)	○	R 5. 1.25(14:33)	本	R 5. 1.12(12:13)

2　通算親法人による全体計算　親法人

通算親法人は、［701.グループ全体の申告計算］メニューを選択して、全体計算を行います。これにより、各通算法人の法人税額と地方税額が確定します。

（注）全体計算を行うためには、すべての通算法人のワーキングシートの確定処理が完了している必要があります。

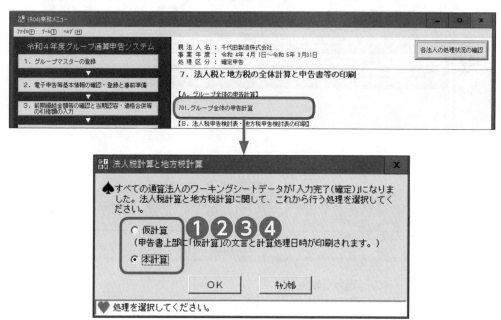

❶[本計算]・[仮計算]の選択

　提出用の申告書を印刷する場合は、［本計算］を選択します。

　なお、［仮計算］を選択した場合は、申告書の上部に「仮計算」の文字と計算処理日時が印刷されます。これにより、仮計算で印刷した申告書と本計算で印刷した申告書が混同しないようになっています。なお、［仮計算］と［本計算］の計算結果は同じです。

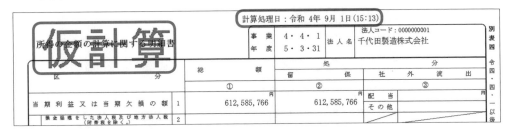

❷全体計算が完了した場合

　全体計算が完了した場合は、以下の画面が表示されます。

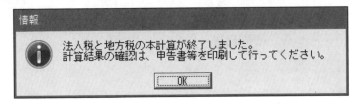

❸エキスパートチェックの自動表示

　入力したワーキングシートの内容に不足や不整合がある場合は、計算処理時にエキスパートチェックが表示されて、計算処理が中止されます（219頁参照）。

　表示された対処方法に従い、ワーキングシートの内容を修正した上で、再度計算処理を行ってください。

❹ワーニングメッセージの自動表示

　入力したワーキングシートの内容に入力漏れや入力誤りの可能性がある場合は、計算処理時にワーニングメッセージが表示されます（220頁参照）。

　表示された警告の内容・対処方法を確認の上、必要に応じてワーキングシートを修正してください。

　なお、ワーニングメッセージが表示された場合でも、計算処理は完了していますので、法人税申告書や地方税申告書を印刷できます。

第8章

申告検討表の印刷（グループ全体）（メニュー702）

1 申告検討表の印刷　親法人

通算親法人が［702.申告検討表の印刷（グループ全体）］メニューを選択すると、グループ全体で計算する項目（通算税効果額、欠損金の控除額、試験研究費の特別控除額等）の計算結果とその計算過程を確認できます。

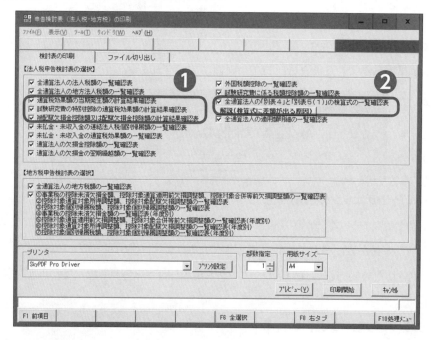

❶通算税効果額に係る申告検討表

損益通算に係る通算税効果額、試験研究費の特別控除に係る通算税効果額、欠損金の通算に係る通算税効果額とその計算過程を通算法人ごとに一覧で確認できます。

- ●通算税効果額の当期発生額の計算結果確認表（273頁参照）
- ●試験研究費の特別控除の通算税効果額の計算結果確認表
- ●被配賦欠損金控除額又は配賦欠損金控除額の計算結果確認表

❷全通算法人の「別表4」と「別表5(1)」の検算式の一覧確認表

別表4と別表5(1)の検算式を通算法人ごとに一覧で確認できます（274頁参照）。

■通算税効果額の当期発生額の計算結果確認表

通算税効果額の当期発生額の計算結果確認表

通算親法人名：千代田製造株式会社
事業年度：令和 4年 4月 1日～令和 5年 3月31日
処理区分：確定申告

計算処理日：令和 5年 2月 7日 (14:46)
P- 1

【各通算法人の通算税効果額の当期発生額の確認】

行	通算法人名	損益通算に係る通算税効果額の当期発生額				非特定欠損金配賦額に係る通算税効果額の当期発生額（特定欠損金額以外の当期発生額又は当期発生額の計算基礎金額の計）	試験研究費の特別控除に係る通算税効果額の当期発生額（試験研究費の特別控除に係る通算税効果額の計算基礎金額の計）	左記以外の通算税効果額の当期発生額（通算各社群・附帯税に係るものを除く）	通算税効果額の当期発生額合計額（D＋E＋F＋G）	中間分の通算税効果額（別表5(2)の当期分(46)②に一転記／別表5(2)の当期分(46)①に一転記）	確定分の通算税効果額（H－I）（別表5(2)の当期分(46)②に一転記／別表5(2)の当期分(46)①に一転記）
		通算対象欠損金額（別表7の3⑤）又は通算対象所得金額（別表7の3⑪×(-1)）	A×法人税率（23.2%）	B×地方法人税率（10.3%）	B＋C（※）						
		A	B	C	D	E	F	G	H	I	J
	（通算法人合計）	0	0	0	0	0	0	0	0	0	0
1 0000000001	千代田製造株式会社	2,227,421	516,761	53,226	569,987		11,442,069		12,012,046		12,012,046
2 0000000002	株式会社新宿販売	26,618,414	6,175,472	636,073	6,811,545		△ 11,442,069		△ 4,630,514		△ 4,630,514
3 0000000003	水道橋商事株式会社	△ 28,845,835	△ 6,692,233	△ 689,299	△ 7,381,532				△ 7,381,532		△ 7,381,532

※ 各通算法人の通算税効果額の合計額が0円となるよう、計算結果の最も大きい通算法人の通算税効果額で調整しています。

(e-TAX グループ通算　Copyright (C) 2022-2023 TKC)　R04-G01

第8章

■全通算法人の「別表4」と「別表5(1)」の検算式の一覧確認表

全通算法人の「別表4」と「別表5(1)」の検算式の一覧確認表

通算親法人名：千代田製造株式会社
事 業 年 度：令和 4年 4月 1日～令和 5年 3月31日
処 理 区 分：確定申告

計算処理日：令和 5年 2月 7日 (14:46)
P－ 1

行	通算法人名	別表5(1)の「差引合計額[31]の「期首現在利益積立金額①」 ①	別表4の留保総計 ②	通算税効果額 ③	中間分・確定分の法人税・地方法人税,住民税等 ④	①＋②－③－④ ⑤	別表5(1)の「差引合計額[31]の「差引翌期首現在利益積立金額④」 ⑥	差 額（⑤－⑥）（注） ⑦	(参考)通算計算等による利益積立金額の増額（注）
1 0000000001	千代田製造株式会社	16,593,842,154	1,086,214,359	-4,630,514	222,865,900	17,461,821,127	17,461,821,127	0	0
2 0000000002	株式会社新宿販売	1,718,187,206	123,154,210	12,012,046	31,295,500	1,798,033,870	1,798,033,870	0	0
3 0000000003	水道橋商事株式会社	72,441,654	-35,329,465	-7,381,532	200,000	44,293,721	44,293,721	0	0

(注) 当期中の適格合併・適格分割型分割等により「他の法人から引き継いだ(他の法人へ引き継いだ)利益積立金額等」がある場合は、当該金額分だけ差額が生じます。

(e-TAXグループ通算　Copyright (C) 2022-2023 TKC)　R04-G13

IV 法人税申告検討表・地方税申告検討表の印刷 （メニュー703）

各通算法人が［703.法人税申告検討表・地方税申告検討表の印刷］メニューを選択すると、自社の税額の計算結果や別表4と別表5(1)の検算式等を確認できます。

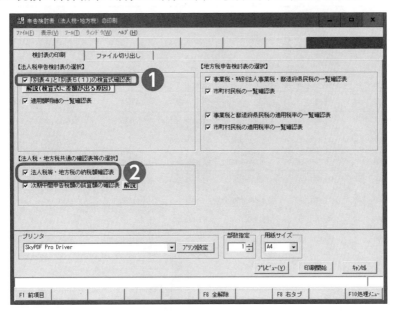

❶「別表4」と「別表5(1)」の検算式確認表

【検算式の確認】

行	項　目　名		金　　額
1	別表5(1)の「差引合計額[31]」の「期首現在利益積立金額①」	①	16,593,842,154
2	別表4の留保総計	②	1,086,214,359
3	通算税効果額	③	-4,630,514
4	中間分・確定分の法人税・地方法人税・住民税等	④	222,865,900
5	①+②-③-④	⑤	17,461,821,127
6	別表5(1)の「差引合計額[31]」の「差引翌期首現在利益積立金額④」	⑥	17,461,821,127
7	差　額（⑤-⑥）	⑦	0　　　　（注）

> 検算式に差額が生じているかを確認

❷法人税等・地方税の納税額確認表

法人税等と地方税の納税額を確認できます（276頁参照）。

■法人税等・地方税の納税額確認表

法人税等・地方税の納税額確認表

法 人 名 ：千代田製造株式会社
事 業 年 度 ：令和 4年 4月 1日～令和 5年 3月31日　　　　　　　　計算処理日：令和 5年 2月 7日(15:28)
処 理 区 分 ：確定申告

1．今回申告の納付税額・還付税額(法人税、地方法人税及び地方税)

今回の申告により納付する税額	140,944,200	今回の申告により還付される税額	0

2．法人税・地方法人税

税　目	年税額	中間納税額	申告税額		
法人税	154,787,100	60,629,000	94,158,100		
地方法人税	26,004,900	6,244,700	19,760,200		

3．地方税(事業税、特別法人事業税、都道府県民税及び市町村民税)

税　目	年税額	既に納付確定した額	納付すべき額	見込納付額	差引税額	今回納付税額
都道府県民税	17,065,100	6,537,300	10,527,800	7,650,000	2,877,800	2,877,800
(法人税割)	10,865,100	3,437,300	7,427,800	4,550,000	2,877,800	
(均等割)	6,200,000	3,100,000	3,100,000	3,100,000	0	
事業税	342,957,900	174,317,200	168,640,700	158,850,000	9,790,700	
(所得割)	12,091,800	4,659,000	7,432,800	3,350,000	4,082,800	
(付加価値割)	184,342,600	92,730,600	91,612,000	86,400,000	5,212,000	
(資本割)	146,523,500	76,927,600	69,595,900	69,100,000	495,900	
(収入割)	0	0	0	0	0	
(所得割以外の小計)	330,866,100	169,658,200	161,207,900	155,500,000	5,707,900	
特別法人事業税	29,105,400	9,700,000	19,405,400	9,700,000	9,705,400	
事業税・特別法人事業税計	372,063,300	184,017,200	188,046,100	168,550,000	19,496,100	19,496,100
都道府県税合計	389,128,400	190,554,500	198,573,900	176,200,000	22,373,900	22,373,900
市町村民税	25,008,800	12,356,800	12,652,000	8,000,000	4,652,000	4,652,000
(法人税割)	19,008,800	9,356,800	9,652,000	5,000,000	4,652,000	
(均等割)	6,000,000	3,000,000	3,000,000	3,000,000	0	
地方税合計	414,137,200	202,911,300	211,225,900	184,200,000	27,025,900	27,025,900

(注1)都道府県民税・市町村民税の「納付すべき額」「差引税額」は、全都道府県(市町村)を「相殺表示」に統一して金額を表示しています。
(注2)都道府県民税・市町村民税の「見込納付額」は、均等割額、法人税割額の順に充当しています。

(ご参考)当法人の通算税効果額

項　目	年税分	中間納税分別表5(2)	今回申告分
通算税効果額	△　4,630,514	0	△　4,630,514

(e-TAXグループ通算　Copyright(C) 2022-2023 TKC)　R04-K11

V 法人税申告書等の印刷（メニュー704）

　各通算法人は、[704.法人税申告書等の印刷]メニューを選択して、全体計算に基づく法人税申告書を印刷（プレビュー）します。

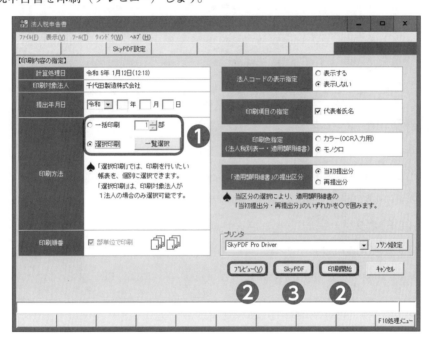

❶申告書の［印刷方法］の選択

　[一括印刷]を選択すると、システムで計算したすべての法人税申告書を印刷（プレビュー）することができます。

　また、特定の法人税申告書を印刷（プレビュー）する場合は、[選択印刷]→[一覧選択]ボタンをクリックして、一覧から法人税申告書を選択します。

行		法人税申告書	部数
1	☑ 別表1	各事業年度の所得に係る申告書－内国法人の分	1
2	☑ 別表1次葉	各事業年度の所得に係る申告書－内国法人の分（次葉）	1
3	☑ 別表2	同族会社等の判定に関する明細書	1
4	別表4	所得の金額の計算に関する明細書	1
5	☑ 別表4付表	通算法人の所得の金額の調整に関する明細書	1
6	☑ 別表5(1)	利益積立金額及び資本金等の額の計算に関する明細書	1
7	☑ 別表5(2)	租税公課の納付状況等に関する明細書	1
8	☑ 別表6(1)	所得税額の控除に関する明細書	1
9	☑ 別表6(2)	内国法人の外国税額の控除に関する明細書	1
10	☑ 別表6(2)付表1	国外事業所等帰属所得に係る所得の金額の計算に関する明細書	1
11	☑ 別表6(2)付表5	通算法人の控除限度額の計算等に関する明細書	1
12	☑ 別表6(2の2)	当期の控除対象外国法人税額又は個別控除対象外国法人税額に関する明細書	1
13	☑ 別表6(3)	外国税額の繰越控除余裕額又は繰越控除限度超過額等の計算に関する明細書	1
14	☑ 別表6(3)付表1	地方税の控除限度額の計算の特例に関する明細書	1
15	☑ 別表6(4)	控除対象外国法人税額又は個別控除対象外国法人税額に関する明細書	1
16	☑ 別表6(6)	法人税の額から控除される特別控除額に関する明細書	1
17	☑ 別表6(7)	特定税額控除規定の適用可否の判定に関する明細書	1
18	☑ 別表6(8)	通算法人に係る通算特定税額控除規定の適用可否の判定に関する明細書	1

♥ 印刷する帳表を選択後、部数を指定してください。

| F1 前項目 | F2 前頁 | F3 次頁 | F4選択終了 | F5 検索 | F6 全選択 | F7 全解除 | F8選択中止 |

❷申告書の印刷・プレビュー

　［印刷開始］ボタンにより、法人税申告書を印刷できます。また、［プレビュー］ボタンにより、法人税申告書を申告書イメージで確認できます。

（注）次頁に別表1を掲載しています。

❸ [SkyPDF] ボタン

　指定した法人税申告書をまとめて1つのPDFファイルに出力できます。

（注）［SkyPDF］ボタンを利用する場合は、ご利用のパソコンに「SkyPDF」のインストールが必要です。

■別表1

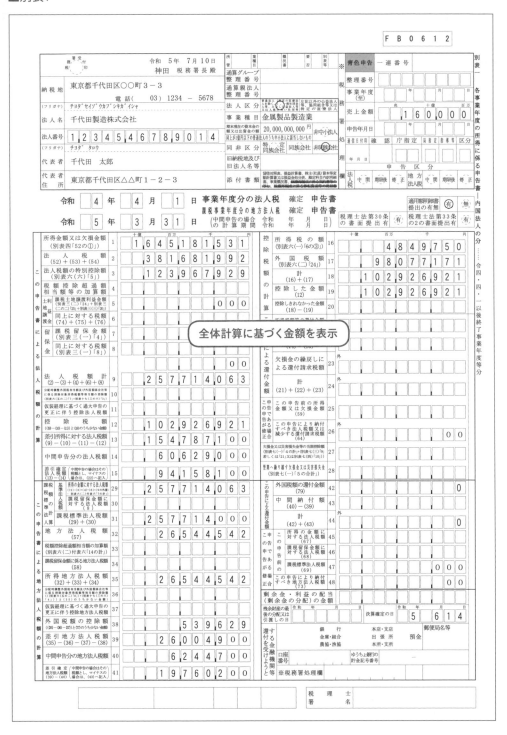

地方税申告書の印刷（メニュー705）

　各通算法人は、［705.地方税申告書の印刷］メニューを選択して全体計算に基づく地方
税申告書を印刷（プレビュー）します。

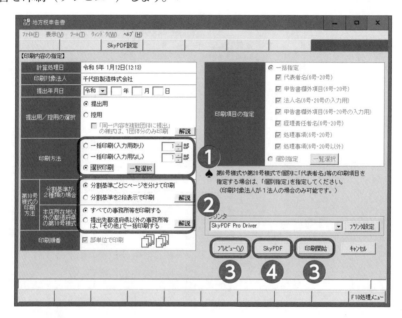

❶申告書の［印刷方法］の選択

　　［一括印刷(入力用あり)］又は［一括印刷(入力用なし)］を選択すると、システムで計
算したすべての地方税申告書を印刷（プレビュー）することができます。

　　また、特定の地方税申告書を印刷（プレビュー）する場合は、［選択印刷］→［一覧選択］
ボタンをクリックして、一覧から地方税申告書を選択します。

❷［第10号様式の印刷方法］の選択

1）［分割基準が2種類の場合］区分

　　　事業税の分割基準が2種類（例：「従業者数」と「事務所又は事業所数」）ある
場合は、第10号様式の明細欄の印刷方法（分割基準ごとにページを分けて印刷、分
割基準を2段表示で印刷）を選択します。

2）［本店所在地以外の都道府県の第10号様式］区分

　　　本店所在地以外の都道府県提出分の第10号様式について、その提出先都道府県
以外の都道府県に所在する事務所等の明細欄の印刷方法（すべての事務所等を印

刷、提出先都道府県以外の事務所等は、「その他」で一括印刷する）を選択します。

❸申告書の印刷・プレビュー

［印刷開始］ボタンをクリックすると、地方税申告書を印刷できます。

また、［プレビュー］ボタンをクリックすると、地方税申告書を申告書イメージで確認できます。

（注）次頁に第6号様式を掲載しています。

❹［SkyPDF］ボタン

指定した地方税申告書をまとめて1つのPDFファイルに出力できます。

（注）［SkyPDF］ボタンを利用する場合は、ご利用のパソコンに「SkyPDF」のインストールが必要です。

第8章

■第6号様式

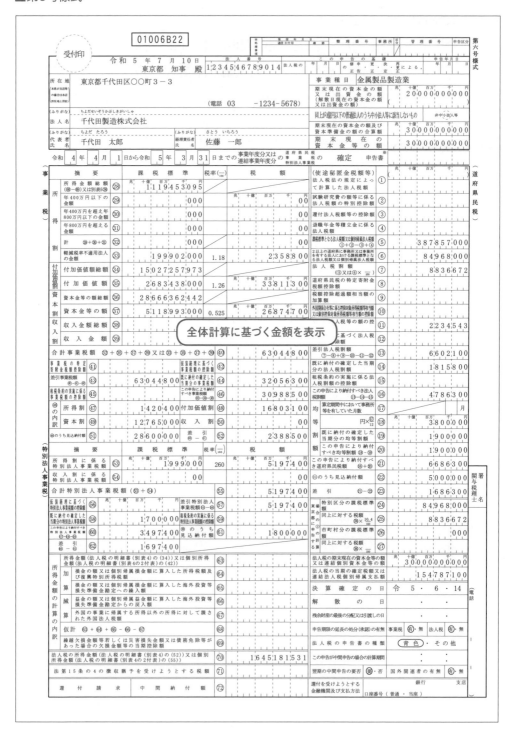

申告書添付書類の作成

第9章

法人税申告書に添付する書類の作成方法について解説します。

申告書添付書類の作成の概要

　業務プロセス［8．申告書添付書類の作成］では、各通算法人が以下の処理を行います。

（注）本書籍では、各通算法人が電子申告を行う前提で解説しています。

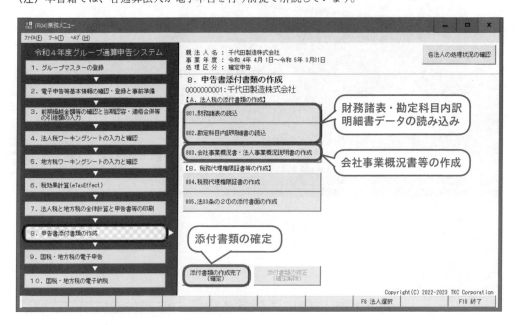

●財務諸表の読込
　各通算法人は、［801.財務諸表の読込］メニューで法人税申告書に添付する財務諸表データを読み込みます。
（注）貸借対照表や損益計算書を法人税の電子申告データに添付した場合は、法人事業税の電子申告においても、これらの書類を提出したものとみなされます。

●勘定科目内訳明細書の読込
　各通算法人は、［802.勘定科目内訳明細書の読込］メニューで法人税申告書に添付する勘定科目内訳明細書データを読み込みます。

●会社事業概況書・法人事業概況説明書の作成
　各通算法人は、［803.会社事業概況書・法人事業概況説明書の作成］メニューで法人税申告書に添付する「会社事業概況書」又は「法人事業概況説明書」を作成します。

●添付書類の確定
　各通算法人は、［添付書類の作成完了（確定）］ボタンをクリックして添付書類を確定します。

財務諸表の読込（メニュー 801）

　各通算法人は、[801.財務諸表の読込]メニューで法人税申告書に添付する財務諸表デー
タ（貴社独自レイアウト等）を読み込みます。

　以下に、貴社独自レイアウトの財務諸表を読み込む場合の手順を解説します。

（注）読み込む財務諸表のレイアウト指定は、メニュー205で行います。

1 貴社独自レイアウトの読込手順

(1) CSVファイルの作成

　Excel等で作成した当期分の財務諸表からCSVファイルを作成します。

（注）メニュー205で財務諸表の読込レイアウトを指定する際に使用したCSVファイルを読み込む場合
　　は、あらためてCSVファイルを作成する必要はありません。

(2) 読み込む財務諸表の選択

　読み込む財務諸表の行をダ
ブルクリックします。以降は、
貸借対照表のデータを読み
込むものとして解説します。

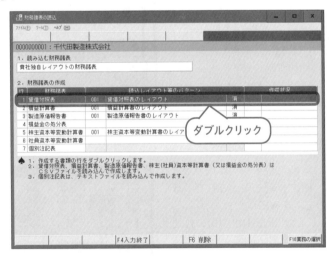

(3) CSVファイルの選択

　[指定]ボタンをクリックし
て、読み込むCSVファイル
を選択します。

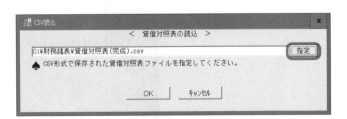

(4) 読込レイアウトの確認

読み込む範囲を確認後、[OK]ボタンをクリックします。

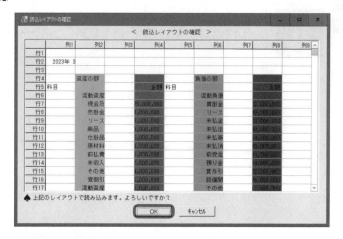

(5) 読込内容と電子申告時の勘定科目の確認

1. 読み込んだ内容と電子申告時の勘定科目を確認します。
2. [電子申告チェック]ボタンをクリックして、電子申告で利用できない文字を使用していないかをチェックします。使用していた場合は、代替文字を登録します。

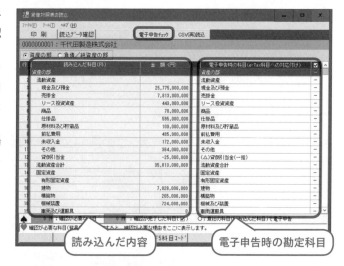

(6) 読込完了の確認

貸借対照表の[作成状況]欄に[済]と表示されていることを確認します。
（注）上記(1)から(5)の処理を財務諸表の種類ごとに繰り返します。

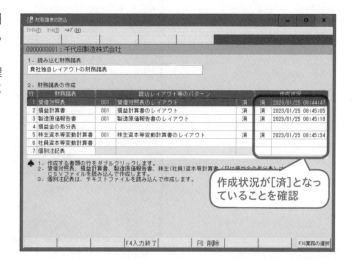

(7) 帳表イメージによる読込内容の確認

画面上部の [印刷] ボタンを
クリックすると、読み込んだ
内容を帳表イメージで確認
できます。

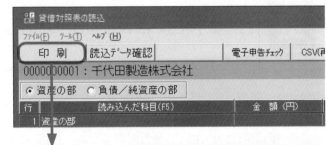

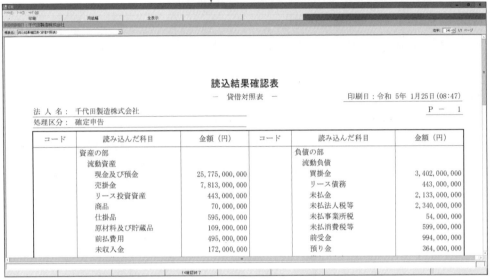

読込結果確認表
－ 貸借対照表 －

印刷日：令和 5年 1月25日 (08:47)

P － 1

法 人 名： 千代田製造株式会社
処理区分： 確定申告

コード	読み込んだ科目	金額（円）	コード	読み込んだ科目	金額（円）
	資産の部			負債の部	
	流動資産			流動負債	
	現金及び預金	25,775,000,000		買掛金	3,402,000,000
	売掛金	7,813,000,000		リース債務	443,000,000
	リース投資資産	443,000,000		未払金	2,133,000,000
	商品	70,000,000		未払法人税等	2,340,000,000
	仕掛品	595,000,000		未払事業所税	54,000,000
	原材料及び貯蔵品	109,000,000		未払消費税等	599,000,000
	前払費用	495,000,000		前受金	994,000,000
	未収入金	172,000,000		預り金	364,000,000

(注) 貸借対照表や損益計算書を法人税の電子申告データに添付した場合は、法人事業税の電子
申告においても、これらの書類を提出したものとみなされます。

III 勘定科目内訳明細書の読込（メニュー802）

　各通算法人は、［802.勘定科目内訳明細書の読込］メニューで法人税申告書に添付する勘定科目内訳明細書（以下、科目内訳書といいます）のデータ（ＴＫＣ専用フォーム・貴社独自レイアウト等）を読み込みます。

（注）読み込む科目内訳書のレイアウト指定は、メニュー206で行います。

1 ＴＫＣ専用フォームの読込手順

(1) 読込処理の開始

　［ＴＫＣ専用読込］ボタンをクリックします。

(2) 読み込む科目内訳書の選択

1. 読み込む科目内訳書にチェックが付いていることを確認します。
   （注）読み込まない科目内訳書については、チェックを外してください。
2. ［指定］ボタンをクリックして、読み込むファイル（ＴＫＣ専用フォーム）を選択します。
3. ［OK］ボタンをクリックします。

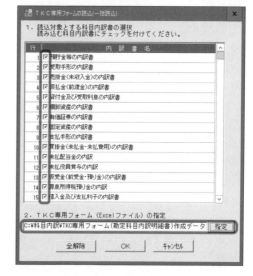

(3) 読込完了の確認

1. 読み込んだ科目内訳書の先頭行をダブルクリックします。

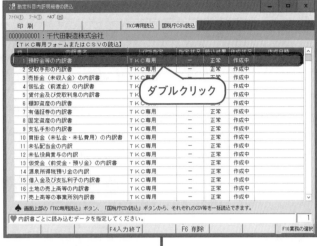

2. ［処理内容］欄に［正常］と表示されていることを確認します。

3. ［電子申告チェック］ボタンをクリックして、電子申告で利用できない文字を使用していないかをチェックします。使用していた場合は、代替文字を登録します。

4. ［F3 次内訳書］ボタンをクリックして、科目内訳書ごとに読込が正常に完了していることを確認します。

5. 各科目内訳書の［作成状況］欄に［済］と表示されていることを確認します。

第9章

（注）［処理内容］欄にエラーが表示されている場合は、赤色反転している項目をクリックしてエラー内容を確認の上、ＴＫＣ専用フォームのデータを修正してから再読込を行ってください。

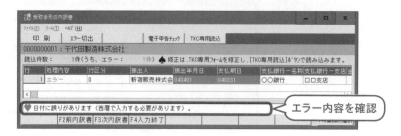

(4) 帳表イメージによる読込内容の確認

画面上部の［印刷］ボタンをクリックすると、読み込んだ内容を帳表イメージで確認できます。

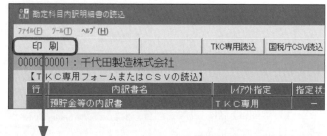

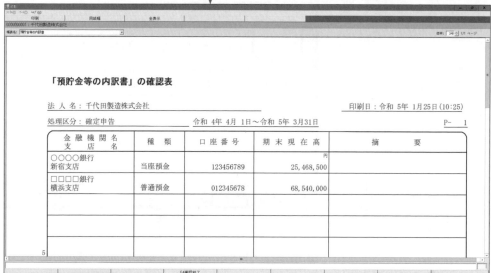

2 貴社独自レイアウトの読込手順

(1) 読込処理の開始

読み込みを行う科目内訳書の行をダブルクリックします。

行	内訳書名	レイアウト指定	指定状況
1	預貯金等の内訳書	貴社独自	済
2	受取手形の内訳書	社独自	済

【ＴＫＣ専用フォームまたはＣＳＶの読込】

ダブルクリック

(2) CSVファイルの選択

［指定］ボタンをクリックして、読み込むCSVファイルを選択します。次に［ＯＫ］ボタンをクリックします。

(3) 読込完了の確認

1．［処理内容］欄に［正常］と表示されていることを確認します。

2．［電子申告チェック］ボタンをクリックして、電子申告で利用できない文字を使用していないかをチェックします。使用していた場合は、代替文字を登録します。

3．［F3 次内訳書］ボタンをクリックして、科目内訳書ごとに読み込みが正常に完了していることを確認します。

4．各科目内訳書の［作成状況］欄に［済］と表示されていることを確認します。

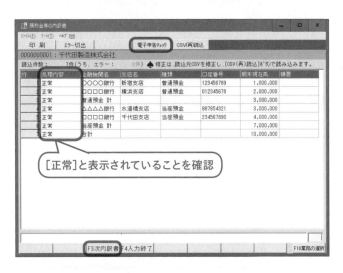

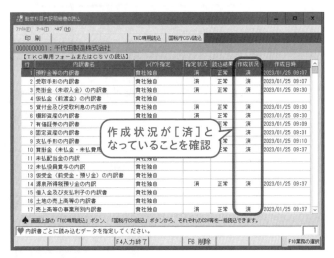

（注）［処理内容］欄にエラーが表示されている場合は、赤色反転している項目をクリックしてエラー内容を確認の上、CSVファイルのデータを修正してから再読込を行ってください。

(4) 帳表イメージによる読込内容の確認

画面上部の［印刷］ボタンをクリックすると、読み込んだ内容を帳表イメージで確認できます。詳細は、前頁を参照してください。

**Ⅳ　会社事業概況書・法人事業概況説明書の作成
（メニュー 803）**

　[803.会社事業概況書・法人事業概況説明書の作成]メニューでは、各通算法人が「会社事業概況書（調査課所管法人用）」又は「法人事業概況説明書（税務署所管法人用）」を作成します。

　ここでは、会社事業概況書の作成方法を解説します。

1 会社事業概況書の作成

　[1.総括表]、[2.子会社等の状況]等の各メニューを選択すると、それぞれの入力画面が表示されます。例えば、[1.総括表]の行をダブルクリックすると、以下の入力画面が表示されます。

（注）1.　[6.通算子法人]は、通算子法人のみが選択できます。
　　　2.　作成する概況書をグループ全体で統一する場合は、通算親法人が［107.グループ全体での統一処理のための設定］メニューで作成する概況書の種類を選択します。

　　■メニュー107→［その他グループ統一設定］タブ

　　　3.　メニュー107の上記画面で［概況書種類のグループ全体での統一］区分が［しない］の場合は、
　　　　［概況書切替］ボタンにより、作成する概況書の種類を変更できます。

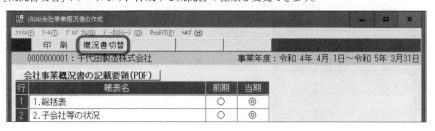

V　添付書類の作成完了(確定)

　　各通算法人は、添付書類の作成後に［添付書類の作成完了(確定)］ボタンをクリックします。

（注）当ボタンをクリックしないと、電子申告データを作成できません。

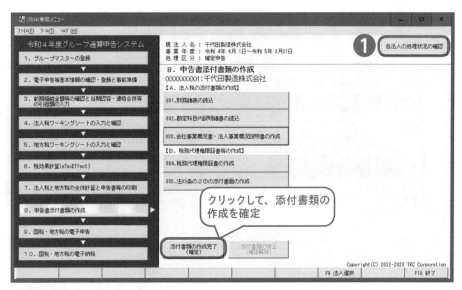

❶添付書類の作成状況の確認方法

　　通算親法人は、［各法人の処理状況の確認］で各通算法人の添付書類の作成状況を確認できます。

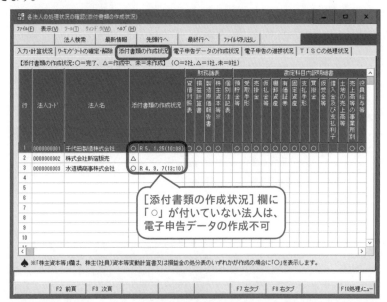

国税・地方税の電子申告

第10章

法人税と地方税の電子申告の方法について解説します。

I　電子申告の概要

　業務プロセス［9.　国税・地方税の電子申告］では、各通算法人が法人税と地方税の電子申告を行います。

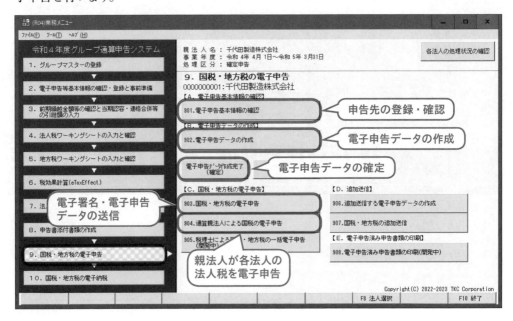

1　各通算法人が電子申告を行う場合

　各通算法人がそれぞれ電子申告を行う場合の処理手順は、以下のとおりです。

●［901.電子申告基本情報の確認］メニュー

電子申告の基本情報（納税地、利用者識別番号、利用者ID等）を確認します。
また、法人税の申告先（税務署）の確認と地方税の申告先（税務事務所）の登録を行います。

●［902.電子申告データの作成］メニュー

法人税と地方税の電子申告データを作成します。

●［電子申告データ作成完了(確定)］ボタン

［電子申告データ作成完了(確定)］ボタンをクリックして、電子申告データを確定します。

● ［903.国税・地方税の電子申告］メニュー

電子申告データに電子署名を行った上で、国税受付システムと地方税ポータルシステムに送信
します。

II [901.電子申告基本情報の確認]メニュー

　各通算法人は、[901.電子申告基本情報の確認]メニューを選択して、電子申告の基本情報（納税地、利用者識別番号、利用者ID等）を確認します。

■1 [電子申告基本情報]タブ

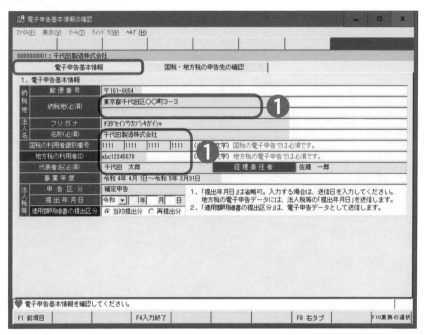

❶基本情報の確認

項目名	確認する内容
[納税地] [法人名]	通算親法人がメニュー101で登録した[納税地]、[法人名]を確認します。修正が必要な場合は、通算親法人に依頼します。 (注)[納税地]、[法人名]の入力がない場合は、電子申告データを作成できません。
[国税の利用者識別番号] [地方税の利用者ID]	法人税の電子申告を行う場合は[国税の利用者識別番号]、地方税の電子申告を行う場合は[地方税の利用者ID]の登録が必要です。登録内容の修正が必要な場合は、メニュー201で修正します。
[代表者名(必須)]	代表者名を確認します。修正が必要な場合は、メニュー301(402)→[1・2：納税地・株主等の明細(必須)]WSで修正します。 (注) 1. 代表者名の入力がない場合は、電子申告データを作成できません。 　　 2. メニュー301(402)で代表者住所の入力も必要です。

2 [国税・地方税の申告先の確認] タブ

　各通算法人は、国税の申告先（税務署）の確認と地方税の申告先（税務事務所）の登録を行います。

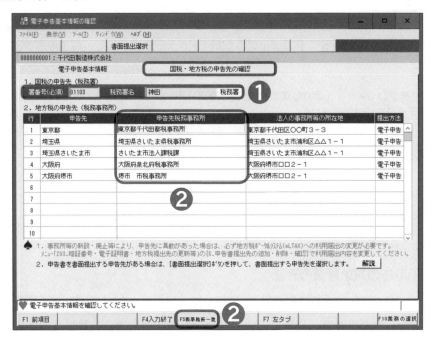

❶ [署番号(必須)]、[税務署名]の確認

　[署番号(必須)] 欄と [税務署名] 欄には、メニュー 301(402)→[1·2：納税地・株主等の明細(必須)]WSの入力内容が表示されます。

　[署番号(必須)] 欄のデータは、電子申告データとして送信されます。修正が必要な場合は、メニュー 301(402)→[1·2：納税地・株主等の明細(必須)]WSで修正します。

❷ [申告先税務事務所]の選択

　地方税申告書を作成した都道府県や市町村の申告先が一覧に表示されます。[申告先税務事務所] 欄にカーソルがある状態で、[F5 税事務所一覧]ボタンをクリックして、申告先税務事務所を選択します。

（注）申告先税務事務所は、電子申告データとして送信されるため必ず選択してください。

第10章

[902.電子申告データの作成]メニュー

　各通算法人は、[902.電子申告データの作成]メニューを選択して、電子申告データを作成します。

(注) 1. 業務プロセス8で［添付書類の作成完了(確定)］ボタンをクリックしていない場合は、電子申告データを作成できません。
　　 2. 電子申告データを確定後（314頁参照）は、当メニューで電子申告データを作成できません。電子申告データを再作成する場合は、通算親法人による電子申告データの確定解除が必要です（314頁参照）。

1 法人税・地方法人税の電子申告データ作成

　各通算法人は、[902.電子申告データの作成]メニュー→[法人税・地方法人税]タブで、法人税・地方法人税の電子申告データを作成します。

(1) 電子申告の対象書類の確認

　[当システム作成の税務書類の確認]では、電子申告データとして送信する書類名（法人税別表、損益計算書、貸借対照表、勘定科目内訳明細書、会社事業概況書等）を確認します。

❶送信書類の確認

　電子申告の対象となる書類名を確認します。財務諸表や勘定科目内訳明細書に漏れがある場合は、メニュー801・802でこれらの書類のデータを読み込みます。

(2) イメージデータ（PDF）の添付と添付書類名の入力

　[第三者作成書類等のPDF添付・別途送付の確認・入力]では、電子申告データとして作成できない書類のイメージデータ（PDFファイル）を電子申告データに添付します。

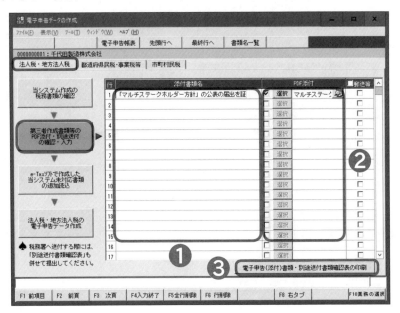

❶添付書類名の自動表示

　e-TAXグループ通算で作成した別表等のうち電子申告の対象外となる別表や別表に添付を求められている書類（「マルチステークホルダー方針」の公表の届出を証する書類の写し等）の名称が表示されます。

❷イメージデータ（PDFファイル）の添付

　[選択]ボタンの左横にあるチェックボックスをクリックすると、ファイルの選択画面が表示されます。電子申告データに添付するPDFファイルを選択します。

（注）e-TAXグループ通算で作成した別表等のうち、電子申告の対象外となる別表等がある場合は、[選択]ボタンの左横にあるチェックボックスをクリックすると、当該別表等のPDFファイルが自動添付されます。当機能を利用するためには、ご利用のパソコンに「SkyPDF」をインストールする必要があります。

❸電子申告の対象書類や別途送付する書類の確認方法

　[電子申告(添付)書類・別途送付書類確認表の印刷]ボタンから、電子申告の対象となる別表名や別途送付する書類名を一覧表で確認できます。

(3) e-Taxソフトで作成したデータの読込

　　［e-Taxソフトで作成した当システム未対応書類の追加読込］では、e-TAXグループ通算で未対応の別表等のうちe-Taxソフトで作成した別表等のデータ（拡張子：xtx）をシステムに読み込みます。読み込んだデータは、法人税申告書の電子申告データと一緒に電子申告されます。

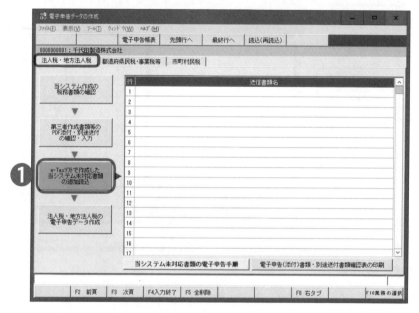

❶e-Taxソフトで作成したデータの読込方法

　　［e-Taxソフトで作成した当システム未対応書類の追加読込］をクリックすると、以下の画面が表示されます。e-Taxソフトで作成したデータを選択して［読込］ボタンをクリックすると、e-Taxソフトで作成したデータが読み込まれます。

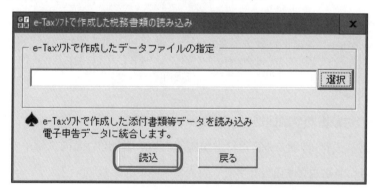

(4) 電子申告データの作成

　　［法人税・地方法人税の電子申告データ作成］では、法人税申告書の電子申告データを作成します。

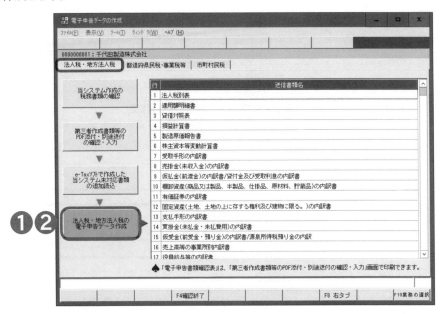

❶電子申告データの作成

　　［法人税・地方法人税の電子申告データ作成］をクリックすると、以下の画面が表示されます。［OK］ボタンをクリックして、法人税申告書の電子申告データを作成します。

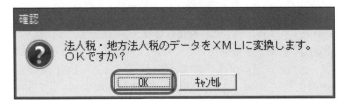

第10章

❷国税e-Taxソフト仕様に基づくデータチェック

国税e-Taxソフト仕様に準拠していないデータがある場合は、電子申告データの作成時に以下の「電子申告データ送信前チェック確認表」が表示されます。

●電子申告データ送信前チェック確認表

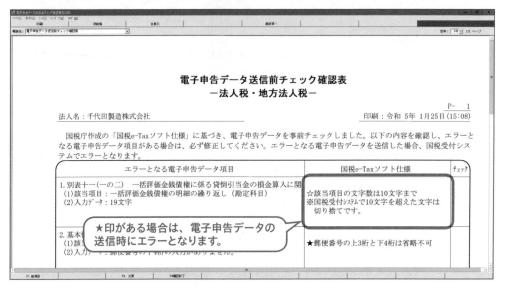

当帳表に表示される内容は次のとおりです。

★印	そのまま国税受付システムに送信した場合にエラーとなる項目（国税受付システムで利用できない文字を入力している項目等）が表示されます。**エラーの項目がある場合は、該当項目のデータを修正した上で、電子申告データを再作成する必要があります。**
☆印	国税e-Taxソフト仕様に基づき、補正して電子申告データを作成した項目（国税受付システムで定められた文字数を超えて入力している項目）が表示されます。そのまま国税受付システムへの送信は可能ですが、「国税e-Taxソフト仕様に基づく電子申告データの補正確認表」で補正内容を確認し、必要に応じて法人税ワーキングシートを修正します。 　なお、法人税ワーキングシートを修正した場合は、電子申告データの再作成が必要です。

●国税e-Taxソフト仕様に基づく電子申告データの補正確認表

「電子申告データ送信前チェック確認表」で☆印が表示されたチェック項目について、補正後の電子申告データの内容を確認できます。

なお、当帳表は「電子申告データ送信前チェック確認表」を表示している画面(前頁参照)で、[F3 次頁]ボタンをクリックすると表示されます。

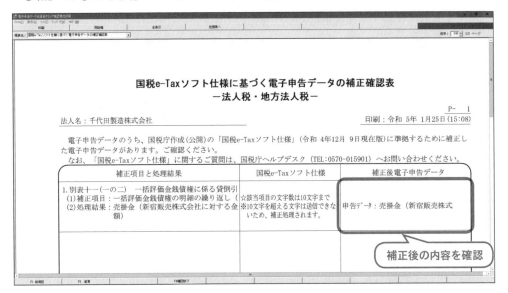

２ 都道府県民税・事業税等の電子申告データ作成

　各通算法人は、［902.電子申告データの作成］メニュー→［都道府県民税・事業税等］タブで、都道府県民税・事業税・特別法人事業税の電子申告データを作成します。

（1）電子申告の対象書類の確認

　［当システム作成の税務書類の確認］では、電子申告の対象となる申告先と送信書類名（都道府県民税・事業税申告書等）を確認します。

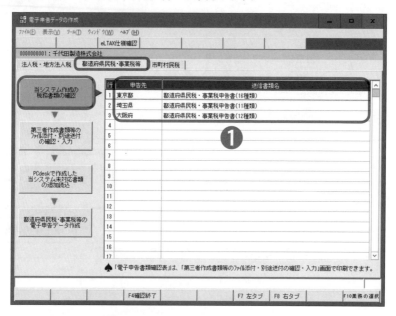

❶申告先と送信書類名の確認

　電子申告の対象となる申告先と書類名を確認します。

　なお、［都道府県民税・事業税等］タブを選択後、「地方税の申告先（税務事務所）が登録されていません」等の画面が表示された場合は、メニュー 901→［国税・地方税の申告先の確認］タブで、申告先の税務事務所を選択してください。

　（注）税務事務所を選択していない申告先がある場合は、電子申告データを作成できません。

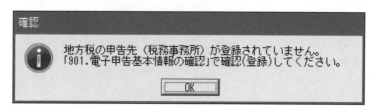

(2) ファイルの添付と添付書類名の入力

[第三者作成書類等のファイル添付・別途送付の確認・入力]では、電子申告データとして作成できない書類のファイル（PDF、Excel、Word）を電子申告データに添付します。

(注) 貸借対照表や損益計算書を法人税の電子申告データに添付した場合は、法人事業税の電子申告においても、これらの書類を提出したものとみなされます。

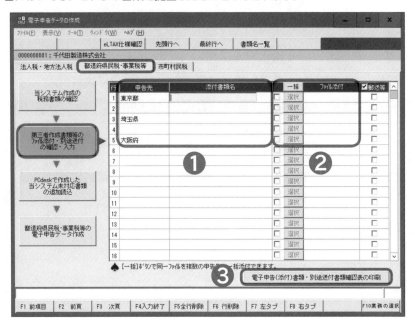

❶添付書類名の自動表示

明細数の上限を超えて作成された別表（第6号様式別表5の3等）や地方税eLTAX仕様で未対応の項目に金額を有する別表がある場合は、当該別表名が表示されます。

❷ファイルの添付

[選択]ボタンの左横にあるチェックボックスをクリックすると、ファイルの選択画面が表示されます。電子申告データに添付するファイルを選択します。

なお、[一括]ボタンを利用すると、同一のファイルを複数の申告先に一括して添付できます。

(注) e-TAXグループ通算で作成した別表のうち、電子申告の対象外となる別表がある場合は、[選択]ボタンの左横にあるチェックボックスをクリックすると、当該別表のPDFファイルが自動添付されます。当機能を利用するためには、ご利用のパソコンに「SkyPDF」をインストールする必要があります。

❸電子申告の対象書類や別途送付書類を確認する場合

[電子申告(添付)書類・別途送付書類確認表の印刷]ボタンから、電子申告の対象となる別表名や別途送付する書類名を申告先ごとに一覧表で確認できます。

第10章

(3) PCdeskで作成したデータの読込

　［PCdeskで作成した当システム未対応書類の追加読込］では、e-TAXグループ通算で未対応の書類（申告書別表）のうち、PCdesk（DL版）で作成した以下の書類のデータ（拡張子：xml）を読み込むことができます。読み込んだデータは、地方税申告書の電子申告データと一緒に電子申告されます。

■読込可能な書類

　第6号様式別表13、第6号様式別表13の3、第7号の2様式別表3、第7号の2様式別表4、第7号の2様式別表5、第7号の2様式別表6、第7号の2様式別表7

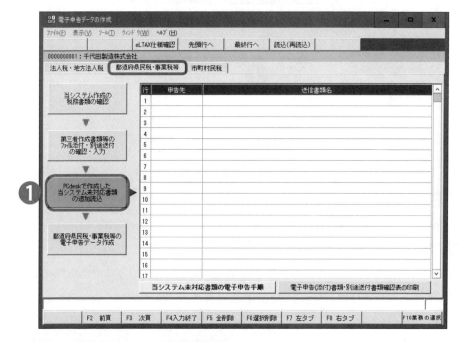

❶PCdeskで作成したデータの読込方法

　［PCdeskで作成した当システム未対応書類の追加読込］をクリックすると、以下の画面が表示されます。PCdesk（DL版）で作成したデータを選択して［読込］ボタンをクリックすると、PCdesk（DL版）で作成したデータが読み込まれます。

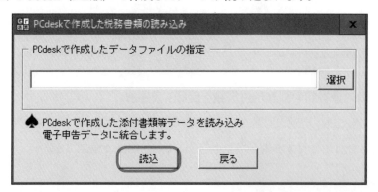

(4) 電子申告データの作成

　［都道府県民税・事業税等の電子申告データ作成］では、都道府県民税・事業税・特別法人事業税の電子申告データを作成します。

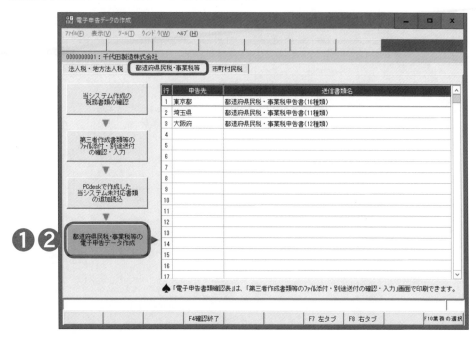

❶電子申告データの作成

　［都道府県民税・事業税等の電子申告データ作成］をクリックすると、以下の画面が表示されます。［OK］ボタンをクリックして、地方税申告書の電子申告データを作成します。

❷地方税eLTAX仕様に基づくデータチェック

地方税eLTAX仕様に準拠していないデータがある場合は、電子申告データの作成時に以下の「電子申告データ送信前チェック確認表」が表示されます。

●電子申告データ送信前チェック確認表

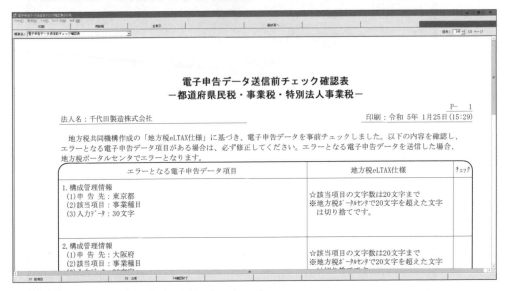

当帳表に表示される内容は次のとおりです。

★印	そのまま地方税ポータルシステムに送信した場合にエラーとなる項目（地方税ポータルシステムで利用できない文字を入力している場合等）が表示されます。**エラーの項目がある場合は、該当項目のデータを修正した上で、電子申告データを再作成する必要があります。**
☆印	地方税eLTAX仕様に基づき、補正して電子申告データを作成した項目（地方税ポータルシステムで定められた文字数を超えて入力している項目）が表示されます。そのまま地方税ポータルシステムへの送信は可能ですが、「地方税eLTAX仕様に基づく電子申告データの補正確認表」で補正内容を確認し、必要に応じて入力データを修正します。 　なお、データを修正した場合は、電子申告データの再作成が必要です。

●地方税eLTAX仕様に基づく電子申告データの補正確認表

「電子申告データ送信前チェック確認表」で☆印で表示されたチェック項目について、補正後の電子申告データの内容を確認できます。

なお、当帳表は「電子申告データ送信前チェック確認表」を表示している画面(前頁参照)で、[F3 次頁]ボタンをクリックすると表示されます。

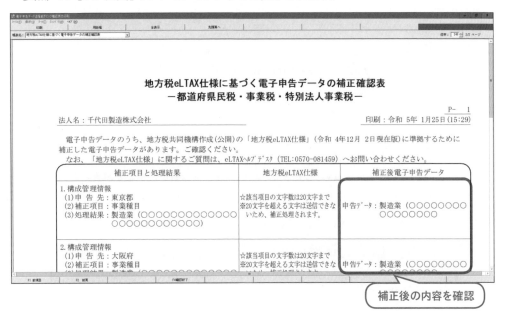

補正後の内容を確認

(5) 地方税ポータルシステムへの申告書提出先の追加・削除

電子申告データを作成後、地方税ポータルシステムに登録されている申告書提出先の追加・削除が必要な場合は、以下の画面が表示されます。

(注) 事業所等の新設・廃止により提出先に異動があった場合や提出先税務事務所の統廃合により提出先に異動があった場合は、追加・削除する申告書提出先の情報を地方税ポータルシステムに送信する必要があります。

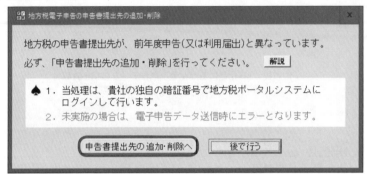

上記画面で［申告書提出先の追加・削除へ］ボタンをクリックして、地方税ポータルシステムにログインすると以下の画面が表示されます。

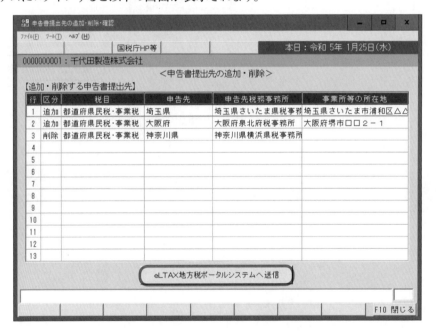

地方税ポータルシステムに追加・削除する申告先等を確認して、［eLTAX地方税ポータルシステムへ送信］ボタンをクリックすると、地方税ポータルシステムに登録されている申告書提出先が更新されます。

3 市町村民税の電子申告データ作成

　各通算法人は、［902.電子申告データの作成］メニュー→［市町村民税］タブで市町村民税の電子申告データを作成します。

市町村民税の電子申告データを作成する場合は、「都道府県民税・事業税等の電子申告データ作成」の解説（306頁～312頁）に準じて処理してください。

4 電子申告データの作成完了(確定)

　　各通算法人は、電子申告データの作成後に、[電子申告データ作成完了(確定)]ボタ
ンをクリックして電子申告データの確定処理を行います。当処理を行うことにより、電子
申告データに電子署名することができます。

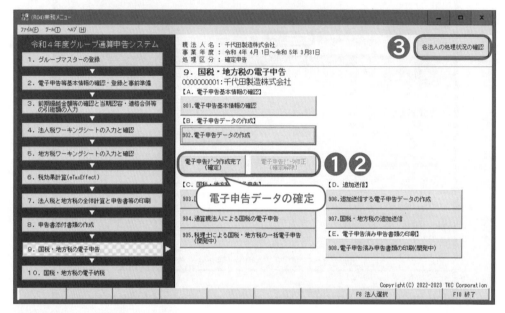

❶通算子法人の場合

　　通算子法人の場合は、[電子申告データ作成完了(確定)]ボタンのみが表示されます。

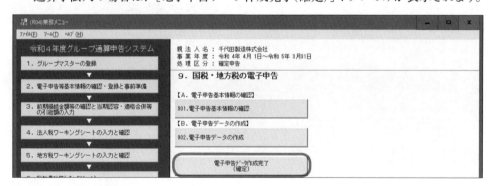

❷通算親法人の場合

　　通算親法人の場合は、[電子申告データ修正(確定解除)]ボタンにより電子申告データ
の確定を解除できます。

❸電子申告データの作成状況の確認

　　通算親法人は、[各法人の処理状況の確認]→[電子申告データの作成状況]タブで、
各通算法人の電子申告データの作成状況を確認できます。

　　なお、通算親法人は、以下の手順で複数法人の電子申告データの確定を一括解除で

きます。

1. ［処理の選択］区分で［確定解除］を選択します。

2. 一覧から、確定を解除する通算法人を選択します（複数の法人を選択可能）。

3. ［確定解除］ボタンをクリックします。

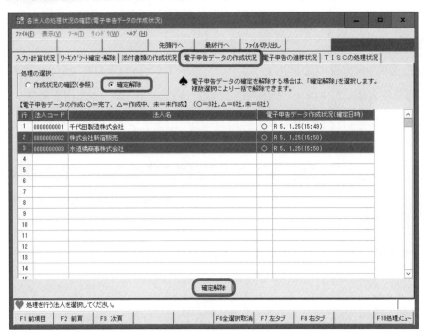

[903.国税・地方税の電子申告] メニュー

1 概要

[903.国税・地方税の電子申告] メニューを選択すると、以下の画面が表示されます。

各通算法人は、当メニューで法人税と地方税の電子申告データを国税受付システムと地方税ポータルシステムに送信します。

(注) 電子申告データを確定（314頁参照）していない場合は、電子署名が行えません。

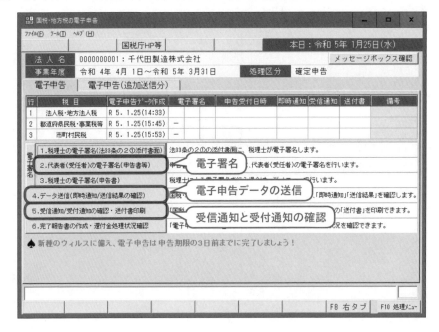

(1) 各通算法人が電子申告データを送信する場合

　各通算法人がそれぞれ電子申告データを送信する場合の処理手順は、以下のとおりです。

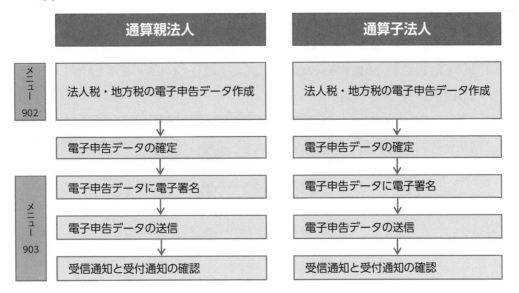

2 代表者（受任者）の電子署名

[903.国税・地方税の電子申告]メニュー→[2.代表者（受任者）の電子署名（申告書等）]で、代表者（受任者）が法人税と地方税の電子申告データに電子署名を行います。

あらかじめ、メニュー201→[電子申告]タブで、代表者・受任者のいずれが電子署名を行うかを選択する必要があります。

以下に、商業登記の電子証明書を利用して電子署名する場合の手順を解説します。

(1) 認証局サービス名の選択

[認証局サービス名]で
[商業登記認証局]を選択
した上で、[電子署名]ボ
タンをクリックします。

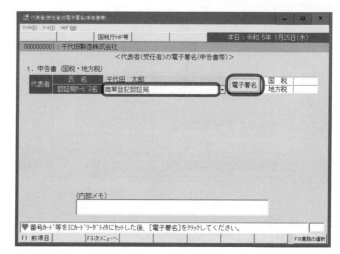

(2) 電子証明書のファイル指定

[参照]ボタンをクリック
して、電子証明書のファイ
ルを指定します。その後、
電子証明書のパスワード
を入力して[OK]ボタンを
クリックします。

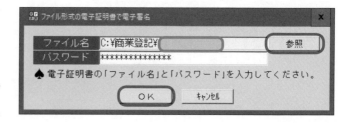

(3) 電子証明書の内容確認

電子証明書の内容を確
認した後に、[OK]ボタン
をクリックします。

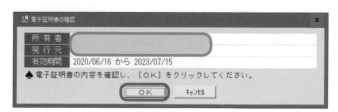

(4) 法人税の電子署名の完了

　法人税の電子署名が完
了すると、右の画面が表
示されます。

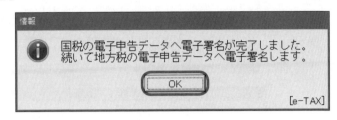

　[OK]ボタンをクリックし
て、地方税の電子署名に
進みます。

(5) 地方税の電子署名の完了

　引き続き上記(2)(3)の
手順で地方税の電子署名
を行います。地方税の電
子署名が完了すると、右
の画面が表示されます。

3 電子申告データの送信

[903.国税・地方税の電子申告]メニュー→［4.データ送信（即時通知／送信結果の確認）］で、各通算法人は法人税と地方税の電子申告データを送信します。送信後は、即時通知（国税）と送信結果（地方税）を確認します。

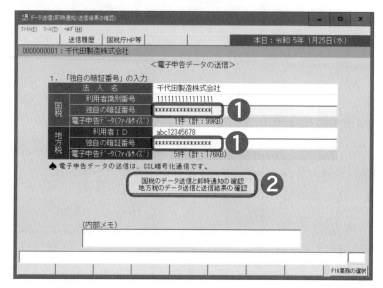

❶ [独自の暗証番号]の入力

　国税と地方税の［独自の暗証番号］をそれぞれ入力します。

❷ 電子申告データの送信

　［国税のデータ送信と即時通知の確認・地方税のデータ送信と送信結果の確認］ボタンをクリックして、電子申告データを送信します。送信が完了した後は、即時通知（国税）と送信結果（地方税）を確認して、エラーが表示されていないかを確認します。

4 受信通知・受付通知の確認

　各通算法人は、［903.国税・地方税の電子申告］メニュー→［5.受信通知／受付通知の確認・送付書印刷］で、法人税と地方税の電子申告データが受け付けられたことを確認します。

(1) 受信通知(国税)の確認

　［国税（受信通知）の確認］タブで、法人税・地方法人税に係る受信通知を確認します。

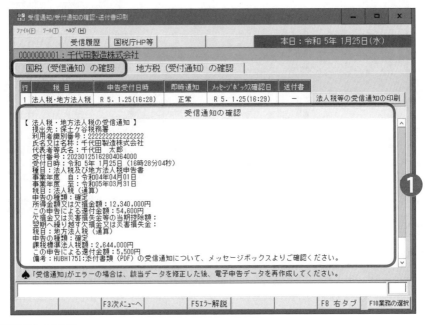

❶受信通知の確認

　　エラー情報が表示されていないことを確認します。

　(注) 受信通知は、送信データの審査結果（必須項目にデータが入力されているか、改ざんされていないか、添付された電子証明書が有効期限内で、かつ、登録された電子証明書と一致するか等の審査結果）であり、即時通知後しばらくしてから、納税者及び送信者のメッセージボックスに格納されます。

　　受信通知は、書面による提出の場合の税務署の受領印（収受日付印）に相当します。

(2) 受付通知（地方税）の確認

　　［地方税（受付通知）の確認］タブで、地方税に関する受付通知を確認します。

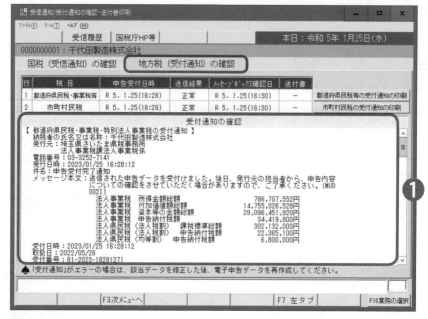

❶受付通知の確認

　　エラー情報が表示されていないことを確認します。

　（注）受付通知は、申告データ等の送信や利用者情報の変更などの手続きを行うと送付されるメッセージです。これが受信できた場合は、送信したデータの基本事項（利用者、住所など）に問題がないことを表します。

V ## [904.通算親法人による国税の電子申告] メニュー

1 通算親法人による国税（法人税）の電子申告 親法人

[904.通算親法人による国税の電子申告]メニューでは、通算親法人が、通算子法人分の法人税の電子申告データを送信することができます。

（注）[2023年04月版]では、すべての通算法人分（通算親法人分も含む）の法人税の電子申告データを一括送信可能とする予定です。また、名称を[904.通算親法人による国税の一括電子申告]メニューに変更する予定です。

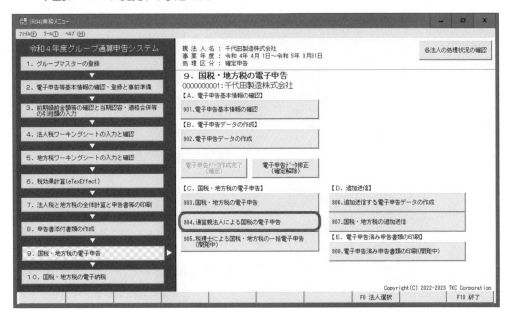

（ご参考）[2023年04月版]で対応予定の一括電子申告機能

処理メニュー	処理内容
1. TISCからの電子申告データのダウンロード	通算親法人が、電子申告の対象とする通算法人分の法人税の電子申告データをTKCインターネット・サービスセンター（以下、TISCといいます）から通算親法人のパソコンにダウンロードします。
2. 通算親法人による一括電子署名	通算親法人が、法人税の電子申告データに一括で電子署名します。
3. 通算親法人による一括電子申告	通算親法人が、法人税の電子申告データを一括で送信します。

処理メニュー	処理内容
4. 即時通知／受信通知の確認・送付書の印刷	通算親法人が、受信した即時通知と受信通知を確認します。
5. TISCへの電子申告した結果のアップロード	通算親法人が、電子申告した結果(電子署名した電子申告データ、受信した即時通知・受信通知等)をTISCにアップロード(保存)します。

国税・地方税の電子納税

第11章

地方税の納付書の作成方法とe-TAX電子納税に連携する
データの作成方法等について解説します。

Ⅰ　電子納税の概要

業務プロセス［10.国税・地方税の電子納税］における処理内容は、以下のとおりです。

行	納付方法	当プロセスで必要な処理
1	e-TAX電子納税を利用して「見込納付」を行う場合	●都道府県・市町村ごとに見込納付額を入力（修正）します。 ●e-TAX電子納税に連携する地方税の納付書データを切り出します。
2	e-TAX電子納税を利用して「確定申告に基づく納付」を行う場合	●申告期限の延長を行っている場合は、延滞金の計算基礎を入力します。 ●システムで自動計算された各税目の納付額を確認します。
3	納付書（書面）を利用して納付する場合	都道府県・市町村ごとに納付額や口座番号等を入力して、納付書（書面）を作成します。

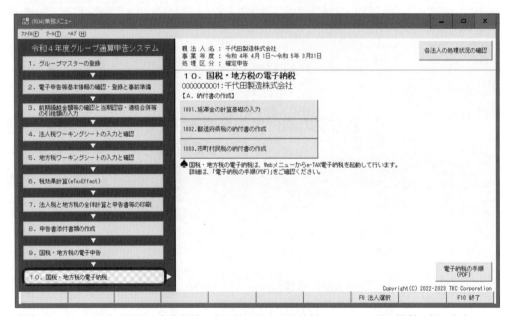

（注）法人税・都道府県民税・事業税等・市町村民税の電子納税は、e-TAX電子納税で行います。

[1001.延滞金の計算基礎の入力]メニュー

各通算法人は、[1001.延滞金の計算基礎の入力]メニューで、延滞金の計算に必要となる税額に乗じる割合と日数の計算基礎を入力します。

(1) 延滞金の入力方法の選択

当メニューの初回選択時は、地方税の延滞金の入力方法を選択します。

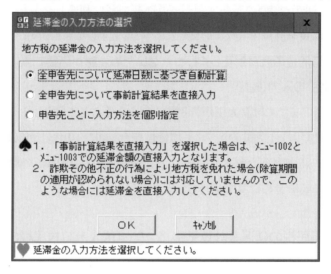

(2) [納期限と平均貸付割合等の入力]タブ

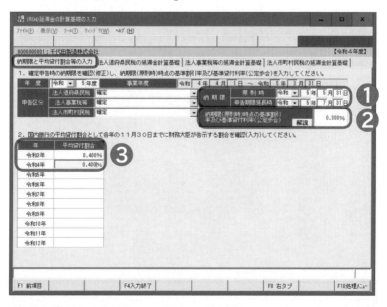

❶ [納期限]の確認

　［原則時］欄には、事業年度の末日の翌日から2か月を経過する日が表示（修正可）されます。

　また、［申告期限延長時］欄には、事業年度の末日の翌日から4か月を経過する日が表示（修正可）されます^(※)。

　（※）　メニュー501→［還付金融機関等］WS→［第6(20)号様式(中間申告要否等)］タブの［申告期限延長の処分］区分が［有］の提出先がある場合に表示されます。

❷ [納期限(原則時)時点の基準割引率及び基準貸付利率(公定歩合)]の入力

　納期限（原則時）時点の「基準割引率及び基準貸付利率」を入力します。納期限の延長に係る延滞金を計算する際に必要となる割合の判定要素となります。当欄の入力を省略すると、延滞金の計算が正しく行われないため注意が必要です。

❸ [平均貸付割合]の入力(確認)

　各年の11月30日までに財務大臣が告示する割合を年ごとに入力します。

　なお、［令和3年］と［令和4年］の［平均貸付割合］欄に「0.4%」が初期表示されます。この0.4%に0.5%を加算した割合（0.9%）が、令和4年と令和5年の期間における納期限の延長に係る延滞金の計算で適用されます。

(3) [法人道府県民税の延滞金計算基礎]タブ〜 [法人市町村民税の延滞金計算基礎]タブ

　前頁の(1)で［申告先ごとに入力方法を個別指定］を選択している場合は、申告先ごとに延滞金の入力方法（自動計算又は直接入力）を選択します。

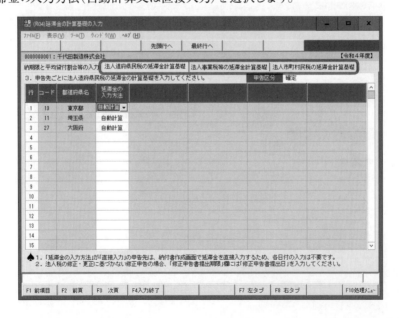

328

Ⅲ ［1002.都道府県税の納付書の作成］メニュー

各通算法人は、［1002.都道府県税の納付書の作成］メニューで以下の処理を行います。

行	納付方法	当メニューで行う処理
1	e-TAX電子納税を利用して「見込納付」を行う場合	●都道府県ごとに見込納付額を入力（修正）します。 ●e-TAX電子納税に連携する地方税の納付書データを切り出します。
2	e-TAX電子納税を利用して「確定申告に基づく納付」を行う場合	システムで自動計算された各税目の納付額を確認します。
3	納付書（書面）を利用して納付する場合	都道府県ごとに納付額や口座番号等を入力して、納付書（書面）を作成します。

1 申告区分等の選択

［1002.都道府県税の納付書の作成］メニューを選択すると以下の画面が表示されます。

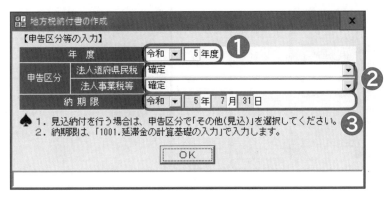

❶ ［年度］の入力

［1001.延滞金の計算基礎の入力］メニューで入力した［年度］が表示されます。表示された年度が納付書に記載する年度と異なる場合は、年度を修正します。

❷ ［申告区分］の選択

確定申告に基づく納付を行う場合は、［確定］を選択します。見込納付を行う場合は、［その他(見込)］を選択します。

❸ [納期限] の表示

[1001.延滞金の計算基礎の入力] メニューで入力した納期限が表示されます。

2 納付書を作成する都道府県の選択

納付書を作成する都道府県を一覧から選択してダブルクリックします。

3 納付書の作成

納付方法（前頁参照）に応じて、納付書を作成するためのデータを入力（確認）します。

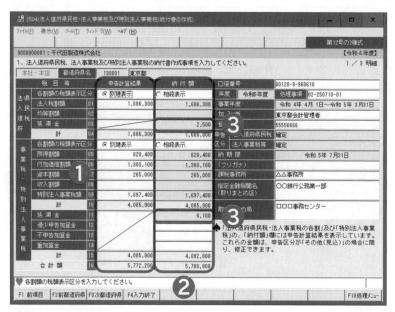

❶ [申告計算結果] の表示

システムで自動計算された各税目の税額が [申告計算結果] 欄に表示されます。

❷ [納付額] の入力（確認）

[申告区分]（前頁参照）が [確定] の場合は、[申告計算結果] 欄の金額に基づいて、[納付額] 欄に金額が表示されます。また、[申告区分] が [その他（見込）] の場合は、初期表示された金額を修正できます。金額を修正した場合は、赤文字で表示されます。

❸ [延滞金] の表示

　メニュー1001→[法人道府県民税の延滞金計算基礎] タブの [延滞金の入力方法] 区分で [自動計算] を選択した都道府県については、自動計算された延滞金が表示されます。

❹ 納付書データの切り出し・納付書の印刷・見込納付額の複写

　上記❸の画面で [F4 入力終了] ボタンをクリックすると、以下の都道府県の一覧画面に戻ります。納付の方法に応じて、以下のとおり処理します。

行	納付方法	処理の内容
1	e-TAX電子納税を利用して「見込納付」を行う場合	e-TAX電子納税に連携する地方税の納付書データを切り出します。
2	e-TAX電子納税を利用して「確定申告に基づく納付」を行う場合	当画面で行う処理は、ありません。
3	納付書（書面）を利用して納付する場合	[印刷] ボタンにより、納付書を印刷します。

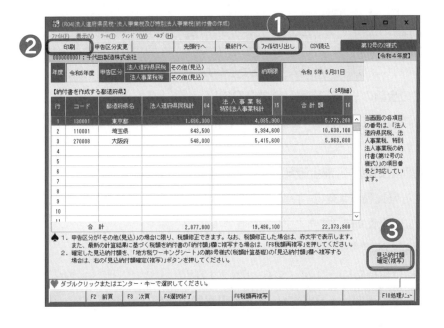

❶納付書データの切り出し

　e-TAX電子納税を利用して「見込納付」を行う場合は、［ファイル切り出し］ボタンから、e-TAX電子納税に連携する納付書データ（CSV形式）を切り出します。

❷納付書等の印刷

　納付書を利用して都道府県民税・事業税・特別法人事業税を納付する場合は、納付書（第12号の2様式）を印刷します。［印刷］ボタンをクリックすると、以下の画面が表示されます。

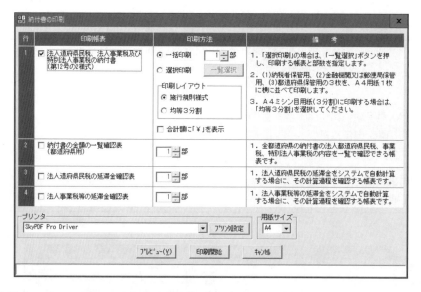

　納付書の他に、以下の確認表を印刷できます。

●納付書の金額の一覧確認表（都道府県用）

　都道府県民税・事業税・特別法人事業税の納付額を都道府県ごとに一覧表で確認できます。

●法人道府県民税の延滞金確認表・法人事業税等の延滞金確認表

　都道府県民税・事業税・特別法人事業税の延滞金の計算過程と計算結果を都道府県ごとに一覧表で確認できます。

❸見込納付額の複写

　［見込納付額確定（複写）］ボタンをクリックすると、当メニューで入力した見込納付額をメニュー502→［6号・6号別4の3：都道府県民税の税額計算基礎］WS・［6号：事業税の税額計算基礎］WS・［6号：特別法人事業税の税額計算基礎］WSの［見込納付額］欄に複写できます。

■[6号・6号別4の3：都道府県民税の税額計算基礎]WS（メニュー 502）

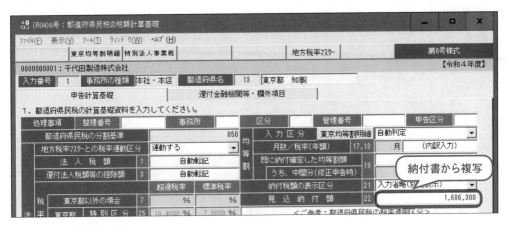

(注) 1. 見込納付額の複写を行うためには、地方税ワーキングシートの確定が解除されている必要があります。

2. ［見込納付額確定(複写)］ボタンは、申告区分（329頁参照）が［その他(見込)］の場合に選択できます。

[1003.市町村民税の納付書の作成] メニュー

各通算法人は、[1003.市町村民税の納付書の作成] メニューで以下の処理を行います。

行	納付方法	当メニューで行う処理
1	e-TAX電子納税を利用して「見込納付」を行う場合	●市町村ごとに見込納付額を入力（修正）します。 ●e-TAX電子納税に連携する地方税の納付書データを切り出します。
2	e-TAX電子納税を利用して「確定申告に基づく納付」を行う場合	システムで自動計算された納付額を確認します。
3	納付書（書面）を利用して納付する場合	市町村ごとに納付額や口座番号等を入力して、納付書（書面）を作成します。

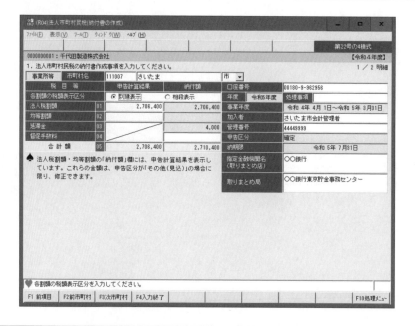

[1003.市町村民税の納付書の作成] メニューの処理は、[1002.都道府県税の納付書の作成] メニューの解説（329頁～333頁）に準じて処理してください。

よくある質問 (FAQ)

第12章

ご利用のユーザから多く寄せられる質問をQ&A形式で解説します。

Q 1　代表者の氏名・住所は、どの画面で入力しますか?

A 1

　代表者の氏名・住所は、[301.法人税の前期繰越金額等の確認（修正）]メニュー又は[402.別表4へ自動転記される別表等の入力]メニュー→[1・2：納税地・株主等の明細（必須）]WSで入力します。

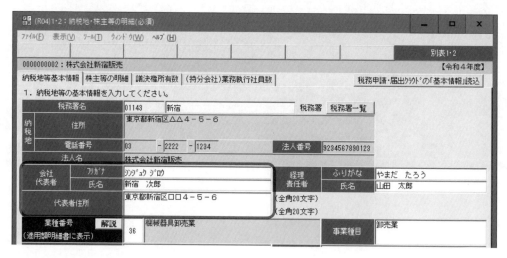

（注）納税地・法人名・法人番号は、[101.企業マスター]メニューで登録します。これらの修正が必要な場合は、通算親法人に依頼してください。

Q 2　期中加入した通算子法人の事業年度の期首年月日は、どの画面で修正できますか？

A 2

　事業年度の期首年月日は、通算親法人が、［101.企業マスター］メニュー→［基本情報の登録］→［基本情報②］タブの［通算承認の効力発生日］欄で修正します。

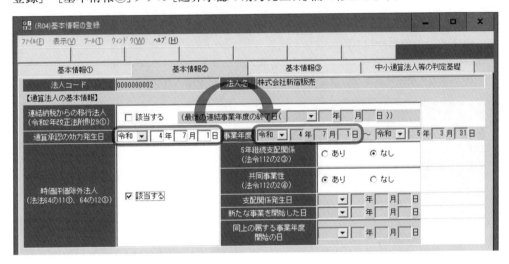

Q 3　仮計算に基づく法人税額と全体計算に基づく法人税額が異なるのはなぜですか？

A 3

　仮計算では、自社が入力したワーキングシートに基づいて計算処理が行われます。

　一方、全体計算は、すべての法人が入力したワーキングシートに基づいて計算処理が行われます。そのため、仮計算に基づく法人税額と全体計算に基づく法人税額は、異なります。

【仮計算と全体計算の仕組み】

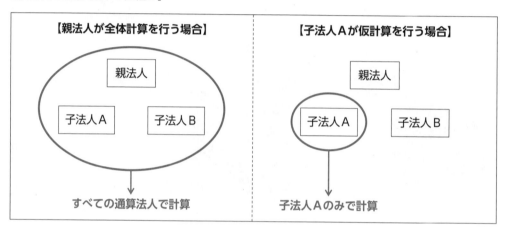

【所得金額と税額の仮計算】

全体計算が必要な別表	全体計算が不要な別表
●別表7(1)：欠損金の損金算入 ●別表6(2)：外国税額の控除 ●別表6(9)：試験研究費の特別控除　など	●別表6(1)：所得税額等の控除 ●別表14(2)：寄附金の損金算入 ●別表16(1)等：減価償却資産の償却計算 ●別表16(8)：一括償却資産の損金算入　など

⬇ 仮計算

仮計算で金額が未確定	仮計算で金額が確定
●欠損金の当期控除額 ●外国税額の控除額 ●試験研究費の特別控除額　　　　など	●法人税額から控除される所得税額等 ●寄附金の損金不算入額 ●減価償却の償却超過額 ●一括償却資産損金算入限度超過額　　　など
所得金額：暫定値 法人税額・地方税額：暫定値	

(注) 1.　全体計算が不要である別表6(1)・別表14(2)・別表15・別表16(1)・別表16(2)・別表16(6)・別表16(8)等は、［407.法人税申告書等の仮印刷］メニューで、確定値を確認できます。

2.　全体計算が必要となる別表1・別表4等では、**全体計算後と仮計算後の計算結果が異なります。**
これらの別表については、通算親法人による全体計算後（メニュー 701）に、[704.法人税申告書
等の印刷]メニューで確定値を確認してください。

Q 4　地方税の送信結果で「送信された申告データの申告先・税目に対しては、利用届出が行われておりません」とエラー表示された場合の対応方法は？

A 4

　メニュー 901→［国税・地方税の申告先の確認］タブで、申告先税務事務所が正しく登録されているかを確認します。

（1）申告先税務事務所が正しく登録されている場合

①メニュー 203→［6.申告書提出先の追加・削除・確認］を選択します。地方税ポータルシステムへのログイン画面が表示されますので、独自の暗証番号を入力してログインします。

②以下の画面で、追加・削除する申告先税務事務所が正しく表示されていることを確認の上、［eLTAX地方税ポータルシステムへ送信］ボタンをクリックします。

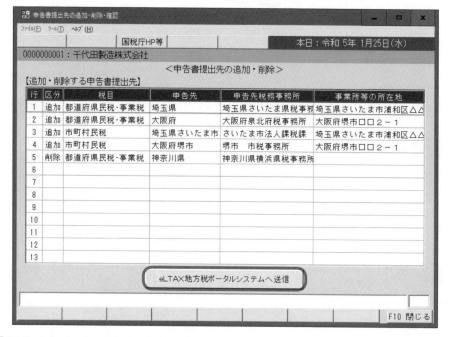

③以後は表示される画面の内容を確認し、［OK］ボタンをクリックします。最後に［利用者情報等の変更結果の確認］画面が表示されますので、送信結果が「正常」に受け付けられたことを確認の上、［F10 閉じる］ボタンをクリックします。

④メニュー 903で電子申告データを再送信します。

（2）申告先税務事務所が正しく登録されていない場合

①通算親法人が電子申告データの確定を解除した後に、各通算法人がメニュー 901→［国税・地方税の申告先の確認］タブで、正しい申告先税務事務所を選択します。

②メニュー 902で、地方税（エラーとなった税目）の電子申告データを作成します。次に、［申告書提出先の追加・削除・確認］画面が表示されますので、追加・削除する申告書提出先を確認の上、［eLTAX地方税ポータルシステムへ送信］ボタンをクリックします（その後の処理は(1)③と同様です）。

③［電子申告データ作成完了(確定)］ボタンをクリックして、電子申告データを確定します。

④メニュー 903で電子署名を行います。

⑤メニュー 903で電子申告データを再送信します。

第12章

Q5

グループ通算への移行に伴い、法人税額と通算税効果額について会計処理を変更しました。［当期利益・納税充当金・通算税効果額等の入力(必須)］WSは、どのように入力すれば良いですか？

【会計処理】

法人税額　　　：(借)法人税、住民税及び事業税　(貸)未払法人税等　100,000

通算税効果額：(借)法人税、住民税及び事業税　(貸)親会社未払金　25,000

A5

　法人税額は、［損金経理をした納税充当金］の［法人税・住民税及び事業税］欄に入力します。

　また、他の通算法人に支払う通算税効果額は、［損金経理をした通算税効果額］の［附帯税以外分］欄に入力します。

■［当期利益・納税充当金・通算税効果額等の入力(必須)］WS（メニュー401）

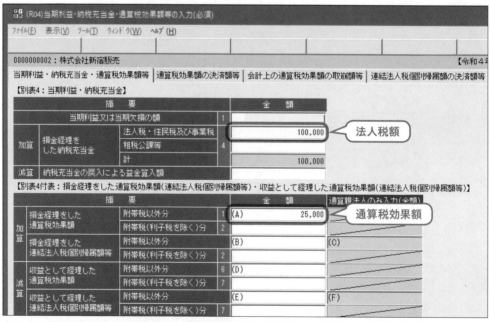

(注) 1.　他の通算法人から受け取る通算税効果額は、［収益として経理した通算税効果額］の［附帯税以外分］欄に入力します。

　　 2.　連結納税の場合と同様に、［損金経理をした連結法人税個別帰属額等］に入力しないよう注意が必要です。

本書の内容に関するご質問は、税務研究会ホームページのお問い合わせフォーム（https://www.zeiken.co.jp/contact/request/）よりお願いいたします。なお、個別のご相談は受け付けておりません。

本書刊行後に追加・修正事項がある場合は、随時、当社のホームページ（https://www.zeiken.co.jp）にてお知らせいたします。

グループ通算申告システム(e-TAX グループ通算)かんたん操作ガイド
～グループ通算制度の法人税・地方税申告はこれでバッチリ！～

令和5年4月18日　　初版第1刷印刷　　　　　　　　　　　　（著者承認検印省略）
令和5年4月28日　　初版第1刷発行

©編　者　株式会社ＴＫＣシステム開発研究所
　監修者　ＴＫＣ全国会 システム委員会
　　　　　企業グループ税務システム小委員会

発　行　所　　税務研究会出版局
　　　　　　　週　刊「税務通信」発行所
　　　　　　　　　　「経営財務」
代　表　者　　　　山　根　　毅

〒100－0005
東京都千代田区丸の内1－8－2 鉄鋼ビルディング
https://www.zeiken.co.jp

乱丁・落丁の場合は、お取替え致します。　　　　印刷・製本　奥村印刷株式会社

ISBN 978-4-7931-2751-9